PPP 股权投融资机制研究

PPP Equity Investment and Financing Mechanism Research

曹启立 著

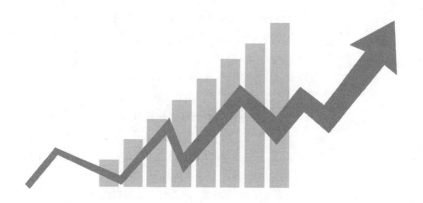

中国财经出版传媒集团

经济科学出版社
Economic Science Press

图书在版编目（CIP）数据

PPP 股权投融资机制研究/曹启立著. -- 北京：经济科学出版社，2022.8
ISBN 978 - 7 - 5218 - 3922 - 7

Ⅰ. ①P… Ⅱ. ①曹… Ⅲ. ①政府投资 - 合作 - 社会资本 - 投融资体制 - 研究 - 中国 Ⅳ. ①F832.48

中国版本图书馆 CIP 数据核字（2022）第 146862 号

责任编辑：于 源 陈 晨
责任校对：郑淑艳
责任印制：范 艳

PPP 股权投融资机制研究

曹启立 著

经济科学出版社出版、发行 新华书店经销
社址：北京市海淀区阜成路甲 28 号 邮编：100142
总编部电话：010 - 88191217 发行部电话：010 - 88191522
网址：www. esp. com. cn
电子邮箱：esp@ esp. com. cn
天猫网店：经济科学出版社旗舰店
网址：http：//jjkxcbs. tmall. com
北京季蜂印刷有限公司印装
710 × 1000 16 开 16 印张 270000 字
2022 年 8 月第 1 版 2022 年 8 月第 1 次印刷
ISBN 978 - 7 - 5218 - 3922 - 7 定价：68.00 元
（图书出现印装问题，本社负责调换。电话：010 - 88191510）
（版权所有 侵权必究 打击盗版 举报热线：010 - 88191661
QQ：2242791300 营销中心电话：010 - 88191537
电子邮箱：dbts@ esp. com. cn）

▶ 前 言 ◀

PPP是政府部门和社会资本在基础设施及公共服务领域所建立的利益共享、风险分担、优势互补的长期合作关系，也可以泛指公共部门与企业之间在合作生产、提供物品或服务方面的任何协议安排。20世纪80年代以来，PPP模式的创新发展充分体现了我国在公共产品供给和财政投融资机制变革方面已经取得一定成就，在吸引民间资本、扩大有效投资方面所起作用显著，但该过程几经波折，总体上呈现迂回上升的发展趋势。自2014年以来，累计在库PPP项目数量已经达到10000个以上、项目金额超过15万亿元，内容涉及农业、环保、市政工程、文旅、医疗、养老服务、教育等众多领域，有力支持并推进了我国绿色低碳、乡村振兴等事业，对经济社会发展产生了积极影响。随着2014年开始的新一轮PPP热潮回落，我国PPP事业已进入"注重质量、规范发展"的新阶段，有关"非理性发起"和各种"短期行为"导致"过多发起"现象的讨论明显减少，但"落地难""投资退出难"等问题仍有待进一步解决，因而，在强调运营绩效的同时，融资问题仍然是影响项目成功落地和有效实施的关键。PPP作为一种融资模式，融资效率的整体水平改进程度决定其发展前景，这已经是业界共识。

近年来，国内在PPP投融资方式上有不少的创新和尝试，包括PPP项目专项债、资产证券化（ABS）、中国PPP基金等，其初衷是为了更好地提供融资途径和投资退出渠道，从而更有效地解决项目融资问题，盘活存量项目，推进PPP可持续发展。尤其是2021年上半年推出的基础设施投资信托基金（REITs），为PPP项目在二级市场上进行融资开辟了一个极具吸引力的途径。尽管如此，大多数项目由于自身缺乏相应的融资基础条件而一时无法"登堂入室"，未能及时分享这些机制创新带来的融资便利和市场机会。无疑，在项目投融资供求关系中，融资方的融资决策、资金配置和经营管理能力水平是影响融资效率的关键因素，也是解决融资问题的根本要素，但必须从资金、技术和管理上支持以长期性股权投资为基础的多方式投资供给的改进。同时，社会资本参与公共产品供给的方法和方式已经相当成熟而灵活，加之新基建概念的提出，让 PPP 可以从更广义的角度被理解为公共部门和社会资本在基础设施投资、解决企业融资问题和产业政策实施等经济社会发展方面的多样化合作关系，而无须拘泥于项目经营属性、资产形态和合作形式，因此 PPP 融资应灵活发挥项目自身的风险收益机制优势，更大程度地通过市场资金优化配置满足需求，从而盘活存量项目资源、提高要素市场化配置效率。

鉴于此，本书在公共产品供给和财政投融资领域引入风险投资理论，研究私募股权投资类投融资方式如何在解决项目资金缺口问题的同时，为项目引入技术、管理等非资金要素资源，以提高项目公司的经营效益、夯实项目融资基础。实际上，针对项目公司的私募股权投资活动恰好体现了政府与社会资本风险共担、利益共享和优势互补的 PPP 实施原则和发展目标。全书在梳理和分析 PPP 投融资基本概念的基础上，从融资角度剖析 PPP 融资主体、价值目标、发起动因，由此导入对 PPP 融资效率、融资方式优序结构和股权融资重要性的分析。转而，从股权投资角度构建"以项目为导向"、项目生命周期与项目公司发展周期相适的 PPP 股权投资流程。按照该过程逻辑，首先基于促进 PPP 股权资金供给增长和提高股权流动性目的，对 PPP 股权资金供给来源和私募股权投资基金组织形式进行分类和比较，研究和解决 PPP 股权资金筹集的一般逻辑、PPP 联合投资关系和契约规制问题。其次是通过理论分析，提出股权估值、股权投资退出决策模型并进行应用举例，并基于我国 PPP 和股权市场发展现状构建 PPP 股权流转体系框架。最后，总结分析当前 PPP 股权投融资有关的若干问题，并给出政策建议。

本书是我在博士后研究报告基础上，结合近几年的研究心得与实践经历修改而成的。2014 年 11 月，我有幸在财政部财政科学研究所进站从事博士后科研工作，并在此过程中得到了合作导师——时任副所长王朝才研究员的悉心指导。王老师平和、爽朗，是他指引我学习和研究财政投融资，为我指明研究方向，并在报告框架确定等关键问题上给予宝贵的指导意见。这种感受是对我今后严谨治学、认真工作的莫大勉励。为此，对王老师深表谢意！

本书研究中所运用的金融学和风险投资理论知识大体上是我在中国人民大学财政金融学院读博期间所学的，当时成思危先生和刘曼红教授两位博导对我的教诲使我受益终身。成先生离开我们已有多年，借此表达对他老人家的深切缅怀！如今，刘老师也已经退休多年，但有幸仍然能够得到她对本书研究相关问题的解惑和指导。感谢她以自身的国际化视野、对中国风险投资事业发展的热心和教书育人方面的敬业精神对我学习和工作态度所产生的积极影响，以及从研究视角和理论逻辑上给予本书写作的启示。

　　感谢各阶段的同学和同事、亲朋好友、师长领导给予各种支持和帮助。感谢妻子蔡小娜这么多年为我们家庭、我的工作和学业的巨大付出！这种来自家庭的强有力支撑，为我的学习和研究创造环境、争取时间。女儿曹函翊是我所有工作的动力源泉，希望自身极其有限的知识和经验积累对她今后成长有些许的帮助。

　　谨以此书献给相关领域从事理论研究和实务工作的人们，感谢他们为本书研究提供了理论基础和分析素材，希望此书能引起大家讨论的兴趣，并给予批评和建议！

曹启立

2022 年 6 月

▶ 目　录 ◀

第1章 绪 论

1.1 研究背景与目的

政府和社会资本合作（public-private partnership，PPP）模式在20世纪80年代兴起于欧美国家，而最具现代意义的PPP则是1992年英国开始实行的私人部门主动融资（private finance initiative，PFI），此后，PPP模式在国际上得到较广泛的应用和发展，其产生与发展的主要原因是政府在基础设施和公共事业设施投资、建设、运营方面的资源缺乏或能力不足，因而需要引入在技术、管理和融资方面有着较大优势的私人部门并建立长期合作关系进行项目运作。该模式体现了较好的政府和私人部门合作优势互补性：政府掌握着政治和政策资源，且具有促进社会和经济发展方面的基础设施和公共事业设施建设需求；而私人部门则在政府授权下进行项目运作，发挥管理和融资方面的长处。因此在双方可长期合作中提高公共项目的社会效益和经济效益，实现各方的效益目标。

1984年，PPP以BOT的方式被引入我国，并得到快速发展，至今已先后经历了五个阶段：（1）改革开放背景下的探索阶段（1984～1992年）；（2）党的十四大确立社会主义市场经济体制改革目标和"分税制改革"背景下的试点阶段（1993～2002年）；（3）党的十六大进一步强调了市场机制在社会主义市场经济发展的中作用背景下的推广阶段（2003～2007年）；（4）在2008年爆发的金融危机背景下的调整阶段（2008～2012年）；（5）进一步解决地方政府债务问题和转变经济发展方式背景下的新一轮推广阶段（2013年至今）。

自2012年7月20日国务院发布《国家基本公共服务体系"十二五"规划》以来，全国范围内掀起利用社会资金进行公共基础设施建设、提供公共服务的新热潮。在我国，PPP被看成是公共服务供给机制的重大创新，其有利于充分发挥市场机制作用，提升公共服务的供给质量和效率，实现公共利益最大化等方面的作用已被充分认识。[1]

从 2014 年开始，为了"稳增长、调结构"，各地方政府都开展了 PPP 项目，以此来缓解政府债务不断增加的风险及政府建设资金支出压力。根据财政部 PPP 中心发布的全国 PPP 综合信息平台项目库第 7 期季报，对全国 PPP 入库项目及落地项目投资额等情况进行了通报。从 2014 年开始截至 2017 年 6 月末，按照财政部相关要求审核纳入管理库的项目即入库项目共计 13554 个，累计投资额 16.3 万亿元。其中，已签约落地项目 2021 个、投资额 3.3 万亿元，落地率[2] 34.2%。然而，签约落地与融资落地存在较大差异。受资金到位影响，签约项目实际开工建设、完成的投资比例很低。很多项目虽已签订 PPP 合同，但因融资困难，迟迟难以如期建设，进入运营期的数量则更少，出现了"叫座不叫好"的"质疑"。

同时，PPP 项目推进过程中出现了分期溢价回购、不按绩效支付的政府付费类 PPP、"重建设、轻运营"、"名股实债"等"短期行为"和"乱象"，最终推高政府未来偿债风险。财预〔2017〕50 号[3]、87 号[4]等文件的发布起到了规范我国 PPP 运作的作用，在限制"类 BT"或"假 PPP"项目的同时，也对 PPP 项目的落地实施提出了更高的要求。并且，财办金〔2017〕92 号文[5]发布以来，全国范围内对项目库中逾期无法实施而沉积库内，或者运作不合规的项目进行了清理。

PPP 发起增速逐渐趋缓，表明投资热度下降、发展趋于理性，但每年仍有成百上千个新增项目入库，其中，仅 2021 年上半年就有新增入库项目 308 个，涉及投资额 5726 亿元，截至 2021 年 8 月，累计在库项目数量 10126 个、投资额 15.7 万亿元，累计项目落地率为 60.8%。[6] 若可以从更广

---

[1] 王朝才，张学诞，程瑜. PPP 推进中面临的难点及相关建议 [J]. 中国财政，2016 (15)：42-45.

[2] 落地率指执行和移交两个阶段项目数之和与准备、采购、执行、移交 4 个阶段项目数总和的比值，不考虑识别阶段项目。

[3] 财政部等六部委联合发布的《关于进一步规范地方政府举债融资行为的通知》（财预〔2017〕50 号）。

[4] 财政部发布的《关于坚决制止地方以政府购买服务名义违法违规融资的通知》（财预〔2017〕87 号）。

[5] 财政部办公厅发布的《关于规范政府和社会资本合作（PPP）综合信息平台项目库管理的通知》（财办金〔2017〕92 号），简称"财办金〔2017〕92 号文"。

[6] 财政部政府和社会资本合作中心网站 2021 年 8 月 18 日文章：《财政部：PPP 市场规模稳中有增》，https：//www. cpppc. org/pppyw/1000924. jhtml.

义的角度界定政府和社会资本合作关系，PPP 项目数量和投资金额规模则都要远超出政府项目库的内容多少。为数众多、投资规模庞大的 PPP 项目发起和管理必定需要消耗相当客观的社会经济资源。同时，入库 PPP 项目涉及市政、农业、医疗、水利、能源、文旅等诸多领域，内容极其广泛，项目实施必定对经济社会的建设和发展产生重大而深远的影响，而项目无法落地及"烂尾"则意味着资源配置和使用的低效率。更进一步而言，广义上的 PPP 包括公共部门和私人部门在合作生产、提供产品或服务方面的任何协议安排，不难得知其投融资效率对于经济社会发展影响的重要性。显然，项目运作周期长且当前融资方式单一、投资退出难是导致 PPP 项目"落地难"、实施效果差的重要因素，从而 PPP 融资机制创新、融资效率提升不仅有利于 PPP 模式的可持续发展，更重要的意义在于 PPP 模式的创新发展对经济效率的持续性改进所产生的积极影响。

2018 年，私募股权投资意义上的中国 PPP 基金及其管理公司成立，但从投资规模和范围上都无法形成较大程度的覆盖，项目"落地难""投资退出难"等问题在 PPP 投融资机制体系不完善的前提下仍未得以根本性的解决，从而在强调运营绩效的同时，融资问题仍然是影响项目成功落地和有效实施的关键。鉴于此，本书尝试将公司金融中的风险投资理论引入公共产品供给领域对 PPP 股权投融资进行系统性的研究，以探寻建立与完善符合我国国情的 PPP 股权投融资机制和股权流转体系的方法与途径。具体而言，本书期望通过对 PPP 模式内涵的梳理和重新诠释、项目运作效益目标和价值来源解析、PPP 融资动因的讨论进一步分析 PPP 融资效率的关键影响因素及其作用机制，在此基础上，分析 PPP 融资优序问题、研究引入 PPP 股权投资的必要性以及如何建立和完善以风险收益合理分配为基本准则的 PPP 股权投资机制，以帮助解决 PPP 模式运作中存在的各种"低效率"问题，从而提高 PPP 融资效率、优化项目资源和社会资金配置，最终使政府与社会资本合作投融资机制在经济社会建设和发展中发挥更大的作用。

1.2　研究范围

本书研究对象为 PPP 项目公司的股权投融资，研究中运用了财政、金融等应用经济学以及制度经济学方面的理论知识对相关问题进行分析论证，范围涉及公共产品理论、信息博弈论、资产定价理论、全要素生产理论等经济学理论基础，具体包括：

（1）对 PPP 投融资的基本概念进行梳理和分析。

（2）PPP 融资主体、价值目标、发起动因解析。

（3）PPP 融资效率、项目融资优先次序结构、股权融资的重要性分析。

（4）PPP 股权投资概念的界定，筹资渠道结构与私募股权投资基金组织形式比较、联合投资可否被作为股权投资组织形式及其对于 PPP 股权投资的作用机制分析。

（5）PPP 项目公司的股权价值评估、股权投资涉及的委托代理关系和非完全契约下的估值调整。

（6）PPP 股权投资退出机制分析、股权流转体系建立与制度完善，并对当前我国 PPP 股权流转的若干问题进行分析。

1.3 研究综述

专门针对 PPP 股权投融资方面的系统性研究较少，大多数研究成果仅是分别涉及其中某个方面，包括 PPP 基本原理、私募股权投资、PPP 投融资等内容。

1. PPP 基本原理方面的研究

我国财政部发布的财金〔2014〕76 号文[①]将 PPP 称为"政府和社会资本合作模式"，将其定义为"政府部门和社会资本在基础设施及公共服务领域建立的一种长期合作关系"。国家发改委将 PPP 定义为"政府为增强公共产品和服务供给能力、提高供给效率，通过特许经营、购买服务、股权合作等方式，与社会资本建立的利益共享、风险分担即长期合作关系。"

2. 对 PPP 项目公司的解释

PPP 项目运作需要设立一个特殊目的载体。崔莹（2006）认为，项目公司作为一个特殊目的实体，是指发起人为了实现某一特殊目的（如进行租赁、完成资产证券化等）而设立的一种特殊的金融工具，这些实体可以由主要受益者设立，也可以由其他投资者设立，相对于一般经营实体，其具有资本结构、设立目的、经营活动和管理活动方面的特殊性。

---

① 财政部下发的《关于推广运用政府和社会资本合作模式有关问题的通知》（财金〔2014〕76 号），简称"财金〔2014〕76 号文"。

当前国内的 PPP 项目公司就是指政府和社会资本合作（PPP）项目中采取有限公司形式的特殊目的实体。对此，财政部《PPP 项目合同指南（试行）》中提出，PPP 项目公司是依法设立的自主运营、自负盈亏的具有独立法人资格的经营实体。项目公司可以由社会资本（可以是一家企业，也可以是多家企业组成的联合体）出资设立，也可以由政府和社会资本共同出资设立。可知，PPP 项目的参与主体包括政府及实施机构、社会资本、金融机构、专业运营企业等，其中发起方和投资方通常以设立项目公司（special purpose vehicle，SPV）的形式实施，项目公司是 PPP 模式的运作的重要载体，并且指出项目合作期限满，项目公司应按规定将项目经营权及相关资产一并移交给政府或其代表方，但不涉及崔莹（2006）关于资产证券化的特殊目的载体应该在随着项目目的完成而被解散的问题。

朱振鑫和钱淑琴（2016）认为，PPP 项目公司是为了 PPP 项目的运作实施而设立的"特别目的载体"（SPV）。一方面，PPP 项目公司是具有独立法人资格的经营主体，自主运营、自负盈亏，可实现"风险隔离"；另一方面，作为 PPP 项目合同及项目其他相关合同的签约主体，负责项目的具体实施，在 PPP 项目建设和运营中发挥着举足轻重的作用。

3. PPP 项目经营属性、效益与效率方面的研究

罗必良（2005）认为，公共产品的最优提供问题可以从均衡角度进行分析，并且在其著作《新制度经济学》[①] 中对于庇古均衡、"萨缪尔森条件"、林达尔均衡等公共产品供给的均衡问题进行了分析。

公共产品理论把公共产品有两个基本特征：非排他性和非竞争性，根据排他性和竞争性的有无、强弱，可以把产品分为四类：纯公共产品、可收费产品、公共资源和私人产品。和宏明（2004）、彭文滋（2004）认为，公共项目的纯经营性、准经营性和非经营性的区分并不是绝对的，而是可以根据具体环境条件改变的：通过设置或取消收费机制，可以改变项目的经营性和非经营性，而通过降低或提高收费标准，则会使得项目在准经营和纯经营性之间进行变换。

PPP 项目公司的收入有项目收费或政府补贴两个来源，并且，财政部《政府和社会资本合作模式操作指南（试行）》[②]，按收入来源将 PPP 模式分

---

① 罗必良. 新制度经济学［M］. 太原：山西经济出版社，2005：285 – 294.

② 2014 年 11 月 29 日，财政部发布的《关于印发政府和社会资本合作模式操作指南（试行）的通知》（财金〔2014〕113 号）（以下简称《操作指南》或"财金〔2014〕113 号文"），《操作指南》有效期自发布日起 3 年。

为使用者付费模式、政府付费模式和资本可行性缺口补助共三种模式。

叶晓甦和杨俊萍（2012）建立关于 PPP 项目定价的多目标规划模型对项目的社会效益目标进行分析，并从经济理论角度将项目的社会效益目标分解为政府、私人部门和社会公众三个部分：第一，政府效益目标是在有限资源约束下的社会效益或社会福利最大化，且项目涉及的公共资源方面主要考虑的是财政支出约束和使用效率；第二，社会资本方作为公共产品的生产者，其经济效益目标是在既定生产成本下，且在价格限制、投资和运营合理回报等条件的约束下实现产出最大，即利润最大化，或者既定生产规模下成本的最小化；第三，社会公众作为公共产品的消费者则是在公共产品和服务的质量保证的前提下，以最低的成本消费或使用既定数量的公共产品和服务，即使用成本最小化。

靳林明等（2018）指出，绩效考核是 PPP 项目中政府向社会资本付费和评价社会资本提供公共服务质量绩效的依据，是项目收益和风险分配的关键。绩效考核的传统方法有"铁三角"目标法、"平衡计分卡"、"3E"。陈龙（2017）认为，由于利益相关者等方面理论的发展，PPP 作为"融资工具"、"未来城市经营的基本治理工具"应有更新的方法对项目绩效进行评价。

4. PPP 项目融资方式与融资效率的研究

斯蒂芬·赛瑞特（Stephen Syrett，1995）认为一切针对具体项目所安排的融资都划归为项目融资范畴。项目融资概念在理论上被区分为广义和狭义：从广义角度，项目融资是为新项目开发或项目并购而进行资金筹集；狭义的项目融资概念是项目融资仅指借款人原则上将项目本身拥有的现金流量和项目资产作为还款来源而取得项目开发所需资金，就如国内学者陈敬武（2007）所说的"通过项目来融资"。

美国财务会计准则委员会（US FASB）对项目融资定义的解释是：

（1）项目融资是指对需要大规模资金的项目而采取的金融活动。

（2）以项目资产作为抵押，项目的自有资金及收益作为融资的还款来源。

（3）由于项目公司不具备其他资产，或者项目公司的所有者或股东不是融资主体而不能被直接追究责任，因此，项目所有者的信用能力通常不是融资时考虑的重点因素。

张喆等（2008）、张继峰（2017）等对 PPP 项目融资特征进行分析，大概可以总结为几个方面：很强的项目融资特征；全方位或组合融资；全流程融资；投融资风险差异较大；有限追索融资；实现 PPP 模式的核心价值。

在融资效率研究方面，曾康霖（1993）是国内较早研究学者之一，宋文兵（1997）认为经济学中的"效率"是指成本与收益的关系。卢福财（2000）给出的最基本含义与此相近："泛指日常工作中所消耗的劳动量与所获得的劳动效果的比率"，在经济学研究往往需要对其进行扩展，如"金融效率""融资效率"。肖劲和马亚军（2004）认为融资效率的含义应该包括三个方面：一是指企业是否能以尽可能低的成本筹集到所需要的资金；二是企业所筹集的资金能否得到有效的利用；三是要从比较的和动态的观点来看待企业融资效率的高低，采用投资报酬额与融资成本额的比值来作为融资效率的综合衡量指标。有研究给出了融资效率的衡量指标和计算公式。其中，卢福财（2000）、顾娟娟（2012）根据给出的企业融资效率计算公式，将其界定为投资收益率与资本成本率之比。

王颖和李刚（2012）在对工程项目融资绩效作评价分析时认为，融资绩效是指融资活动的经济性和效率性。张继峰（2017）把 PPP 项目投融资方式（工具）分为政策性金融工具及国际金融机构融资、商业银行、保险融资、债券融资、资管计划、资产证券化、融资租赁和其他融资工具。与其相近，财政部政府和社会资本合作中心（2017）将相关融资方式归纳为：股权投资基金、银行贷款、信托融资、保险资金、债券融资、专项资产管理计划、项目收益债、融资租赁等融资方式。① 并且，根据张继峰（2017）、赵璐（2017）等的研究结论，将 PPP 项目融资方式分为三大类型：股权融资、债权融资和其他方式融资。

关于融资效率的研究有不同结构和角度，但绝大多数是仅根据融资前后指标数值的简单对比进行效率或绩效评价，极少有人关注对结合融资活动和资金运行过程的一般逻辑系统性分析效率的产生和改变，缺少基于该逻辑过程对融资效率评价模型的解析，以及对导致效率变化的影响因素及其传导机制方面的系统性研究。

---

① 详见财政部政府和社会资本合作中心. PPP 模式融资问题研究［M］. 北京：经济科学出版社，2017：7.

5. 私募股权投资定义

刘曼红（1998）在风险投资的研究中根据美国私人权益（私募股权）资本市场情况，将其分为风险投资资本和非风险投资资本两大组成部分。盛立军（2003）等也认为，私募股权投资的概念有广义与狭义之分。广义的私募股权投资是指对涵盖企业首次公开发行上市前各阶段各个时期的权益投资，包括了天使投资、风险投资（创业投资）、成长发展的支持投资、并购重组资本和上市前投资。而狭义的私募股权投资则主要是指对发展后期已形成规模和稳定现金流的非上市企业的权益性投资。

从广义角度看，私募股权投资的内涵与外延都比风险投资大。在 20世纪 40 年代开始的发展早期，私募股权投资主要以满足中小企业的创业和扩张融资为主，在相当长的一段时间内实际上就是风险投资。臧展（2009）认为，从 20 世纪 80 年代开始，并购浪潮使得私募股权投资有了新的含义。再从狭义的角度看，私募股权投资尽管起源于风险投资，但与风险投资有区别，并且不包含风险投资。总体上看，广义和狭义的概念区别主要在于投资对象所处的发展阶段，而在非上市公司的权益性投资、企业（项目）的融资支持、获取股权投资回报等方面并无实质性的区别，而 PPP 项目的全生命周期是包括了项目前期到移交阶段，其间也包含了项目公司发展的生命周期，显然，广义的概念更符合 PPP 项目股权投资的运作特点。

关于私募股权投资广义和狭义的概念区分，实则是对股权投资按阶段进行的类型划分和区别，而界定概念的依据就是被投资企业所处的发展阶段，这要基于企业生命周期理论对于企业的发展周期和所处阶段作出判定。

明确研究企业生命周期的是伊查克·爱迪斯（Ichak Adizes，1989），他将企业的生命周期划分为三个阶段、十个时期。这三个阶段分别是孕育阶段、成长阶段、老化阶段，其中，孕育阶段又包括孕育期、婴儿期、学步期三个时期，同样成长阶段也是由青春期、盛年期和稳定期三个时期构成，而老化阶段则包括贵族期、官僚化早期、官僚期和死亡期四个时期。[①]

---

① ［美］伊查克·爱迪斯（Ichak Adizes）. 企业生命周期［M］. 北京：华夏出版社，2004：1－20.

在国内，较早研究企业生命周期的陈佳贵（1995）根据对企业成长的考察，以企业规模的大小为划分依据，把企业生命周期划分为孕育期、求生存期、高速成长期、成熟期、衰退期和蜕变期共六个阶段。在此基础上，李业（2000）对企业生命周期模型进行了修正，并选择销售额作为企业生命周期模型的纵坐标，将企业生命周期依次划分为孕育期、初生期、成长期、成熟期和衰退期五个阶段。同为企业，PPP 项目公司应具有一般企业在发展生命周期结构和特征，从项目公司的筹建到项目移交同样经历了一个从无到有、从小到大，从创建到退出经营的发展周期。

张学勇和廖理（2011）、许昊等（2015）根据初创企业从成立到上市的整个周期各阶段的股权投资特点进行了区分，认为企业处于不同的发展阶段应有选择适用的股权投资方式。总体上，在当前国内外的理论研究和实践中，关于私募股权投资的传统分类方法主要根据被投资企业的发展阶段而分为五种类型：种子投资（孕育期）、风险投资（初创期）、发展资本（成长期）、并购投资（成熟期）、重振资本（衰退期）。

6. 私募股权投资阶段划分方面的研究

较早是保罗·冈珀斯和乔希·勒纳（Paul Gompers and Josh Lerner，2002）将风险投资过程分为筹资、投资、管理和退出四个阶段对风险投资的周期进行了系统性研究和分析。[①] 在此基础上，国内学者刘曼红和胡波（2004）将风险投资活动的四个阶段做了进一步的阐述并指出，风险资本来源主要包括养老基金、捐赠基金、公司、银行、保险公司、政府、个人与家庭等多种渠道。

陈洁等（2012）认为国内外学者关于私募股权投资运作流程的研究，几乎都是基于"融资—投资—退出"的资本流动角度，系统性和缜密度有所欠缺，应从项目管理角度更细致地对"私募股权投资实现其资本增值的程序"进行剖析，并将流程划分为私募股权投资基金的设立、投资项目的选择、融资、投资、后续管理、退出共六个阶段，并给出了流程图。

李靖（2016）认为，扩大私募股权投资的资金来源，应该考虑如何促进私募股权投资筹资渠道的多元化，通过积极发挥政府资金的引导作用，规范和鼓励银行、保险资金、社保基金、富裕家庭与个人资金参与私募股权投资。孙倩倩和高志刚（2015）关于 PPP 私募股权资本的来源分析指出，

---

① ［美］保罗·冈珀斯，乔希·勒纳. 风险投资周期［M］. 北京：经济科学出版社，2002：83 - 104.

包括产业基金在内的各种私募股权投资基金，能够把财政资金、产业资本以及金融机构、企业和家庭和个人等财务投资者的资金进行集合投资，并且 PPP 产业基金通常与承包商、行业运营商等组成投资联合体，作为社会资本参与 PPP 项目投资运营。

7. 私募股权投资基金组织形式研究

当前国内外的研究把私募股权投资基金的组织形式主要分为三种：公司制、有限合伙制和信托制。冈珀斯和勒纳（Gompers and Lerner，2002）专门针对独立于商业银行和投资银行等机构的有限合伙制基金与公司制基金进行了比较分析，并对两种不同组织形式在投资成功情况、计划存续期等方面的差异进行了实证，解释了基金组织结构的重要性。寇祥河等（2008）从税收角度对中国风险投资基金的组织形式选择进行比较，结论是机构投资者应该采取公司制基金，个人投资者选择公司制基金和有限合伙制基金没有较大的差异，而基金经理则应该选择有限合伙制基金。庞跃华和曾令华（2011）通过对不同私募股权投资基金的组织形式比较分析，赞同王磊（2009）的观点：在不区分国别的前提下，有限合伙制是最优的基金组织形式制度设计。

冯珂等（2015）也认为，目前 PPP 产业基金主要的组织形式就是公司制与有限合伙制，并且有限合伙制在降低道德风险和税收成本方面有明显的优势，以及由于普通合伙人作为专家人才负责基金的投资管理，承担无限责任，而有限合伙人则不需要直接参与管理，仅承担有限责任和享受优先分红，因此激励机制的作用效果较好，使基金的投资风险和收益更为对称，总之，PPP 产业基金应选择这种"股权投资基金发展的国际主流模式"为宜。

在私募股权投资领域，勒纳（Lerner，1994）提出了广义的联合投资概念：两个及以上的风险投资公司先后对同一项目不同融资轮次的连续投资。国际上，理论和实务界又将联合投资称为风险投资辛迪加（syndication of venture capital investment，SVCI）。在有些学者看来，这种众多投资家联合出资形成一个投资集团，并投资特定项目的投资行为，在风险投资当中非常普遍（Wright and Lockett，2003）。在国内，刘曼红（1998）的研究观点是：两个或两个以上的风险投资公司对某一特定项目进行的投资，包括多个风险投资公司同时或者在同一年度内先后对该项目进行投资。在后来的研究中也涉及联合投资的"同步阶段"，陈关金（2014）认为联合投资是多个风险投资同时或不同时对同一项目同一阶段的投资；陆瑶等（2017）则认为联合投资更应该是多家风险投资机构在同一轮融资中对同一家公司进行投资的行为，是风险投资的一种重要方式。

但其间也有学者提出的概念中淡化了合作时间或阶段的同步性，李金龙（2006）认为，联合投资可以是多家风险投资机构同时间或不同时间对同一家公司进行合作投资；金永红等（2015）认为，联合投资是两个及以上的风险投资机构对风险投资进行共同投资的行为；张新立和孙康（2018）指出，所谓的联合投资是指多家风险投资机构在同时或不同时对同一家企业进行投资的行为。可见联合投资的概念在理论研究和实务中得到了扩延。

国内外关于联合投资范畴的研究有向"投资机构合作网络化"发展趋势，例如，厄兹德米尔（Ozdemir，2006）将联合风险投资网络作为一个社会交换网络；索伦森等（Sorenson et al.，2008）研究认为投资机构间形成的网络关系是投资网络化的第一个层次，以及杨敏利等（2015）指出联合投资是"组织间网络联结的一种形式，其基本功能是信息获取"；杨勇和王齐晗（2016）对私募股权投资/风险投资中的联合投资网络化演化进行了研究。之前，还有徐光宇和陈德棉（2004）还对联合投资的战略联盟管理进行了研究。其中，"投资联盟"的确立，联盟中所有投资公司（基金）有可能共同合作投资不同的项目，或者个别机构不参与特定项目的投资合作，可见这种"投资合作网络化"的固化形态明显已经超出了"同时或不同时对同一项目（无论是同一阶段或不同一阶段）进行联合投资"的最初概念。

理论界已将联合投资明确界定为一种私募股权投资投资方式和"组织间网络联结的一种形式"，但本身是否就可以被看成是一种私募股权投资的组织形式？根据联合投资的原意——"风险投资辛迪加"，学者们已经把联合投资看成是风险投资的一种组织形式。

8. 项目投资尽职调查方面的研究

刘曼红和胡波（2004）指出，在风险投资过程中，风险投资家对通过初步筛选的项目再进行详细的审查，即尽职审查或审慎调查（due diligence），此时所用的标准包括市场前景、预期收益率、企业家能力等。

在PPP领域，关于项目尽职调查方面，赵恒福（2017）认为，为了对项目的合法合规性与规范性进行深入的了解，为项目实施提供坚实的基础，由政府方或社会资本方委托的评估机构实施PPP尽职调查，根据项目的实际情况，运用座谈、问卷、走访、搜寻、电话邮件、官方调取等方法，对项目的基本情况、背景、或有风险和社会资本的财务状况、资金实力、运营能力或其他事项进行客观、公正的调查、研究和核实，最终形成尽职调查报告的过程。此处关于尽职调查过程描述与赵伯生（2011）此前给出一个"四阶段"的财务尽职调查流程大体一致，该流程包括了尽职调查的准备阶段、行动阶段、总结阶段和报告阶段。

学界对复杂的 PPP 项目风险环境进行各种分类、识别、原因与重要性的理论研究和案例分析。阿克比伊克利和伊顿（Akbiyikli and Eaton，2004）等认为系统性风险管理需要进行早期风险探测，并鼓励 PFI 项目利益相关者在项目全生命周期里识别、分析、量化和应对风险，进而采取措施降低风险。亓霞等（2009）将项目失败的原因归纳为 13 个主要风险因素。李虹和黄丹林（2014）将哈斯塔克、沙科和李（Hastak，Shaked and Li）等学者的风险分类方案进行了归纳，并且对李等（2005）的三个层面风险分类法较为认同。乌云娜等（2013）对美国项目管理协会①的定义进行分析认为，PPP 项目风险识别是确定有可能影响项目的风险事件的过程，是公共部门与私人部门之间风险分担和风险管理的基础，关系到双方保持长期稳定合作。李虹和黄丹林（2014）认为，由于投资规模大、合作周期长、融资结构复杂、利益主体目标多样化等特点，使得 PPP 项目面临的风险环境较为复杂。

李强等（2017）在对铁路 PPP 项目的风险分析中，根据项目参与方对风险的可控性将风险分为系统性风险和非系统性风险两大类，并在此基础上将其细分为政策法律风险、经济风险、环境风险、建设风险和运营风险共 5 个方面、14 种风险。应益华和黄慧琼（2017）根据 PPP 项目生命周期的五个阶段进行风险识别，包括了项目前期、项目融资阶段、建设开发阶段、运营维护阶段和移交阶段的各种风险因素，并指出：尽职调查中对于 PPP 项目风险识别和投资风险的关注必须要有阶段上的侧重。

杨青（2009）、邓小鹏等（2012）认为，项目价值创造驱动过程实则是"为一个产品（服务）提供的一切增值和非增值活动按次序的组合"，在项目价值管理中被称为"价值流"，而对于价值流识别与分析，加强价值流中的增值活动并消除或减弱价值流中的非增值活动。

---

① 即美国项目管理协会有限公司（project management institute，PMI），全球项目管理领域的领先倡导者、行业标准制定者。

西米亚提基等（Siemiatycki et al.，2012）认为，PPP 项目价值是公共部门和私人部门通过激励、风险和报酬的合理安排，实现财务、行政和公共利益等方面的价值。叶晓甦等（2017）在总结西米亚提基等（2012）、贾康（2014）、王守清（2015）等观点的基础上指出，PPP 项目价值是由公共价值、企业价值和伙伴关系价值构成的，PPP 模式的本质是项目价值的创造过程，价值创造是构建伙伴关系的前提条件。

9. 股权估值方面的研究

企业价值评估概念起源于 1906 年费雪的《资本与收入的性质》。他不仅在该书中阐述了企业价值的来源，还在后来的著述中分析了资本收入与价值的关系，并在长期研究的基础上提出了现金流折现问题。约翰·威廉姆斯（John Williams）于 1938 年在其博士论文《投资价值理论》中首次提出了折现现金流量的概念，开创了内在价值论的先河。莫迪利安尼和米勒（Modigliani and Miller，1958，1961）在论文中证明了企业价值的大小主要取决于投资决策，在均衡状态下企业的市场价值等于按其风险程度相适合的折现率对预期收益进行折现的资本化价值。

在国内后来的研究中，张先治和顾水彬（2010）认为，企业价值又表现为不同的形态，分别有账面价值、市场价值、公允价值、内在价值和清算价值。王玻和朱喜旺（2011）则指出，公共产品体现的是多元利益主体价值关系，作为利益主体之一的 PPP 项目公司，其价值主要在于实现公司利润的最大化。

大体上看，公司估值的方法被分为绝对估值法、相对估值法两大类。陈一博（2009）认为，相对估值方法各自都存在着缺陷，如市盈率有三个方面的天然缺陷：首先，净利润受行业周期影响，波动性很强，且容易被操纵；其次，该估值法使用前提——目标企业的利润稳态增长难以确保；最后，市盈率的倍数选取难以确定。

较为常用的绝对估值法有两种：股利贴现模型（DDM）和自由现金流贴现模型（DFCFM）。其中，股利贴现模型（DDM）就是由威廉姆斯于 1938 年给出的股票内在价值的公式，后来也被用于公司估值。吴晓求（2014）总结了自由现金流贴现模型的优点，认为：第一，其分析了"一个公司的整体情况"，同时考虑了资金风险和时间价值，是理论上"最完善的估值方法"；第二，最大优点是估值结果接近股权的内在价值；第三，由公司各业务环节数据获得的自由现金流预测值能充分反映公司的经营战略；第四，由于该估值方法的预测期较长，完全覆盖了市场短期情况和行业周期变化对估值的影响。但同时他也指出，该模型结构复杂和数据变化导致工作量大；对于公司未来发展及市场走势的假设较敏感，若企业难以预测销售和成本走势，则很难确保对其未来现金流预测的准确性；无法应用在短期投资的估值方面。

当前国内 PPP 研究领域，较多的是针对项目进行估值，如侯丽（2012）以现金流贴现模型对风险条件下收费公路 PPP 项目特许权进行估值，以及秦敏和秦中伏（2016）使用期权定价模型对高速公路的 PPP 项目价值进行评估，但对于 PPP 项目公司股权进行估值的研究比较少见。

10. 股权投资退出和股权流转方面的研究

刘曼红（2004）认为，投资者需要通过退出实现其投资收益，并通过分配投资收益完成资本的循环。勒纳和冈珀斯（2004）将投资退出看成是私募股权投资过程中最为重要的环节。彭海城（2012）也认为，当私募股权资本所投资企业达到预定条件时，投资者将投资的资本及时收回的过程，就是私募股权投资退出。刘曼红（2004）还指出，对于私募股权投资退出决策的重点在于退出时机和方式，以及退出后股权或是现金的分配问题。

李姚矿等（2002）把私募股权投资退出的方式分为投资成功退出和投资失败退出，投资成功退出的方式主要有首次公开发行股票（IPO）、兼并与收购、回购、股权转让等，而投资失败的退出则主要是指冲销或破产清算。曹玲和周莉（2003）、金永红和奚玉芹（2007）等将退出方式分为竞价式转让、契约式转让、强迫式转让共三种类型，其中，竞价式转让主要指 IPO，并且股权回购与转让被看成是契约式转让，而破产清算则属于强迫式转让。作为一种较为广泛被采用的投资退出方式，王媛（2015）认为，"并购"是指企业通过有偿方式购买另一企业的股份或资产，获得被并购企业股权或控制权，其本质是企业股权或控制权的转移。

在股权投资退出时机选择上，彭海城（2012）认为，由于私募股权投资退出时机选择会导致投资收益和机会成本方面的差异，过早或过晚退出都无法让投资者获得既定投资规模下的最大收益，从而不能实现投资价值的最大增长，因此理论上可以选择最佳的退出时间使得投资收益最大化。冯宗宪等（2010）也认为，实际上投资退出决策涉及多方利益，因此执行较难，较可取的做法是进行退出时机决策时把股权持有或退出的选择看成是一种期权。

以各种方式所实现的投资退出功能最终归因于股权转让在企业股权或控制权的转移变化上发挥了作用，因此股权投资退出本质上是企业股权的流动与转移，即流转：通过合法合规的渠道或方式进行企业股权的流通和转让交易。

王刚和王宇（2016）整理的平安证券董事总经理李朋相关发言指出，在当前国内 PPP 市场规模有"十万亿级"之庞大，极有必要建立一个"流转市场"进行"PPP 项目流转"，即通过项目股权流转提高国内 PPP 市场的流动性。此前，国家发改委于 2016 年 8 月发布的文件中提出的："推动 PPP 项目与资本市场深化发展相结合，依托各类产权、股权交易市场，通过股权转让、资产证券化等方式，丰富 PPP 项目投资退出渠道"。[①] 可见，国内各界对 PPP 流转机制的建立与完善必要性的共识之广泛。

1.4　研究内容

本书根据"通过完善与推行项目公司股权投资机制以解决 PPP 融资问题"的新思路，对 PPP 股权投融资进行较为深入而系统性的研究，探寻建立与完善 PPP 股权投融资机制和股权流转体系的方法与途径。全书在对 PPP 投融资基本概念进行梳理和分析的基础上，先是从融资角度剖析 PPP 融资的主体形式、价值目标、发起动因，由此导入对 PPP 项目融资方式选择优序结构和股权融资重要性的分析。于此，再从股权投资角度，基于促进 PPP 股权资金供给增长和提高股权流动性的目的，对 PPP 股权资金的供给渠道和私募股权投资基金组织形式进行分类和比较，并重点对 PPP 联合投资、股权估值、股权投资退出机制，以及股权流转体系建立与制度完善等方面进行理论和举例分析。最后，对当前我国 PPP 股权流转体系运行中的若干问题进行总结分析，并给出政策建议。

本书的主要研究内容逻辑上包括以下四个部分，共 11 章：

第一部分：提出研究问题、探索核心理论。主要包括第 1 章。

第 1 章绪论。主要介绍研究背景和目的、国内外研究现状和发展趋势、研究的主要内容和创新点、研究技术路线等。

---

① 国家发展改革委发布的《关于切实做好传统基础设施领域政府和社会资本合作有关工作的通知》（发改投资〔2016〕1744 号）。

第二部分：PPP 融资机制研究。这是本书的两大重点内容之一，是关于 PPP 投融资机制研究的效率目标、方式比较分析部分。主要包括第 2 章到第 4 章。

第 2 章 PPP 融资研究的概念基础。界定 PPP 模式、PPP 融资等相关概念，辨析 PPP 合作主体、运作模式、经营属性、运作周期阶段、项目效益与绩效等内容，为后续分析提供明晰的概念基础。

第 3 章 PPP 融资主体、价值目标与动因。通过对项目融资和企业融资的辨析，界定 PPP 项目融资的概念，阐述 PPP 融资的表现形式与基本功能；按政府付费、使用者付费及可行性缺口补助等三类不同付费机制，分析我国 PPP 项目融资的价值目标，以及项目融资能力和投资价值判断与提升的核心问题；并在此基础上对 PPP 融资的发起动因进行分析。

第 4 章 PPP 项目融资效率与融资优序。建立 PPP 融资效率评价模型、效率影响因素分析框架，并在梳理现有 PPP 融资方式的基础上进行效率比较和融资优序结构分析，总结性地分析与说明 PPP 股权融资方式的重要功能，同时也提出了 PPP 股权投资机制创新与完善的必要性。

第三部分：PPP 股权投资机制研究。这是本书的另一重点内容，是 PPP 投融资机制研究的创新设计部分。主要包括第 5 章到第 9 章。

第 5 章 PPP 股权投资内涵与过程。本章主要结合 PPP 投融资与私募股权投资的概念和运作特征对 PPP 项目股权投资进行概念界定和基本流程框架构建与解释：一是 PPP 项目生命周期与项目公司发展周期本身就是集于项目一体的，因此可以根据发展阶段及收入情况等共有的特征而将两者进行结合，以明晰项目阶段的投资类型结构。二是根据私募股权投资的基本流程与环节构成，将 PPP 股权投资活动构建为一个以项目为导向、资金同步流动的基本流程，仍然包括筹资、投资、投后管理、投资退出四个环节，但在"投资确定"与"投资"两个环节间设置的"筹资指令反传机制"，以"优质项目筹资"的谨慎确保投资运作的安全性。

第 6 章 PPP 股权投资基金筹集与资金供给。本章主要从股权资金供给增长视角，对 PPP 股权资金来源结构进行了分析，构建理论模型解释了有项目储备的筹资过程逻辑下，以声誉影响和项目估值为预期基础的股权资金供给增长机理，并指出联合投资作为一种契约性质的股权投资组织，能够弥补单个股权基金对 PPP 项目的投资不足。并针对联合投资的"三重委托代理"问题，分析和确定了"分离且单立"式联合投资契约的规制结构，以及从组织租金分配、估值调整、声誉评价等方面进行激励与约束机制设计，最后基于预期对股权资金供给增长作用机理构建长期性联合投资关系治理框架。

第 7 章 PPP 项目股权投资价值确定。本章将 PPP 项目股权投资的价值确定过程分为尽职调查、价值评估、契约谈判三个连续的部分进行分析：一是解释了尽职调查过程，并构建 PPP 股权投资风险价值分析框架；二是基于资本资产定价原理，借鉴资本市场线（CML）的推导过程，构建资产组合代表项目全生命周期中的具体投资，从而对其进行投资风险收益率的确定，并以自由现金流贴现模型对 PPP 股权投资进行估值；三是基于不同的契约完全性程度，分析如何通过事前设定机制或再谈判调整风险分担和收益分配问题，从而对投资价值的调整或再确定，包括非完全契约下的效率问题与再谈判权、完全契约下的委托代理问题与对赌协议两个方面。

第 8 章 PPP 股权投资退出。本章基于价格非均衡与不完全契约角度构建了 PPP 股权投资最佳退出时机决策模型，同时对 PPP 项目生命周期进行了理论上的退出价值补偿支付责任区域划分和补偿价值确定模型推导，并引入实例进行不同均衡状态下的决策分析，验证了决策模型与方法的可行性与实用性，为投资决策提供参考。

第 9 章 PPP 股权流转体系。在分析 PPP 股权投资退出基础上，研究并构建基于我国当前 PPP 综合信息平台和多层次资本市场体系建设现状的一个 PPP 股权流转体系框架，不仅要厘清 PPP 股权流转的初级市场与二级市场、投资者与受让方等重要概念，并对体系运行机制进行设计和完善。

第四部分：问题总结、对策研究、研究结论与展望。主要包括第 10 章、第 11 章。

第 10 章我国 PPP 股权投融资的若干问题与对策。本章基于当前我国 PPP 股权投融资现状，对影响 PPP 股权流转和股权投融资机制有效运行的九个方面重要问题进行总结分析，并给出对策建议。

第 11 章结论。本章给出研究结论，并作出后续研究展望。

1.5 技 术 路 线

本书研究的大体思路和技术路线如图 1-1 所示。

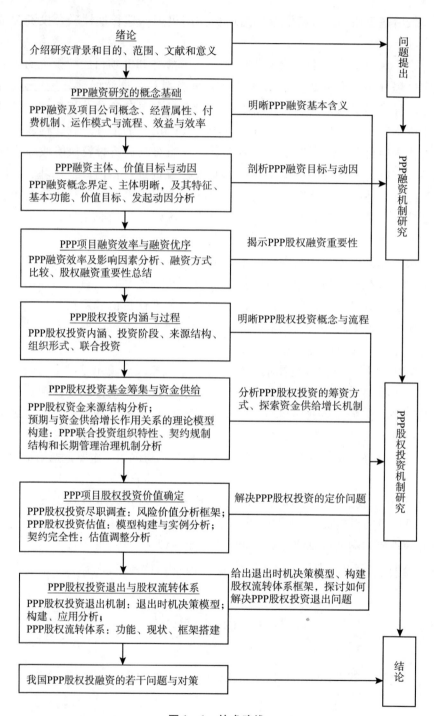

图 1-1 技术路线

1.6 研 究 方 法

本书研究中拟采取文献研究、比较分析、实地调查等多种方法交叉分析 PPP 股权投融资问题：

（1）文献研究法。对前人在 PPP 和私募股权投资领域的研究成果进行梳理，并在此基础上对 PPP 股权投资的相关问题进行理论分析。

（2）制度经济学研究方法。本书研究是公共项目投融资问题，但也计划运用交易成本、成本—收益、信息博弈论、契约理论等制度经济学理论和分析方法，研究 PPP 项目运作和股权投融资的效益与绩效、投资价值评估和调整、信息披露制度等问题。并拟对 PPP 项目融资方式、PPP 私募股权投资基金组织形式、股权投资退出时机和方式等方面进行效率上的比较和适用性选择分析。

（3）实地调查法。有针对性地选择国内正在实施的项目开展实地调研，对项目运营方进行访谈，并在此基础上对国内 PPP 发展、综合信息平台运作与入库项目实施、项目投融资及股权流转市场等方面的情况进行概括性分析。

（4）实例分析法。在 PPP 股权投资估值和退出时机决策的分析中引入国内当前已实施项目为例子，并根据该项目相关信息和数据对估值活动及其估值模型应用、投资退出决策模型等进行解释和应用分析。

1.7 研 究 意 义

本书研究的意义体现在理论和实践两个方面。

1. 理论意义

本书研究的理论意义主要在于对公共财政理论、金融学理论、企业生产理论、制度经济学理论、信息博弈论等现有基础性理论及相关研究成果进行具有一定创新意义的糅合与完善，解决了 PPP 投融资理论研究方面的关键问题，其学术创新与学术价值主要体现在：

（1）本书将 PPP 项目融资、以风险投资为代表的私募股权投资理论研究进行了拓展与细化，并使其初步形成 PPP 股权投融资理论研究框架，并在相关理论创新的基础上，通过实例分析得出一些有价值的研究结论，提出了具有科学性和针对性的政策和建议。

（2）首次通过对 PPP 融资效率评估模型构建研究和融资方式比较分析，在一定程度上完善了企业融资优序理论，提高了 PPP 项目融资方式选择分析方面的理论系统性。

（3）开拓性地研究了联合投资作为一种契约性质的股权投资组织，确定其"分离单立"式契约的混合规制结构，并通过分析联合投资的组织租金分配、估值调整、声誉评价、长期性联合投资关系治理框架构建，为风险投资和项目融资领域的契约理论、组织理论研究提供新的借鉴。

（4）研究首次对 PPP 股权投资进行了投资阶段的划分，设计了"以项目为导向"的股权投资流程，并给出了 PPP 股权投资估值的自由现金流贴现模型、退出时机决策模型，解决了 PPP 股权投资估值和多目标的退出时机决策问题，因此丰富了公共产品定价理论和行为金融理论内容。

2. 实践意义

本书研究在一定程度上有助于解决当前我国 PPP 发展中面临的运作规范、融资渠道单一及融资不足、落地实施率低、运营绩效差等问题，并且为 PPP 股权投资实践操作提供决策依据：

（1）深入地分析 PPP 项目的效益目标和运作机理，有助于提高项目运作主体对项目运营内容的关注度和树立正确的项目效益观，并使其在激励机制作用下努力提高项目的运营绩效，从而促进我国 PPP 项目运作的规范化和总体效益水平的提高。

（2）研究如何完善 PPP 股权投融资机制和股权流转体系，为我国 PPP 股权投资实践操作提供理论框架性的规范和指引，有助于提高社会资本在合理风险回报机制引导下投资 PPP 项目股权的积极性，同时也有助于促进 PPP 投融资渠道的多元化，增强项目融资能力，提高项目落地实施的成功率，即推动我国 PPP 项目投融资和私募股权投资领域的创新与融合发展。

（3）探索符合我国实际情况的 PPP 投融资创新模式，对于推进我国公共财政投融资模式和混合制所有制改革与发展，提高我国公共项目投资、建设和运营效率，促进我国经济稳步、快速和可持续发展方面有较大的现实意义。

第 2 章　PPP 融资研究的概念基础

2.1　PPP 融资内涵

2.1.1　PPP 及 PPP 融资概念界定

PPP 模式起源较早，但兴起于 20 世纪 80 年代，英国又于 1992 年在 BOT 的基础上正式提出了 "PFI" （Private Finance Initiative，私人主动融资），这被看成是现代意义上的 PPP。2000 年，英国工党政府出台的报告①从产权结构、合作方式和公共服务三方面进行概念界定：PPP（Public – Private Partnerships）作为公私合作关系是通过各种可能的产权结构安排，以公共部门购买高质量服务等方式引入私人部门参与公共服务提供，并签订公私合作协议，以此在发挥私人部门发挥专业知识和财务实力优势的基础上，更大范围内向市场出售原本应该由政府提供的公共服务，充分发掘政府资产的商业潜力。

国际上，理论研究者对于 PPP 的概念有各自的界定。E. S. 萨瓦斯（2002）将 PPP 概念做了广义角度的界定：PPP 作为政府和私人部门之间的任何协议，是指公共部门和私人部门以合同承包、特许经营、补助、多方参与被民营化的基础设施项目等方式共同参与生产、提供产品或服务的多样化安排，其结果由私人部门承担了部分或传统上由政府承担的公共产品提供。

E. R. 耶斯考比（2012）从"以项目为基础"和"以合同为基础"两个不同的视角将 PPP 界定为：在一项公私长期合作的合同全生命周期内，

---

① 2000 年，英国工党政府出台的《公私伙伴关系——政府提议》报告。

必须由私人部门来负责设计、建造、融资和运营，并采取公共部门或使用者付费的方式让私人部门获得收入，而公共产品所有权可以属于公共部门或私人部门。

在国内，PPP 通常被看成是属于财政投融资范畴的事物。而财政投融资本身则是"在市场经济高度发达时期，随着自由资本主义市场经济固有矛盾激化，要求政府更多地参与并调节经济活动的情况下形成和发展起来的"①。贾康、孙洁（2009）认为，关于 PPP 的概念目前还没有一个公认的说法，不同的人会有不同角度的理解，并且英文"Public - Private Partnerships"也有"公私伙伴关系""公私合作伙伴模式""公共/私人合作关系""公私机构的伙伴合作""官方/民间的合作""民间开放公共服务""公共民营合作制"等多种译法。

此外，不同国家（地区）的官方组织对 PPP 作出的定义也不尽相同：

（1）加拿大 PPP 委员会（1995）的定义。

PPP 是公共部门和私人部门基于"各自经验"的一种合作经营关系，并以适当设计的资源分配、风险分担和收益共享机制使事先界定清晰的公共需求得以最有效地满足。②

（2）联合国训练研究所（2000）的定义。

PPP 是为了解决本区域的某些复杂问题、满足公共产品需要而建立的公共与私人倡导者之间的各种合作关系，包括不同社会系统倡导者之间的所有制度化合作方式，在此基础上，公共部门与私人部门共同负责实施大型公共项目。③

（3）欧盟委员会（2003）的定义。

PPP 是指公共部门为了提供传统上由自身提供的公共项目或服务而与私人部门之间开展的一种合作关系。④

（4）美国 PPP 国家理事会（2013）的定义。

PPP 是介于外包和私有化之间并结合了两者特点的一种公共产品提供方式，它充分利用私人资源进行设计、建设、投资、经营和维护公共基础设

---

① 王朝才. 关于财政投融资的几个问题 [J]. 财政研究，1995（2）：7.

② Canadian Council for Public - Private - Partnership. About PPP definitions. http：//www. pppcouncil. ca/resources/about - ppp/definitions. html.

③ United Nations Institute for Training and Research. PPP for sustainable development [R]. New York，2000.

④ European Commission. Guidelines for successful Public - Private Partnership [R]. 2003.

施，并提供相关服务以满足公共需求。[1]

我国财政部将 PPP 称为"政府和社会资本合作模式"[2]，其定义是"政府部门和社会资本在基础设施及公共服务领域建立的一种长期合作关系"。与其大体一致，国家发改委对 PPP 下的定义是："政府为增强公共产品和服务供给能力、提高供给效率，通过特许经营、购买服务、股权合作等方式，与社会资本建立的利益共享、风险分担即长期合作关系"。[3]

PPP 项目具有本质、法律、融资、特许经营四个方面的特征，PPP 模式是政府利用已建成的公共基础设施经营性项目的全部或部分经营权，来吸引私营、非公共机构及外商等资本力量、技术力量、管理力量，以实现旧的公共基础设施经营性项目的良好运行并加快新建设公共基础设施经营性项目的进程（侯丽，2012）。项目融资模式本质是政府与私人投资者、非公共机构及外商的合作关系，是以市场机制为基础，在不保持准经营性公共基础设施的公益、公用、公共性质的前提下，将建设和经营阶段分离开来，从而改变风险、利益、投资压力、管理和经营全部由政府承担的局面。

总体上看，PPP 被理解为政府与私人企业通过资源共享、风险分担、长期合作的方式提供本来由政府直接生产和供给的公共产品与服务，是一种政府投融资模式，PPP 的概念至少包含以下若干方面内容与特征：

（1）公共性：PPP 关系主体是为了满足社会公众的需要而提供公共产品或服务。

（2）合作二元性：PPP 关系主体具有二元性，其中一方是政府，其余是各类企业和其他非公共部门，可以统称为社会资本或私人部门，公共部门与私人部门共同生产、提供公共产品或服务，体现为财政和社会融资两种属性的供给结合。

（3）长期合作关系：PPP 契约中明确规定了合作双方权责，以及特许经营期。以较长的特许经营期[4]视为 PPP 的特征，将公共产品与服务的公私伙伴关系的长期经营模式作为典型特征看待。PPP 模式实行政府特许经营制度，私人投资者、非公共机构及外商必须得到政府的许可特别是政府授予

---

① National Council for Public‑Private Partnerships，USA. 7 keys To Success［EB/OL］. Http：//ncppp. org. ppp‑basics/7‑keys，2013‑10‑12.

② 详见财政部《关于推广运用政府和社会资本合作模式有关问题的通知》（财金〔2014〕76 号）。

③ 详见国家发改委《国家发展改革委关于开展政府和社会资本合作的指导意见》（发改投资〔2014〕2724 号）。

④ 国内基本要求为除建设期外，运营期至少 10 年，国际上普遍认为在 20 年至 35 年。

的特许经营权，才能经营公共基础设施。政府对私人投资者、非公共机构及外商履行特许协议的行为有监督权，对公共利益的名义有维护权甚至有关终止合同等。PPP 项目特许经营期满后，由政府将收回公共基础设施的经营权。

（4）融资特征：PPP 是一种项目融资方式，兼有财政投融资和金融投资的双重属性。该模式下，政府为了满足生产和提供公共产品和服务的资金，通过既定程序招入私人部门或社会资本参与合作，并共同解决项目资金需求问题，而政府即使作为项目公司股东，也无须为项目承担主要责任。

（5）授权经营/委托运营特征：在多数情况下，政府作为公共项目的产权代表方并负责项目经营，而企业通过政府授权（或者特许经营）的方式获得特定条件下从事特殊商品（或服务）的经营权利，或是利用授权人的知识产权及经营模式等无形财产从事经营的特殊权利。从现有各种定义看，PPP 关系涵盖了基础设施与公共服务领域，项目经营（包括运营）是获得项目合作回报的主要来源，因此是标准的 PPP 运作过程中不可或缺的内容。在 PPP 模式中，非政府合作方正是通过特许或委托方式获得基础设施或公共项目的特许经营权或运营权，而这种权利关系实现的基础是授权经营或委托运营协议，或者可以统称为 PPP 合同。

（6）优势互补：一般合作关系中，政府拥有公共项目资源，而非政府部门拥有最好的管理技能（财务管理技能、经营机构的内部管理、现代信息技术与网络技术手段）、管理知识、管理的人力资源、应对迅速变化的市场环境所需的管理制度与组织管理流程、顾客至上的企业管理文化、企业绩效评估技术，尤其重要的是非政府部门所具有的融资优势，PPP 试图利用公私双方所能提供的最好的技能、知识和资源。这些技能、知识和资源也可以表示为"优势"，它是指每个参与者，无论公、私部门都会给对方带来一些有价值且对方不具备的东西。

（7）利益共享、风险分担：在公共产品供给领域引入 PPP 模式，无疑会提高供给者的内部竞争，即便是自然垄断行业，由于私人部门参与投资、管理而产生内部竞争以及内部激励机制。

总结以上分析，PPP 本质上是"市场机制为基础"的"政府与私人投资者、非公共机构及外商的合作关系"，表现形式上是基于项目公司股权或项目经营权的政府和企业间长期合作关系。其中，融资是建立和保持 PPP 关系的主要但非唯一目的和途径。从这个角度看，PPP 融资就是通过采取 PPP 模式为公共项目融资，是 PPP 模式融资性特征的具体功能表现，PPP 融资也因此可以被看作是"PPP 模式融资"①。另外，PPP 融资是在 PPP 关系下公共项目的融资活动，包括融资主体、方式与过程等要素。所以，严格意义上讲，"PPP 模式融资"仅是以公共项目融资为主要目的的 PPP 模式，但又因此具备 PPP 模式的基本要素和特点。从而，PPP 融资或 PPP 模式融资是指主要为了公共产品的提供而进行融资并采取了 PPP 模式，以及基于 PPP 关系进行的项目融资活动与关系。

2.1.2　社会资本方的概念界定

在各种关于 PPP 的定义表达中，与政府部门建立这种合作伙伴关系的另一方——非政府方会有不同的提法，一些国外组织常使用的"私人部门"概念，我国之前则有"民营资本""民间资本"等叫法，并曾导致了概念上的混淆，以及经过统一后，当前将与政府之外的投资合作主体称为"社会资本方"。但对于"社会资本方"这个概念之前也有不同的界定，我国财政部给出的定义是：PPP 合作关系中，"已建立现代企业制度的境内外企业法人，但不包括本级政府所属融资平台公司及其他控股国有企业"，而国家发改委从另一角度所下的定义为："符合条件的国有企业、民营企业、外商投资企业混合所有制企业，或其他投资、经营主体"。可见，两种定义最主要的区别在于：前者指出了本级政府所属融资平台和其他控股国有企业是不能作为本级政府的 PPP 合作方，即不能成为社会资本方，而后者则没有该方面的限制说明，显然范围更广。

直至 2015 年 7 月国务院办公厅发布的《关于在公共服务领域推广政府和社会资本合作模式指导意见的通知》（国办发〔2015〕42 号）中，对"社会资本方"的范围进行统一明确：社会资本方是指"国有控股企业、民营企业、混合所有制企业等类型企业，包括：已经建立现代企业制度、实现市场化运营的，在其承担的地方政府债务已纳入政府财政预算、得到妥善处置并明确公告今后不再承担地方政府举债融资职能的前提下的地方政府融资平台"。

根据该定义，PPP 项目所体现的政府与社会资本方之间的合作关系，其形式上则是政府和企业之间合作，即通常所指的"政企合作"，从而对社会

---

①　财政部政府和社会资本合作中心编著的《PPP 模式融资问题研究》等著述中有"PPP 模式融资"的提法。

资本方的界定即是根据企业性质类型确定其合作资格，而通常被提及的"政企合作"中的"企业"应当符合"社会资本方"的上述界定。

2.2　PPP 项目公司

2.2.1　PPP 项目特殊载体组织形式选择

项目运作需要明确一个专门用以承载项目合作及产权关系、承担项目实施的组织，类似证券行业所谓的"特殊目的载体（special purpose vehicle，SPV）"。从组织形式上看，这种载体可以是无企业法人实体的契约，或者是实体性质的公司或合伙制企业，即"特殊目的实体"。采取不同组织形式的特殊目的载体会从委托代理关系中监督和激励机制、税收、融资等方面对项目运作和经营产生不同影响，因此可根据具体情况进行决策分析。但从项目实施角度看，总体而言，专门设立一个特殊目的实体的确更有项目投资风险隔离、经营稳定性、成本收入独立核算、可获得债务融资等方面优点。

在资产证券化操作中，特殊目的实体通常是一个重要的项目载体或融资主体，是受益人或其他投资者作为发起人为了实现某一特殊目的而设立的一种特殊的金融工具，相对于一般经营企业具有以下几个方面的特殊性（崔莹，2006）：

（1）资本结构特殊性：特殊目的实体主要依靠大规模举债进行融资，发起人只有很少的权益投资甚至没有投资，因此债务比通常较高。

（2）设立目的特殊性：设立特殊目的实体是为了实现某个被清晰界定的具体目标，随着目标的完成特殊目的实体也将随之解散，在其存续期间是否盈利并不重要。

（3）经营活动特殊性：特殊目的实体的活动仅限于设立时法律文件中约定的范围，与经营活动有关的决策根据协议或章程由实体自主做出，股东或合伙人不具有实质性的决策能力。

（4）管理活动特殊性：特殊目的实体一般没有全职雇员和独立管理层。特殊目的实体的经营活动在设立的协议和章程中就被预先规定了，但在法律和财务上仍是一个独立个体，具备独立财务记录和报表、资产产权明晰、以自己的名义从事经营业务,其作用是转移分散风险、实现低成本融资、改善资本结构。

　　与上述"特殊目的实体"为了资产证券化等活动而设立的目的上有较大区别,本书研究所指的是政府和社会资本合作(PPP)项目中采取某种组织形式的特殊目的实体。目前,实体企业可以采取的组织形式主要有两类:公司制和有限合伙企业制。在选择组织形式时需考虑经营管理的效率、合理避税、融资机会等因素,这些因素会影响项目运作的风险、成本和效率。尽管在合理避税方面,有限合伙组织相较于公司制组织具有避免"双重"缴纳所得税的优势,但由于合伙制企业中承担主要运作职能的合伙人通常需要承担无限责任,在实体和管理人之间的破产隔离效力方面的不如公司制具有的作用效果强。尤其对于特殊目的实体,公司制的特殊目的实体具有"有限责任"的特征,特殊目的的公司资产与设立公司的个人或机构的资产相互独立,因此,特殊目的的公司与管理人之间的破产隔离效力较好。这也是为何在资产证券化操作或者项目运作中,在进行特殊目的实体形式选择时,特殊目的公司比其他各种形式的 SPV 更被优先考虑。

　　《操作指南》指出,PPP 项目公司是依法设立的自主运营、自负盈亏的具有独立法人资格的经营实体,可以由社会资本(一家企业或者多家企业组成的联合体)出资设立,也可以由政府和社会资本共同出资设立。据此,PPP 项目公司是为了 PPP 项目的运作实施而设立的"特别目的载体"(朱振鑫和钱淑琴,2016),一方面,PPP 项目公司是具有独立法人资格的经营主体,自主运营、自负盈亏,可实现"风险隔离";另一方面,作为 PPP 项目合同及项目其他相关合同的签约主体,负责项目的具体实施,在 PPP 项目建设和运营中发挥着举足轻重的作用。显然,PPP 项目公司是承载项目运作的特殊目的的公司(Special Purpose Company,SPC),与仅作为资产证券化活动中一种金融工具的"特殊目的实体"不同:首先,PPP 项目公司必须有一定规模的股权资本,并非"主要依靠大规模举债,发起人只有很少的权益投资甚至没有投资";其次,PPP 项目公司作为项目经营主体,必定需要有"全职雇员和独立管理层";并且,《操作指南》指出项目合作期限满,项目公司通常应按规定将项目经营权及相关资产一并移交给政府或其代表方。可知,PPP 项目运作成立项目公司作为特殊目的载体要优于选择其他组织形式,从而项目公司设立是 PPP 运作实践中一个重要环节。

　　值得一提的是,基于"项目经营"和"项目运营"的概念区别,"PPP 项目公司"作为 PPP 项目载体和经营主体,与仅承担项目运营职能的"PPP

项目运营公司"不能混淆而论。前者是 PPP 关系中的项目实施主体，其涉及合作关系及职能由 PPP 合同确定，同时，可能出于对项目运营绩效的考虑而委托具有更高专业水平的运营商或设立专门公司来负责该环节业务运作，因此，后者仅是运营业务委托代理关系中的受托方，即两者关系的形成或发展基于项目运营权的转移。

2.2.2 PPP 项目公司的"有限责任"形式

公司制形式包括有限责任公司和股权有限公司。当前国内尚未对 PPP 项目的特殊目的实体进行单独立法，在特殊目的企业性质或形式方面也没有法律上的明确规定，根据"操作指南"所规定的 SPV 在企业组织形式上是可以有选择的，而两种"有限公司"形式的 SPV 在厘清政府新增债务和隔离风险等方面具有较好的效果（朱振鑫和钱淑琴，2016）。现行 PPP 项目较常见的采用"有限责任公司"和"股份有限公司"两种形式。但这两种形式的"有限公司"在股东人数和股权转让方面的法律规定上存在差异。

股东人数上，我国《公司法》规定"有限责任公司"的股东人数不超过 50 人，而非上市"股份有限公司"的股东人数应在 200 人以下，发行股票并证券交易所上市交易的"股份有限公司"的股东人数可以在 200 人以上。而一般新建 PPP 项目在合同中对参与项目公司设立的股东人数是有限制的，因而特殊目的公司较适合采用"有限责任公司"形式。但在关于公司股权转让的法律规定方面，"有限责任公司"股东不能自由转让其持有的股权，"股份责任公司"则没有该方面限制，因此在项目公司通过股权转让、增资扩股等方式进行再次融资时更具有便利性，尤其是有上市可能的项目公司必须经过"股份制改造"，从"非公众公司"转变为"公众股份公司"，从而发行股票申报上市。但是，以公共部门为主的合作方出于对 PPP 项目涉及公共产品生产和供给效率方面的考虑，即使将项目公司采取"股份有限公司"形式，通常也会在 PPP 合同中对股东通过转让股权或出售股票的方式退出项目公司而设定"锁定期"等退出限制条件，可见任何形式下项目公司的股权转让并非完全自由的，还需通过 PPP 项目合作谈判和契约条款确定。

2.2.3 PPP 项目公司特征

与一般经营企业相比较，PPP 项目公司在设立和经营目的、经营期限、股东结构、股权比例与出资责任等方面有较明显的公共性和项目导向性特征：

（1）特殊项目载体。

PPP 项目公司是针对一个公共项目运作而专门设立的特殊目的载体，其设立时所确定的经营范围以及主要职能是项目全生命周期赖以存续的基础。若在 PPP 合同中没有进行特殊规定或政府与社会资本方的合同事后协商，通常 PPP 项目公司则不能同时运作多个 PPP 项目或者进行不同项目间的合并。这与一般经营企业显然是有区别：一般经营企业是可以同时经营或参与运作多个项目及项目公司，其经营决策在于企业内部，承担经营管理的股东甚至是经营管理层都可以有一定的决策权限，而 PPP 项目公司的多项目经营则会涉及公司股东以外的多个项目所在地政府和外部社会资本方的谈判问题，因而公司内部决策效力有限。

（2）有限经营期。

除非发生并购和破产清算等情况，否则一般经营企业通常没有存续期限的限制，因此其生命周期理论上是无限的。而一般意义上的 PPP 项目是有运作期限的，即 PPP 项目的全生命周期，这是政府与社会资本方在 PPP 合同中约定的合作期限，因而为了项目运作而专门设立的项目公司当然也会因为 PPP 项目生命周期的截止或 PPP 合作期限的结束而终结使命，即项目公司股东权利和义务的终止，股东所持股份面临被清算、出让或回收。

（3）股东职能明确。

PPP 项目通常包括与基础设施和公用事业设施投资的设计、建设、投资、管理等方面有关的知识和职能，其运作过程较为系统而复杂，因此 PPP 合作中需要通过招投标等公开竞争的形式引入能够弥补政府在技术、管理、融资等方面所欠缺能力或资源的社会合作方，并共同组建项目公司进行运作，以实现项目运作的效率目标。

当 PPP 项目被发起时，发起人可能是政府或者社会资本方，社会资本方为了参加项目合作招投标而成立联合体，这种具有合作意向性的构成尚不包括政府方，因此不能看成是项目公司的股东，仅仅是可能的项目公司股东结构前身或雏形，最终是要在招投标环节被确定的。PPP 合同所确定的项目公司初始股东结构中，除了政府代表方之外的其他股东相互之间分工通常较为明确，主要包括：负责设施工程设计与建设的建筑企业、负责项目产业方面的整体运维和管理的运营商、为项目提供资金或负责融资职能的金融机构等。初始的项目公司股东结构会在项目后续运作过程中因为融资或运营需要而从外部引入新股东，从而导致股东结构的变化。

可见，项目公司的股东结构形成及其变化过程与一般经营企业不同，前者需要经过更严格的公共选择程序，根据其较强的职能分工、优势互补的目的进行了股东结构选择。尽管一般经营企业的创办人或实际控制人也会出于企业效益最大化的考虑而进行股东结构选择，但这种选择既非公共决策，也并非以股东在经营中的职能分工为主要选择条件，毕竟一般经营企业的多数股东可以仅通过资本性的投入加入企业，而不参与企业经营管理活动。

（4）股权比例相对固定。

实践中，在 PPP 项目的发起阶段，发起股东的数量是有明确规定的，这主要是为了确保招投标活动的公平性和可操作性。按规定，获得中标的社会资本应该与政府签订 PPP 合同后设立项目公司，关于项目公司的股东人数及其出资要求则在《公司章程》进行确定，比一般经营企业在股东人数、注册资本金规模及出资责任、控股权设置等条件要求更为严格。

由于 PPP 项目通常涉及工程建设，因此项目公司股东在于项目资本金出缴方面应符合相关要求。[①] 据此，项目公司的注册资本金或者股东的初次出资总额应不低于该项目资本金要求金额，政府与社会资本方分别按照确定的股权比例实缴出资。其中，由于实行 PPP 模式的主要目的是引入政府所欠缺的技术、管理和资金等资源，由社会资本方主导项目公司经营以实现公共项目的效益目标，因此政府没有通过对项目公司的控股而获得更大经济利益的必要。

2.3　PPP 项目运作与经营

2.3.1　PPP 项目经营属性

林达尔（Lindahl）、萨缪尔森（Paul A. Samuelson）、布坎南（James M. Buchanan）等的研究形成了公共产品理论，该理论区分公共产品、私人

---

① 例如，我国目前规定工程类项目资本金要求不低于工程总投资的 20%，具体项目上还可能有更高要求。详见国务院发布的《关于调整和完善固定资产投资项目资本金制度的通知》（国发〔2015〕51 号）等文件。

产品的分析依据是产品所具有或表现的"消费效用不可分割"、排他和竞争等方面的特性情况。排他性一方面是指产品归属上的"拥有排他",另一方面仅是指在被某些人使用的同时对其他人有排斥,即"使用排他",若产品"拥有排他"则必定"使用排他"。① 而竞争性则是指产品使用者的增加不会导致生产或提供的边际成本的增加。根据是否具有排他性和竞争性,可以有四种产品的基本特征组合,即可以把产品分为四类:

第一类是纯公共产品(同时具有非排他性、非竞争性产品)。纯公共产品在其被使用过程中有关的利益不能被某些使用者独占,即不能排斥对其他使用同时消费该产品。并且,在既定供给水平下,使用者的增加不会导致供给成本的额外增加,也不影响产品供给和使用的数量和质量,如国防、社会治安秩序、公共交通、公共卫生等。

第二类是可收费产品(具有排他性但非竞争性的产品)。该类产品的使用仅限于具备许可条件的某些人,但使用者可以通过付费等方式满足相应条件获得产品的使用,并且不会因此影响其他人的使用,如收费公路等。

第三类是公共资源(竞争性但非排他性的产品),或俱乐部产品。该类产品的使用不限于具备许可条件的某些人,但在使用过程中,使用者的增加会导致产品供给的边际成本增加,因此会改变可使用产品的数量和质量,即使用者之间的效用关系是相互影响的,如森林、牧场、海鱼等。

第四类是私人产品(同时具有排他性、竞争性的产品)。该类产品的产权明确归属于私人,其他人的取得与使用则必须获得私人所有者的同意,并且使用者的增加会导致产品供给边际成本的增加,如食品、衣服、住房等。

在这四种产品中,公共资源和可收费产品具有公共产品特性,但又与纯公共产品以及私人产品有较大区别,因此可统称为准公共产品。由于准公共产品具有供给和使用数量上的非均衡和拥挤性等特点,因此可以通过设置适度的收费机制对准公共产品的需求及使用进行调节,以避免出现拥挤和过度使用等现象,提高公共资源配置效率和社会福利水平。此外,收费的方式还能够在使用者中按照使用数量,以"使用者合理付费"的原则进行公共产品供给成本的公平分摊。

---

① 李健将权利的排他性分为"对权利的拥有排他性"和"权利所对应的行为的排他性",本书参考该方法对产品排他性进一步区分为"拥有排他"和"使用排他"。详见李健."所有权"与"企业所有权"等相关问题之明晰 [M]//黄少安. 制度经济学研究(第七辑). 北京:经济科学出版社,2005:97-114.

在此基础上，根据否有资金流入这一标准把项目分为经营性项目和非经营性项目，区别于有无投资项目收费机制，能否让市场发挥作用。如果有收费机制，进一步针对是否有收益，可以把经营性项目进一步区分为纯经营性项目和准经营性项目。具体可以根据有无收费机制或现金流情况，分为非经营性项目、经营性项目和准经营性项目（见表 2-1）。

表 2-1 城市基础设施项目分类

序号	项目属性		市政公用基础设施实例	投资主体
1	经营性项目	经营性项目	收费高速、收费桥梁、废弃物的高收益资源利用等	全社会投资者
		准经营性项目	煤气、地铁、轻轨、自来水等	政府适当补助
2	非经营性项目		不收费、收费不到位的公路	政府投资

注：转引自：和宏明. 城市基础设施投资运营体制改革的理论 [J]. 城市发展研究，2004，11 (1)：54-58.

（1）非经营性项目是指无收费机制、无资金流入的项目。这是政府有效而市场失效的情况，其目的是获取环境和社会效益，市场调节难以对此起作用，此类项目的投资只能由代表公众利益的政府财政来承担。

（2）经营性项目是具有收费机制（有资金流入）的项目。纯经营性项目盈利性项目，可以通过市场进行有效资源配置，其目的是追求利润的最大化，其投资形成是价值增长过程，可通过全社会的投资加以实现，但区别于完全市场化经营的私人产品，经营性项目作为公共产品必须是在于政府监管下进行市场化运作，在定价方面遵循"企业报价、公众议价、政府核价"的原则，PPP 项目公司是在符合政策目标要求、满足公共需求的条件约束下追求利润最大化。

（3）准经营性项目存在收费机制即产生资金流入，具有潜在的利润，但因其受到政策影响及收费价格受上限限制等客观因素，收回成本难，经济效益不够明显，市场运行的结果将不可避免地形成巨大的资金缺口，要通过政府适当贴息或政策优惠维持运营，待其价格逐步到位及条件成熟时，即可转变成纯经营性项目（通常所说的经营性项目即为纯经营性项目）。

根据公共产品理论，准经营性项目提供的产品和服务均属"消费效用不可分割"的准公共产品。而且这类项目还具有虽然可以回收部分投资、保本或微利经营，但建设周期长、投资多、风险大、回收期长或者垄断性等特点，单靠市场机制难以达到供求平衡，需要政府参与投资经营，并且应以控股和参股等方式进行。随着市场的不断发展成熟，政府应逐步退出，私人部门应逐渐进入准经营性投资领域，同时政府首要职能应该转向提供法规、制度等非物质类公共产品，建立完善竞争机制，维持正常市场秩序，发挥市场机制和政府调控的各自效率，降低社会成本。

科斯（Coase，1974）发表的《经济学中的灯塔》一文带动了后来者关于公共产品的私人提供问题研究和讨论，泰勒·柯文（Tyler Cowen）认为，必须对市场供给公共产品的失灵和政府供给公共产品的不完善进行一番认真的比较和权衡，只要私人部门有可能来提供公共产品，其效率通常要高于政府部门。[①] 彭文滋（2004）根据经营系数的大小来区分公共项目的经营性，该系数则可以根据项目的生命周期内现金流入和流出量、市场上可以接受的投资收益率计算得到，且对可能的结果进行四种经营性分类，同时类型可以被调整和转变：

（1）当经营系数大于 0 时，表明项目现金流入量为零，项目属性为非经营性，此时市场投资人不可能接受该项目，只能用政府资金作为公益性投入。

（2）当经营系数等于 1 时，表明项目现金流入现值等于项目现金流出现值，项目属性为纯经营性。此时，投资可以回收并获得预期收益。如果是新建项目则可以由民间投资经营，政府不必投入。如果是已经投入使用的政府资金投入项目，可以转让给非政府资本经营，收回政府投资并获得收益。

（3）当经营系数小于 1 时，属于准经营性项目。项目现金流入现值小于项目现金流出现值，该项目可能难以收回投资或虽可收回投资，但投资收益率达不到预期水平。如果是新建项目，则很难由民间投资单独完成，需要政府的适当参与。该项目现金流出现值总量大于现金流入现值总量的部分，需要通过财政补贴、税费等优惠措施进行弥补，或通过调整产品或服务的价格使现金流出与流入保持平衡。

（4）当经营系数大于 1 时，属高回报的纯经营性项目，投资收益率大于标准投资收益率。如果是现有建成项目，可以溢价转让。如果是新建项目，可由民间投资经营，政府可以设定特别"税收"，将高于标准收益率的利润部分收回。从理论上看，上述情况可以存在，但因市政公共基础设施

---

① 陈共. 财政学（第九版）[M]. 北京：中国人民大学出版社，2017：55–57.

牵涉到千家万户的大众利益，政府对其价格有着严格的控制，同时，当经营系数大于 1 时，市场化会导致价格下跌，因此该高标准收益情况很难长期存在。

总之，公共项目的经营属性区分是相对的，实施者可以通过调整项目收费机制来改变经营性和非经营性，或者通过调整收费标准变换准经营性和纯经营性（和宏明，2004；彭文滋，2004）。

2.3.2　PPP 项目付费机制

PPP 付费机制是项目公司在整个项目运作过程中进行项目投资、建设、运营等活动，因此获得收入的来源与方式。张海星和张宇（2015）总结指出，中国目前主要由财政部和发展改革委主导 PPP 的实践。财政部发布的"操作指南"，按收入来源将 PPP 模式分为使用者付费模式（由最终消费用户直接付费购买公共产品和服务）、政府付费模式（政府直接购买公共产品和服务，包括可用性付费、使用量付费和绩效付费）和混合模式（使用者付费不足以满足项目公司成本回收和国家合理回报，由政府以财政补贴、股本投入等给予社会资本可行性缺口补助）；而发展改委关于政府与社会资本合作的"指导意见"（发改〔2014〕2724 号），按项目性质将 PPP 分为经营性项目、非经营性项目和准经营性项目，两者分类基本对应，具体总结分析如表 2 - 2 所示。

表 2 - 2　　公共产品分类、项目经营属性、PPP 付费机制和运作方式

产品分类		经营属性		
		经营性	准经营性	非经营性
纯公共产品		—	—	政府付费
准公共产品	可收费产品	PPP、使用者付费	使用者付费、可行性缺口补贴	—
	公共资源	PPP、使用者付费	使用者付费、可行性缺口补贴	—
纯私人产品		非 PPP、使用者付费	—	—

（1）政府付费。

纯公共产品的非竞争性和非排他性决定了其应由政府提供，因此通常采取政府付费的方式进行项目运作，也就是由政府对 PPP 项目公司在公共

产品的供给数量、质量等方面进行绩效考核，并对项目运营给予付费的运作方式。

（2）使用者付费。

使用者付费项目主要是指经营性项目和准经营性项目，其中，经营性项目通常可以进行合理利润约束下的市场化运作，即项目的公共属性要求 PPP 项目公司必须在合理区间内定价进行运营，并获得合理利润，其收益完全来自社会公众对使用公共产品的费用支付，且运营风险自担。

（3）可行性缺口补贴。

可行性缺口补贴主要是指针对准经营项目，由于项目运营收入的不足，而使得项目公司无法实现其合理利润，政府因此以规定方式给予补贴的付费机制，实则是在项目运营补贴期间，政府承担部分直接付费责任。

和宏明（2004）引用了上海城市发展信息研究中心编著的论文①中关于城市基础设施项目区分的方法，对公共项目的经营性变化作了解释，该方法同样适用于本书对 PPP 项目的经营性、付费机制的类型分析（见图 2－1）。

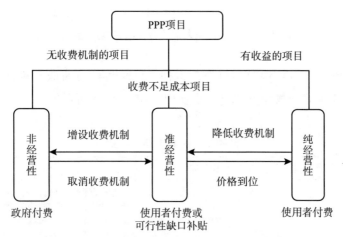

图 2－1　PPP 项目经营性、付费机制类型区分

2.3.3　PPP 项目运作模式

PPP 在英、美等发达国家经历了较长时期的应用与完善，已经开发出

---

① 　江绵康. 上海城市发展研究论文集：第二辑 ［R］. 上海城市发展研究中心，2000：30.

应用性很强的模式，不同合作模式的 PPP 项目都有相应的具体操作方式，国际上已经有了这些 PPP 项目运作模式，即 PPP 项目具体操作方式的分类和解释，E. S. 萨瓦斯（2002）就曾指出政府与私人部门之间可以采取多种形式的项目合作，并对其进行了分类。国内外学者从政府与私人部门合作项目中根据项目所有权（包括资产所有权和经营权）角度进行了 PPP 模式的分类。侯丽（2012）从"完全公营"的政府部门外包方式到"完全民营"的私人部门建设并拥有方式将这些 PPP 运作模式进行了分类排序，是一个以项目所有权为轴线的双向连续体，本书在其研究基础上整理如图 2 - 2 所示。

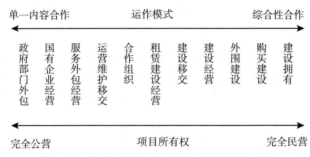

图 2 - 2　政府与私人部门合作项目类型连续体

白祖纲（2014）按照项目合作责任、风险与权利的标准将其中几种主要 PPP 运作模式或操作方式进行了梳理，如表 2 - 3 所示。

表 2 - 3　　　　　　　　　　几种主要的 PPP 运作模式

中文名称	英文名称及缩写	解释
建设—运营—移交	build-operate-transfer（BOT）	双方约定较长的特许经营期，私人部门负责设计、融资与建设一项新的公共设施，并享有运营管理的权力，特许经营期满将经营权转移给公共部门
建设—拥有—运营	build-own operate（BOO）	私人部门负责融资、建设基础设施，建成后就永久地拥有这些设施的所有权和经营权
建设—拥有—运营—移交	build-own-operate-transfer（BOOT）	私人部门在合作期内负责融资、设计、建设与运营公共设施，在通过用户付费的方式获取投资回报

续表

中文名称	英文名称及缩写	解释
购买—建设—运营	buy-build-operate （BBO）	政府出售公共资产给有能力修复或升级改造的私人或准公共部门，并由其拥有永久所有权和经营权
建设—转移—运营	build-transfer-operate （BTO）	私人部门为基础设施负责融资、建设，建设后将所有权转归公共部门，再由公共部门与私人部门签订长期特许经营合同，委托私人部门特许经营
建设—租赁— 运营—转移	build-lease-operate-transfer （BLOT）	公共部门设计绩效指标，由私人部门负责融资、设计，并在公共土地上建设与长期运营一项新的基础设施，在特许期内以使用者付费的方式获得回报，特许期满后所有权转归公共部门，但不支付租金
设计—建设— 融资—运营	design-build-finance-operate （DBFO）	私人部门负责设计、融资、建设一项新的基础设施，并在特许期内行使经营权，期满后将移交给公共部门
运营与维护合同	operation & maintenance contract （O&M）	私人运营商在规定时期内运营一项公共资产（公共部门拥有所有权），私人部门对基础设施的日常经营和维护要承担全部责任
仅负责融资	finance only （FO）	一般是由一个私人金融服务公司为公共项目提供直接融资，或者灵活运用各种长期租赁贷款或发行债券的方式为公共部门融资
改建—运营—转移	rehabilitate-operate-transfer （ROT）	由政府委托私人部门，或由私人部门向政府租赁现有设施，予以扩建、整建后并为营运，营运期间届满后，营运权归还政府
设计—建设	design-build （DB）	私人部门按照公共部门的绩效指标要求，设计、建设基础设施，通常在合同中约定私人部门必须全盘设计以及固定价格

　　目前，财政部和发展改革委推介的 PPP 项目具体操作方式（实现方式或运作模式），存量项目可采用 O&M、MC、LOT、TOT、ROT 等方式建设运

营，而新建项目主要采用 BOT、BOO 等方式建设运营。[①] 世界银行关于 PPP 项目运作模式的划分方法被广泛采用，该方法是根据社会资本参与程度由小到大将 PPP 项目分为外包类、特许经营类和私有化类，因此可称为"三分法"。

王灏（2004）从广义和狭义两个角度界定 PPP。首先，广义的 PPP 是指公共部门和私人部门双方为提供公共产品和服务而建立起来的各种合作关系。其次，狭义的 PPP 是指一系列项目融资模式的总称，如 BOT、TOT 和 DBFO 等模式。陈志敏等（2015）根据财政部的财金〔2014〕113 号文等，将当前国内主要的 PPP 运作模式进行了总结，认为"PPP 在中国主要采用购买服务、特许经营、股权合作三种方式开展"，且从社会资本参与程度上看，这种分类方法基本上与包括外包类、特许经营类和私有化类的世界银行"三分法"相对应。但是，尽管我国国家发展改革委关于 PPP 的定义中也包括了政府购买服务，然而国务院、财政部所发布的文件中关于政府购买服务定义及其运作程序上与 PPP 有较大的区别。[②] 在比较分析政府购买服务和 PPP 的主要差异方面，最明显的是真正意义上的政府购买服务通常既不包含项目股权合作，也不包含项目资产委托运营的内容，其本质是政府和社会资本仅限于公共产品或服务生产上的合作关系，并非合作提供公共产品。

总结以上分析，为了不致使概念上的混淆，同时鉴于"特许经营"和"PPP 经营授权"定义范畴和操作程序的差别，[③] 本书关于当前国内 PPP 股权投融资问题研究还是基于世界银行的"三分法"，将 PPP 项目运作方式分为外包类、授权经营类和股权合作类（见表 2-4）。该分类下，按照"外包"—"授权经营"—"私有化"的逻辑顺序，社会资本的参与程度是从"仅提供服务"到"运营期满移交项目"，再到"投资并拥有项目产权"的逐层深入，并且社会资本在合作中所承担的风险度也因此加大（张继峰，2017）。

---

① "操作指南"第十一条指出：项目运作方式主要包括委托运营、管理合同、建设—运营—移交、建设—拥有—运营、转让—运营—移交和改建—运营—移交等，但没有限制其他项目运作方式的使用。

② 详见国家发展改革委《关于开展政府和社会资本合作的指意见》（发改投资〔2014〕2724号）；国务院办公厅《关于政府向社会力量购买服务的指导意见》（国办发〔2013〕96号）；财政部、民政部、工商总局《关于印发〈政府购买服务管理办法（暂行）〉的通知》（财综〔2014〕96号）。

③ "特许经营"属于 PPP 经营授权的一种方式，其经营权受许程序应该与一般经营授权不同，因此以"授权经营"替代其他场合所提的"特许经营"。

表 2 - 4　　　　　　　　　　　中国 PPP 的主要模式

方式	类型		定义	合同期限	项目种类	主要目的
外包	O&M	委托运营	指政府将存量公共资产的运营维护职责委托给社会资本或项目公司，社会资本或项目公司不负责用户服务的政府和社会资本合作项目运作方式	≤8 年	存量	引入管理技术
	MC	管理合同	指政府将存量公共资产的运营、维护及用户服务职责授权给社会资本或项目公司的项目运作方式	≤3 年		
授权经营	TOT	转让—运营—移交	指政府将存量公共资产所有权有偿转让给社会资本或项目公司，并由其负责运营、维护和用户服务，合同期满后资产及其所有权等移交给政府的项目运作方式	20~30 年		引入资金，化解地方政府性债务风险
	ROT	改建—运营—移交	指政府在 TOT 模式的基础上，增加改扩建内容的项目运作方式	20~30 年		
	BOT	建设—运营—移交	指由社会资本或项目公司承担新建项目设计、融资、建造、运营、维护和用户服务职责，合同期满后项目资产及相关权利等移交给政府的项目运作方式	20~30 年	增量	引入资金和技术，提升效率
私有化	BOO	建设—拥有—运营	指由社会资本或项目公司承担新建项目设计、融资、建造、运营、维护和用户服务职责，在合同中注明保证公益性的约束条款并拥有项目所有权的项目运作方式	长期		

注：引自陈志敏等（2015）根据"操作指南"等文件整理的表格，本书根据文中分析结论将"购买服务"改成"外包"。详见陈志敏，张明，司丹．中国的 PPP 实践：发展、模式、困境与出路 [J]．国际经济评论，2015（4）：68 - 84。

2.3.4　PPP 项目运作流程和阶段

　　财政部的财金〔2014〕113 号文中将 PPP 项目工作流程从项目发起到项目移交后绩效评价的整个生命周期划分为项目识别、项目准备、项目采购、项目执行、项目移交共 5 个部分，每个部分包括了若干个实质性的操作环节。项目公司的设立，也是整个项目执行的开始，直至项目移交，两个部分包括了 PPP 项目运作的一些主要环节：融资、建设、运营、移交等。

　　孙本刚（2006）对 PPP 项目的基本运作流程描述则是从政府和社会资本方合资成立项目公司开始的，包括了属于项目执行和项目移交两个部分的项目公司设立、债券融资、建设、运营、收益分配、性能测试、评估、移交等 9 个主要环节。在此基础上，本书把 PPP 项目的运作流程分为前期、建设、运营、移交共 4 个阶段，并与财金〔2014〕113 号文关于全生命周期中部分和环节内容相结合，进行阶段划分如图 2 – 3 所示。

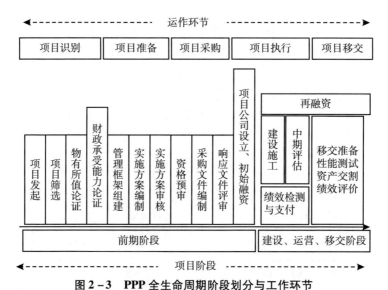

图 2 – 3　PPP 全生命周期阶段划分与工作环节

　　（1）前期阶段：从 PPP 项目发起到项目公司设立及融资管理，包括项目识别、项目准备、项目采购三个部分，共十多个环节，主要是项目执行前的准备工作，或可称为项目准备期。

（2）建设阶段：从 PPP 项目工作流程看，项目建设包含在项目公司设立后的融资管理内部，其中包括孙本刚（2006）提到的项目公司与承建商签协议，以及相关费用支付等环节。

（3）运营阶段：项目建设完工验收之后就是项目运营阶段的开始，到项目移交结束，项目公司主要处理与运营商之间的协议签订、费用支付、收益分配等事务，以及本阶段进行对项目的绩效检测和中期评估，由于运营期是在项目移交之后终止，因此移交阶段应该是看成是项目运营的最后阶段，而运营阶段应该包括正常运营阶段和移交阶段。

（4）移交阶段：从项目移交准备开始，包括性能测试、资产交割、绩效评估等环节，项目移交是包括项目运营阶段在内的整个项目生命周期的结束。

2.4　PPP 项目效益与绩效

2.4.1　PPP 项目效益界定

衡量经济活动效率性大小的最终指标是经济效益，是经济主体在此活动中的总产值与总成本的比较关系。而与公共产品有关项目不仅要评价其经济效益，同时还应分析其实施是否是有限资源利用下，最大限度地满足社会公众对公共产品或服务的需要，实现社会贡献度最大化，即项目的社会效益。可以认为，项目效益是一个总产出或社会福利净增加的绝对量概念，在既定的项目效率水平下获得增量，是项目效率的结果表现，而项目效率则正是产出与投入比较的相对量概念，是产生效益大小的内在因素。

显然，根据对 PPP 概念的分析，PPP 项目的效益应从经济效益和社会效益两个方面进行评价。其中，PPP 项目的利益相关者主要有三方：政府、社会资本方、社会公众，三者的利益关系在公共产品的生产、提供和消费的过程中建立，并贯穿 PPP 项目的整个生命周期。在此过程中，政府作为社会管理者满足社会公众对公共产品的需求是三者关系的起点，即政府作为公共产品的提供者制定和实施政策的出发点和最终目标，通过招投标的方式委托有相应能力的社会资本方合作组建项目公司投资生产公共产品，并对 PPP 项目产品和服务的生产、提供进行监管，并根据项目成本承担的约定方式支付费用或给予补贴；社会资本方是 PPP 项目投资和建设者，负责产品和服务的生产和提供，同时获得收益；社会公众是 PPP 项目产品和服务的使用者或消费者，并因此支付使用成本。

可见，PPP 项目产生的效益涉及与政府、社会资本方、社会公众三方分别对应的社会效益、经济效益和使用效益。那么，在 PPP 项目中，政府追求社会效益最大化，社会资本方的效益目标是项目经营利润最大化，社会公众则是期望实现公共产品和服务的使用成本最小化（叶晓甦和杨俊萍，2012）：

（1）政府效益目标是在有限资源约束下的社会效益或社会福利最大化，其中，项目涉及公共资源方面的主要考虑是财政支出约束和资金使用效率。

（2）社会资本方参与公共产品供给，其经济效益目标是在价格限制、投资和运营合理回报等条件的约束下实现既定生产成本下产出最大，即利润最大化，或者既定生产规模和利润水平下的成本最小化。

（3）社会公众作为公共产品的消费者则是在公共产品和服务的质量保证的前提下，以最低的成本消费或使用既定数量的公共产品和服务，即使用成本最小化。

因此，对 PPP 项目总体效益的评价必须要从政府的支出效率、社会公众的消费效益和社会资本方的经济效益三个方面进行综合分析。其中，项目公司是项目运作的主体，当然也是项目经营的利润主体，而社会资本方身份主要体现为项目公司的主要股东和其他投资者，在分析中用项目公司代替社会资本方作为项目经济效益的主体应该更为具体、明确。

2.4.2 PPP 项目收入与成本

游达明和彭雨薇（2016）将包含建设期、运营期、移交期的 PPP 项目看成是"一个完整的 PPP 项目"，而三个不同阶段的现金流情况分别如下：

（1）项目建设期现金流入主要包括资本金、贷款资金投入，以及政府补贴收入，现金流出则主要包括项目的建设投资以及贷款利息的支出。

（2）项目运营期现金流入主要包括产品销售收入、其他收入、固定资产折旧，现金流出主要包括运营成本、所得税、利息支出以及本金偿还。

（3）项目经营期结束后，整个项目需无偿移交给政府，因而项目残值①为零。

再从收入角度看，三个阶段的情况分别为：

（1）项目在建设期间，项目公司作为项目的运作主体需支付项目的建设投资支出和融资利息支付，分别对应项目建设施工单位和资金提供者的收入。其中，项目建设施工单位与项目公司的关系可能为两种情况：建设施工单位是项目公司内部的股东，或者是按规定程序接受项目公司委托而进行项目建设施工的外部单位。但无一例外，建设施工单位是必须要跟项目公司签订《工程承包合同》，其工程建设施工的收入与项目公司并无直接关系。

此外，政府补贴收入可以发生在项目建设期和项目运营期，并在模型分析中将其看作项目建设期现金流入。而根据我国财政部关于可行缺口补贴的测算公式，以及在项目实践中，该收入与运营收入是同期进行计算的。因此，项目公司在项目建设期实则是没有与业务有关的经常性收入。

（2）在运营期间，项目公司通过项目运营可以获得运营收入，且在政府付费或可行性补贴的付费模式下，还能获得政府补贴收入。

（3）在项目移交阶段，由于项目公司向政府的项目移交是无偿的，因而此时项目的残值为零。但本书的观点是，从项目公司本身作为企业来看，经过整个项目全生命周期的运作过程，不仅完成了项目的投资建设和运营服务，也因此具备相关的资质能力和经验积累，同时也可能在某个区域内建立了较好的客户关系，且在行业内获得一定声誉，这使其比其他社会资本方有更大的可能获得本项目后续的经营权，或者是参与其他 PPP 项目合作机会，应将此看成是项目公司及其经营管理团队自身在经营期间所积累的资源或无形资产，因而移交期的项目公司本身仍是有价值的，无非是价值大小和归属确定的问题。但该价值能否在项目移交期成为项目公司的收入或是现金流入，则要根据项目合同或项目公司章程等对项目公司运作的相关规定。总的来看，若项目移交后，项目公司无须解散，且不管政府方或社会资本方是否从项目公司无偿退出，在项目公司仍然存续以及正常业务经营能力不丧失的前提下，是可以向外部的投资者进行股权转让、增资扩股等方式获得收入或现金流入。

总结以上分析，将项目三个阶段的主要收入和主要成本情况归纳如表 2 - 5 所示。

---

① 游达明、彭雨薇二位所指的运营期截止时项目残余价值，未详细说明项目公司的价值问题。

表 2 - 5 　　　　　　　　PPP 项目公司各阶段的主要收入与支出构成

收入与支出	建设阶段	运营阶段	移交阶段
主要收入	—	运营收入、政府补贴收入（可行性缺口补贴模式下）	可能有项目公司股权处置等收入
主要成本	建设投资、利息支出	运营成本、税收、利息支出等	评估等清算成本

根据表 2 - 5，PPP 项目的全生命周期中的收益主要来自运营阶段的运营收入和政府补贴，包括：使用者付费、政府付费、政府补贴三种渠道，以及在移交阶段可能有的股权处置等方面收入。其中，运营收入则取决于在保证公共产品和服务质量前提下的总产出水平，并且后者与分布在项目建设和运营两个阶段的总成本之间的比例关系即可对 PPP 项目经济效益进行评价，可见 PPP 项目公司的项目运营能力水平对于项目效益极为重要，这即是政府为何要强调 PPP 项目运营重要性和对 PPP 项目公司进行绩效考核的原因所在。

2.4.3　PPP 项目绩效

最早在企业管理领域，"绩效"是指是否到达预期目标的成绩和完成任务的效率、资金使用的效益等（Jugdev K. and Moller R., 2007）。经济合作与发展组织（OECD）对此下的定义是：绩效是实施一项活动所获得的相对于目标的有效性，它不仅包括从事该项活动的效率、经济性，还包括活动实施主体对预定活动过程的遵从度以及该项活动的公众满意程度。因此，绩效应包含行为和结果两层含义：组织或项目的投入和实施过程的经济性和效率、组织或项目的产出目标达成度与对社会发展的长远影响。据此，PPP 项目绩效是包括政府部门、私营单位等参与者为项目的建设和运营的技术、经济、管理等方面的活动过程的经济性和效率，和项目的产出目标达成度、满足利益相关者的需求，以及对社会的长期影响。

绩效考核是 PPP 项目中政府向社会资本付费的主要依据，不论是政府付费或可行性缺口补助项目，绩效考核都被要求作为付费或对 PPP 合同约定的价格进行调整的机制，同时也是评价社会资本提供公共服务质量及效率的依据，是 PPP 项目中利益和风险分配的核心。[①] 由此足见，绩效考核对于政府付费和可行性缺口补助机制下的 PPP 项目实施和推广的重要性。

在绩效考核的方法选择上，较传统的有"铁三角"目标法、"平衡计分卡""3E"，由于利益相关者等方面理论的发展，以时间、成本、质量为目标的传统绩效考核标准已不适用于 PPP 作为"融资工具""未来城市经营的基本治理工具"而对其进行行业评价，因此传统的项目绩效评价方法已经无法满足"新时代的需求"（陈龙，2017）。在理论研究和项目实践当中，PPP 绩效考核的方法和标准有所增加和更新，其中包括数据包络分析、层次分析法、物元分析法等项目决策和绩效评价方面常用的方法。这些考核方法在关于 PPP 项目绩效的评价目标和指标选取上有各自的侧重，且很大程度上也与绩效考核所确定的 PPP 项目运作阶段和内容范围有关。例如，关于对 PPP 项目进行"全生命周期绩效考核"的各种提法，若要把项目前期沟通的成本费用、建设期间的建设成本和利息支出、运营阶段的收益、成本和费用等要素纳入指标体系内并同步进行评价分析，这在范围上显然更全面而系统性，有利于项目整体效益的提升，但从实施角度看，仅项目建设的绩效问题实际上已经在验收的时候得出了评价结论，在运营期再无必要作为考核的重点。因此，考核不仅考虑 PPP 项目全生命周期的绩效总目标，还应根据项目实施阶段和工作内容而确定重点、目标和指标。

再从财政部的财办金〔2017〕92 号文关于项目付费机制与产出绩效考核的规定来看，由于"项目建设成本不参与绩效考核"，PPP 项目绩效考核实则主要是对项目公司在运营方面的绩效进行考核，原因是项目的成功与否在较大程度上取决于项目公司的运营能力，运营效益水平也因此成为绩效考核的核心内容。尽管从目前我国 PPP 项目绩效考核实施情况看，政府主要依据项目的可用性、使用量、质量对项目公司进行付费，并由此设置了可用性服务、运维服务两类绩效考核指标，而项目设施的可用性最终要依靠项目公司的运维服务来保障，因此 PPP 项目绩效考核的重点还是项目公司对于项目的运营情况。

[①]　引自靳林明等于 2018 年 4 月 10 日在财政部 PPP 中心发布的文章：《关于 PPP 项目第三方绩效考核的一些思考》。

2.5 本章小结

首先，本章对于学术界和各国（地区）的组织关于 PPP 的定义进行总结分析的基础上界定了 PPP 的概念。关于 PPP 的概念目前还没有一个公认的说法，不同的人会有不同角度的理解，大致是"政府部门和社会资本在基础设施及公共服务领域建立的一种利益共享、风险分担的长期合作关系"。这种长期合作关系的三个"P"之一是可以确定的，即"public"代表政府，而"private"是"私人部门""民营资本"，还是社会资本？国办发〔2015〕42 号文①将其看成是社会资本进行界定："不承担项目所属政府债务融资职能的所有建立了现代企业制度且市场化经营企业。"这也是目前国内 PPP 项目运作主体的依据。

最后一个"P"则代表范畴较广、涉及内容较多，主要包括指合作对象属性、载体、运作方式和过程等方面，一方面，政府与社会资本方长期合作关系相关特殊目的载体（SPV）——PPP 项目公司，建立公司制的特殊载体在项目运作上有着项目融资、风险隔离等重要性，同时也是本书关于 PPP 股权投融资研究的前提。另一方面，项目公司是为了运作与公共基础设施和公用事业设施投资、建设、运营有关的公共项目，包括非经营性、准经营性和经营性三种经营属性的项目，因此通过政府付费、可行性缺口补助和使用者付费三种收费机制获得相应的收入回报，也是 PPP 股权投资最基础的价值来源，并且收费机制设置条件的变化会导致项目经营属性的变化，PPP 股权投资价值也因此而改变。

其次，PPP 合作方式是由具体项目操作方式来实现的，世界银行按照"外包类、特许经营类和私有化类"将其分为三类，而目前国内的分类方法基本与此相同，分类为：购买服务、特许经营、股权合作，各自分别又包括：委托代理（O&M）、管理合同（MC）；转让—运营—移交（TOT）、改建—运营—移交（ROT）、建设—运营—移交（BOT）；建设—拥有—运营（BOO）。其中，建设—运营—移交（BOT）；建设—拥有—运营（BOO）适用于新建项目或增量项目，其他方式则适用于存量项目。并且，这些 PPP

---

① 国务院发布的《关于在公共服务领域推广政府和社会资本合作模式指导意见的通知》（国办发〔2015〕42 号），以下简称"国办发〔2015〕42 号文"。

运作模式可以根据社会资本的参与程度被进行排序，社会资本参与程度越高则其对项目所有权（产权）的真实性越高，但同时风险也越大。

最后，PPP 合作关系是基于项目运作的长期过程。项目运作过程包括从项目识别到移交共五个流程构成部分，是一个被按照运作环节进行"四阶段"划分、包含项目公司发展过程及融资阶段逻辑的全生命周期。在 PPP 项目全生命周期中，对项目的效益评价应从经济效益和社会效益两方面入手，重点分析政府、社会资本方、社会公众三方各自效益目标的实现程度。

第3章 PPP融资主体、价值目标与动因

PPP模式是政府为了提高公共产品的提供效率而采取与社会资本方进行合作，而PPP融资的逻辑起点实则是为了解决PPP项目的资金需求问题，PPP融资在形式上表现为PPP项目的融资，因此关于PPP融资研究的对象和内容就应该是PPP项目融资。

3.1 PPP融资主体

3.1.1 PPP融资与PPP项目融资的概念统一

项目融资是指针对具体项目所做的融资安排（史蒂芬·赛瑞特，1995）。相关研究将其概念分为广义和狭义两个角度进行界定。广义角度的项目融资概念是指，为了新项目开发或项目并购所进行的资金筹集活动，而狭义概念则是指通过项目来融资，也就是项目融资主体原则上以借款的方式将项目的现金流量和资产作为还款保障而取得项目开发所需资金。[①] 美国会计准则委员会（FASB）为项目融资定义作了解释：对于有大规模资金需求的项目而言，项目公司作为融资主体，以自身资产为抵押、自有资金及收益为还款来源的金融活动，而项目公司的所有者或股东不能被直接追究责任，因此其信用能力通常不作为项目融资时的重点考虑因素。

根据该解释，项目融资可被看作是通过项目进行融资，即，以项目的资产、可预期收益或现金流量、特许经营权等合同规定权益进行融资的方式，并且债权人对于项目的抵押资产有追索权，对项目所有者的其他资产

---

① 陈敬武. 项目融资能力的综合集成评价方法和风险管理研究［D］. 天津：河北工业大学，2007：8.

没有追索权或有限追索权。

在项目融资概念理解的基础上分析项目融资和企业融资的联系和区别。项目融资和企业融资之间的共同点是，项目融资需要项目所有人通过单独或合作等方式设立项目公司进行项目运作，则项目公司及其股东为项目融资主体，同样，企业融资职责的也是以企业本身或股东承担的，从主体形式上看都是企业，尽管项目公司未必是项目所有者，而企业融资中的公司通常就是项目所有者。

但从具体操作来看，企业融资和项目融资两者之间在融资基础、债务追索等方面有区别，如表 3-1 所示。

表 3-1　　　　　　　　项目融资与一般经营企业融资的区别

要素	项目融资	企业融资
融资主体	项目公司	企业自身
融资基础	项目公司资本金形成的资产、项目收益或现金流	企业资产和信用
融资用途	项目资本金、工程建设资金及配套流动资金等，封闭运行使用	企业生产经营所需资金，不完全封闭运行使用
资本金及杠杆比	发起人资本金要求较低，杠杆比率高	企业资本金要求较高
还款来源	项目运营现金流、政府付费或补贴等	企业各类收入
风险分担	所有参与者	集中债务人、担保人
追索方式	有限追索或无追索	完全追索（用抵押资产以外的其他资产偿还债务）
会计处理	不出现在发起人或股东公司的资产负债表上，出现在项目公司的资产负债表上	出现在企业的资产负债表上

结合 PPP 模式与项目融资的定义解释来看，PPP 项目融资的概念可以理解为：

（1）PPP 项目融资就是政府和社会资本通过合作项目的方式为公共项目的大规模资金需要而采取的融资方式。

（2）PPP 项目融资方式下，将项目资产作为抵押条件，且以合作项目资产、预期收益或现金流、合同权益为融资的偿付来源。

（3）由于 PPP 项目公司不具有抵押物外的其他资产，或作为项目所有者的政府及其他股东不作为融资主体而不能被直接追究责任，项目所有者的信用能力通常不是融资时考虑的重点因素。

值得注意的是，"PPP 模式融资"与"PPP 项目融资"两者之间的概念关系应予以辨析。张喆等（2008）则认为"PPP 模式融资"具有很强的项目融资特征，该方式不依赖于项目投资发起人的资信、有形资产状况，而是根据项目本身的预期收益、现金流量、资产价值进行融资安排，项目有关的各种要素对融资有直接影响。关于这两种字面上看似不同的 PPP 融资提法，本书在对 PPP 概念进行界定分析时提到了 PPP 模式的融资性特征，该特征恰恰体现在 PPP 模式实质上就是政府通过与社会资本项目合作进行融资的方式，可知，采取 PPP 模式融资功能的核心就在于通过 PPP 项目进行融资，换言之，采取 PPP 模式为项目融资实则就是以 PPP 项目进行融资，"PPP 模式融资"与"PPP 项目融资"两种提法在概念上应该是一致的，尽管"PPP 项目融资"的提法比前者更具体化，更突出了 PPP 模式的项目融资本质。

既然是 PPP 项目融资，融资主体必然是项目公司，那么负责为项目融资的主体应该就是项目公司或其股东。[①] 因此，PPP 项目融资实则就是通过项目公司这一载体进行融资，而项目融资是 PPP 项目融资的具体表现。

3.1.2 PPP 融资特征

张喆等（2008）、张继峰（2017）对 PPP 项目融资特征进行分析，大概可以总结为以下几个方面：

（1）很强的项目融资特征。PPP 项目融资是为公共基础设施提供资金，或进行基础设施运营和提供公共服务，包含初始融资、项目再融资两个不同环节的融资需求。初始融资是由项目公司各股东按照项目合同规定的各自持股比例出资，而项目建设和运营所需的其余资金则由项目公司通过各种合规方式筹集。可见，PPP 项目的融资主体是项目公司，以及包括政府和社会资本方在内的全部股东，但又不排除参与项目的各企业会利用自身的资信为 PPP 项目进行融资。

（2）全方位或组合融资。PPP 项目融资可以在较广范围内通过各种融资机构、融资工具进行融资。

---

① 《操作指南》第二十四条指出：PPP 项目融资由社会资本或项目公司负责。

（3）全流程融资。在 PPP 项目的整个生命周期中，PPP 项目融资是为了确保项目按计划要求，对建设、生产、运营过程活动所需要资金的筹措，而 PPP 主要应用于基础设施和公用事业建设项目，通常融资规模较大，且投资回收期长。

（4）投融资风险差异较大。项目主体的实力不同会使得 PPP 项目之间的投融资风险差异较大，且投融资风险还会由于项目本身的质量和投资阶段的不同而导致较大的差异。

（5）有限追索融资。金融机构（投资人）的追索权通常是有限的，仅以投资人或股东投资项目公司所形成的资产为限，不能对投资人或股东的其他资产进行追索。有限追索同时也对项目公司和投资人或股东之间的风险进行了隔离，防止风险从项目公司向投资人或股东自身传递。

（6）实现 PPP 模式的核心价值。PPP 项目融资是为公共基础设施提供资金，或运营该基础设施，或提供公共服务，并根据实际情况来选择合适的融资方式，提高社会资本对公共项目投资建设的参与积极性和社会资金使用效率，即为了实现 PPP 项目的核心价值，使得资源得以优化配置，公共产品的供给效率得以更大程度的提高。

3.1.3　PPP 项目融资需求与基本功能

在 PPP 项目投融资理论研究和实务当中[1]，项目前期和建设期的融资被称为初始融资，再融资则是指项目进入运营期的融资，而本书认为，初始融资应该是在项目公司设立、出资时就应该已经完成，而此后包括建设阶段的融资活动都应属于再融资。[2] 其中，各阶段融资的需求和目的分别为：

（1）项目前期阶段的融资实则就是设立项目公司时股东按合同规定条件出资，也就是为了项目公司资本金的筹集。

（2）建设期的融资主要是为了筹集项目工程投资建设所需的资金，此时由于项目公司成立时的资本金不足以支持工程建设与后续运营，而需要通过债务性融资等方式进行筹措。

（3）运营期的再融资主要是为了维持项目正常运营、项目重建、偿还

---

[1]　可参见财政部政府和社会资本合作中心编著的《PPP 模式融资问题研究》、张继峰的《PPP 项目融金术：融资结构、模式与工具》等著述。

[2]　这在本书第 2 章关于 PPP 项目生命周期与运作环节解释（见表 2 - 5）中就已经对"初始融资"和"再融资"的进行大概区分并标明。

到期债务或者是受让退出股权等方面的需要。

（4）移交期融资大多是项目资产有偿移交方式下，政府代表方向项目公司股东收购股权而进行的融资。同样，社会资本方作为项目公司的股东，在项目运营即将结束时提出反向收购项目公司股权以及改建项目并延长运营权期限的可能，因此也具有并购融资需求。

满足项目各阶段的资金需求是 PPP 项目融资功能的直接表现，那么较深层次的作用与目标是什么？

3.2　PPP 融资的价值目标

3.2.1　PPP 融资的价值目标本质

王丽娅（2004）从政府、社会资本、债权人三个不同的角度对 PPP 模式的融资作用进行了总结分析。对此，从 PPP 概念界定可知，债权人也应属于社会资本方的范畴，资金的借贷本身就是债务性投资，即债权人应被看作项目的投资人或社会资本，可以将其并入社会资本角度分析，而在政府和社会资本角度之外，还应从社会公众作为公共产品的使用者角度进行分析。

（1）从政府角度看，社会资本参与公共设施的投资、建设和运营，既能扩宽资金来源，减轻财政压力，有利于项目的更快推进，同时能带入管理技术和经验等各种有用资源，发挥社会资本的能动性和创造性，降低项目的实施风险和提高项目的实施效率。并且，PPP 融资本身还能促进国民经济、金融市场的发展和完善。因此，在 PPP 项目融资方面，政府效用最大化的目标就是通过引入社会资本参与项目合作，以最小的财政支出有效地满足社会公众对公共产品和服务的需求。

（2）对社会资本而言，以 PPP 模式进行项目融资，使得自身有更多参与公共设施项目的投资、建设和运营的商业机会，又能通过该模式拓宽项目的资金渠道，减轻了项目的债务负担，降低了风险。在 PPP 融资模式下，项目资本金支出占项目总投资比例较低，实现了"以小投入做大项目"的目的，并且，作为投资人，社会资本所面临的资产追索是有限的，实则是在一定程度上把风险转嫁给了贷方，因此能够在风险可控的前提下使自身的收益最大化。

（3）从公共产品和服务的使用者角度来看，他们关注公共产品和服务的使用安全、可靠、舒适等方面性能，并且为此支付的费用最低。PPP 项目融资可以扩宽项目的资金来源，减少项目实施风险，提高公共产品和服务生产和提供效率，使他们能够在既定使用成本支付下获得数量更多、性能更优的公共产品和服务，或在既定使用数量和性能程度下、价格更低的公共产品和服务，实现自身的效用最大化。

总之，有效的 PPP 项目融资应该能够多角度地实现融资价值目标，实现政府、社会资本、公共产品或服务使用者各自效益或效用最大化。反之，PPP 项目效益又是项目公司经营能力和价值创造水平的体现，是投资者获得投资增值回报的来源，最终是决定项目获得融资的基础条件。因此，理解项目融资深层次的功能与价值目标的关键就在于分析融资活动的服务目标和风险保障能力——项目效益以及如何提升的问题，属于实现 PPP 项目效益最大化本质上属于公共产品的最优供给问题。

3.2.2　效益最大化与融资保障

PPP 关系中的利益主体是多元的。对政府而言，其要实现的政策效益是既定政府支出规模下的公共产品和服务供给效率最大化，或者是既定公共产品供给规模下，政府付费支出最小化。

项目总产出对应于产品或服务的消费总金额，即项目经营收入 TR，可用以衡量项目的总体效益。在政府付费和可行性缺口补助的收入机制下，政府须承担对某个 PPP 项目的支出责任 G_P，因此需要考虑相应的政府承受能力，若以 G_{max} 表示当期政府可用于 PPP 支出的最大准备，且 $g = \dfrac{G_{max}}{G_P}$ 表示对 PPP 项目的政府支付覆盖度，则用以衡量政府承担 PPP 项目支出责任的保障能力，则将政府的效用函数可简单表达为：

$$U_g = TR - \frac{G_P}{g}$$

$$= TR - \frac{G_P^2}{G_{max}} \tag{3.1}$$

限制条件：

$$0 < G_P < G_{max}$$

$$0 \leqslant r_m \leqslant r_{max}$$

$$0 \leqslant TC \leqslant TC_{max} \leqslant G_{max}$$

不难理解，政府部门效用函数与项目的总收入和支付保障能力成正比，同时因为支出的增加而降低效用（见图 3 – 1）。尤其是在政府付费模式下，项目产品的总收入全部由政府支付，即 $TR = G_P$，政府效用为：

$$U_g = G_P - \frac{G_P^2}{G_{max}}$$

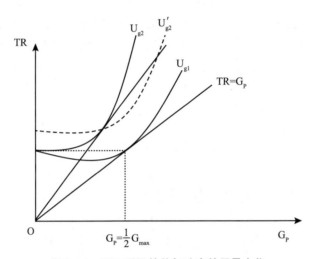

图 3 – 1　PPP 项目效益与政府效用最大化

通过求最优解，使其效用最大化的必要条件是最大支出准备 G_{max} 等于 G_P 的 2 倍。尽管从政府部门的效用函数观察，保障倍数越大越有利于其效用增加，但是，由于过多的支出准备影响财政资金的预算安排和实施绩效，同时政府应该会考虑对这种超额保障能力转向其他用途。

若经营能力等决定总收入的条件允许，在项目可以采取非政府付费模式的情形下，则总收入可能包括经营收入和政府补贴（可行性缺口补助模式）或者仅有经营收入（使用者付费模式），即 $TR > G_P$，政府由于支出责任减少而效用水平因此会提高（$U_{g2} > U_{g1}$）。并且，当经营者有能力承担全部经营风险、自负盈亏的情形下，政府的支出责任为 0，此时只要经营者能按合同约定数量和质量提供产品即可，即政府效用函数完全由产品供给决定，即：$U_g = Y_p$。

再从 PPP 经营者角度分析，其目标是为了实现既定成本规模下的利润最大化，此处涉及经营利润与合理利润两个概念。其中，经营利润 R 由项目投资和经营的总成本 TC 与经营利润率 r 的乘积确定，即 R = TC × r。由于经营属性和实施条件的差异，PPP 项目的合理利润率 r_p 与经营利润率确定方式往往不同，经营利润率取决于既定成本下的经营收入大小，而合理利润率是在某个合理区间内根据具体条件被协议约定，因此可能导致两者不相等，如图 3 - 2 所示。

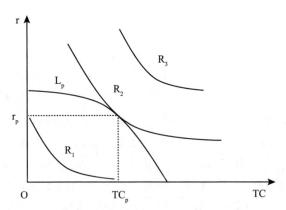

图 3 - 2 PPP 项目经营者的利润最大化

当经营利润率小于合理利润率时，项目合理利润（$R_p = r_p \times TC$）显然要大于经营利润 R_1，即经营者无法通过自身的经营活动取得但相当于合理利润 R_p 水平的利润，而经营利润水平为 $R_2 = R_p$ 的等利润曲线与某条代表符合有效规则而构建的合理利润与总成本组合曲线（L_p）相切于点（r_p，TC_p），使得 $r_2 = r_p$，同时让经营者获得该项目条件下的最大利润。此时，经营者必须借助政府付费提供足够的经营收入，或者由政府补贴的方式弥补经营收入与合理利润缺口。

另一个可能的情形是，当经营活动所产生的利润 R_3 大于合理利润 R_p，若经营者与政府事前约定超额利润的分享比例分别为 ω_p、$1 - \omega_p$，则此时经营者的利润或净收入：

$$R_{real} = R_p + \omega_p \times (R - R_p) \tag{3.2}$$

而当出现经营利润低于合理利润水平甚至亏损的情况，则涉及利润缺口的分担问题：由政府支付补偿或者经营者自负盈亏，即 $\omega_p = 0$ 或 1，据此可得，不同项目付费模式下经营者的净收入 R_{real} 等于合理利润 R_p 或经营利润 R，如表 3 - 2 所示。

表 3 – 2 各种付费模式下的经营者利润

付费模式	经营者获得利润（R_{real}）		
	$R > R_p$	$R = R_p$	$R < R_p$
政府付费	$R_p + \omega_p \times (R - R_p)$	R_p，$\omega_p = 0$	R_p，$\omega_p = 0$
可行性缺口补助	$R_p + \omega_p \times (R - R_p)$	R，$\omega_p = 1$	R_p，$\omega_p = 0$
使用者付费	$R_p + \omega_p \times (R - R_p)$	R，$\omega_p = 1$	R，$\omega_p = 1$

根据以上分析，项目收入是偿还项目融资本金和支付资金回报的主要来源，而收入构成、规模和稳定性体现了对融资偿付的保障能力，很大程度上影响着融资难度和融资成本。由于 PPP 项目融资本质上是为了实现各利益相关主体的效用最大化，因此，在满足经营者利润最大化条件的情形下，分析收入构成则可获悉项目的经营风险和融资保障能力情况。具体而言，PPP 项目收入来自经营收入和政府支付，通常影响收入规模和稳定性的关键因素在于项目的经营属性、产品需求、经营效率和政府的支付能力，以及经营者与政府约定的风险分担和收益分配机制，因此提高经营效率和改进收入机制可以增加项目的可融资性。

不同付费机制下，可以从各自的关键因素分析入手采取相适的改进方法。首先，对政府付费类项目，可采取增设收费机制，增加项目的使用者付费收入，由此在保障财政支出不显著增长的同时，激励经营者提高经营效率。尤其针对由于缺乏经营收入现金流而未能正常实施的项目，可以在合理设计项目规模的前提下，通过重新组合项目包，增加可经营性高、经营资源互补性强的项目内容，将非经营性的公共产品转变为具有一定经营性的准公共产品，以提高项目的收入预期、降低财政支出责任，增加项目可融资性。其次，具有一定经营性的可行性补助类项目，其收入来源主要包括经营活动和政府支付两个渠道，从而收入规模和稳定性受到经营能力、产品定价和合理利润区间限制、收入分配方式、政府支付能力等因素的影响。于此，在合理设计风险分担与收入分配机制的基础上，能够针对实施情景的变化适度调整产品价格、合理利润、经营收入分配方式等条件合理增加项目收入、增加财政补贴支出弹性，并通过引入合作资源等方式提高经营效率，以降低经营风险、增加项目经营收入、减少政府支出责任，从而提高项目融资能力。另外，使用者付费类项目的经营性较高，政府不提供付费、缺口补助等"兜底"或"风险保障"政策，经营者承担全部经营风险，但由于具有公共产品和特许经营的特性而受到产品价格和合理利润区间等方面的规定限制，因此但仍不能被看成是完全市场化运作的私人产品供给项目。对于此类项目，可适度放松产品定价和合理利润区间的限制、提供必要的经营风险保障，由此更好地激励经营者通过提高经营效率，包括：降低经营成本、提高品质和灵活定价能力等途径，增加经营收入、提高经营风险承受能力。

　　总之，采取任何形式的收入机制，提升项目效率、实现项目效益目标的关键就在于风险分担与收益分配机制的合理设计和改进。值得注意，由于实现 PPP 价值目标是融资的根本目的，因此 PPP 融资的功能不仅要解决项目资金缺口问题，而是能够获得项目整体性、全过程的资源匹配和动态的效率改进，因此相关分析即是针对这一动态过程进行的。

3.3　PPP 融资发起动因

　　根据对官方机构给出的 PPP 模式定义①的理解，采取 PPP 模式的初衷是"政府为增强公共产品和服务供给能力、提高供给效率"，增强供给能力的途径则主要是在政府掌握的项目中引入社会资本的资金、技术、管理等方面的优势资源，从而形成优势互补、长期合作的关系，以此提高项目运作效率，增加项目效益。亚洲银行的《PPP 手册》② 中也有关于运用 PPP 模式的其他动机描述，认为引入社会资本"通常是为了补充公共资源、提高公共资源利用效率、推动行业改革"。③ 资金就是 PPP 模式运作中需要引入的其中一种关键资源，但不是影响公共产品和服务供给能力和效率的唯一因素，PPP 项目融资则应该是以解决合作项目的资金需求问题为主，但同时还应基于 PPP 模式的价值目标，考虑和评价融资活动为项目带来的其他效率因素。换而言之，导致 PPP 项目融资活动的动机和原因主要是存在资金需求，但还有可能是为了实现项目效益最大化所需引入的其他资源，包括：技术、管理和市场资源等，并且这些资源仅有可能是通过融资活动才能获得，或者说，这些资源是附着于融资被引入的。于是，PPP 项目融资

---

　　① 　参见国家发改委《国家发展改革委关于开展政府和社会资本合作的指导意见》（发改投资〔2014〕2724 号）。

　　② 　克劳斯·费尔辛格（Klaus Felsinger）等. 公私合作（PPP）手册［R］. 菲律宾马尼拉：亚洲开发银行，2018.

　　③ 　中国 PPP 产业大讲堂. PPP 模式核心要素及操作指南［M］. 北京：经济日报出版社，2016：100.

的动因就源自满足不同项目运作阶段或时期的资金需求和非资金需求方面的考虑，而分析其动因则是分析如何以更有效的融资方式解决不同的融资需求问题。

3.3.1 初始融资动因与再融资动因

本书按项目公司设立前后将 PPP 融资区分为初始融资和再融资。其中，初始融资为项目公司设立出资及前期融资，对应于 PPP 项目生命周期中前期阶段的融资需求，该阶段项目运作的重点内容是项目的成功发起和实施前的准备，此时融资活动的主体是项目发起人，包括政府和社会资本方，但由于政府掌握着公共项目资源，因此 PPP 项目发起人多数情况下为政府。所以本质上而言，初始融资的动因主要是为了更大程度地满足公共需求、提高公共产品的社会效益，因而 PPP 项目融资目的已超出了项目的资金需求本身，应该是尽可能地通过"PPP 模式融资"引入具有全面项目运作能力的社会资本方参与项目合作，也就是非资金需求同样也会产生融资动因，尤其是在项目较容易获得资金的情况下，非资金需求还有可能占据主导地位。

再融资则表示项目公司设立出资到位后的实质性运作过程中的融资活动。此时，项目已经成功发起，项目公司及其股东完全承担了融资主体的职责[①]，新公司的治理结构已形成，融资需求和目的也因项目运作情况发生变化，满足公共需求而进行融资的动因地位会因为项目公司的经济效益目标地位上升而退出主导，而最终在合理的项目绩效考核机制下形成均衡，即：经过对项目效益和绩效贡献需要方面的全面评价、综合考虑选择融资时机和方式。因此，融资动因产生及发展与项目经营属性、运作模式和阶段等具体情况极为密切的关系，如表 3－3 所示。

---

① 尽管项目公司是 PPP 项目的运作载体和融资主体，项目融资获得权益与责任最终归为新设立的项目公司所有，但是按照 PPP 操作流程的相关规定，项目公司必须是要通过社会资本方招标后设立的，因此在其设立前的融资活动主体是项目发起人以及意向合作者，并且前期支出成本及项目合作发起失败的风险与后来设立的项目公司及其股东没有直接的权责关系。

表 3 – 3　　　　　　　　　　　PPP 项目融资动因分类比较

付费模式	项目阶段			
	初始融资 （政府或其他发起人）	再融资 （项目公司及其股东）		
	前期阶段	建设阶段	运营阶段	移交阶段
政府付费 （非经营性）	以引入管理、技术等资金需求为主	项目建设、公司营运资金需求	融资置换，引入财务投资者	—
可行性缺口补助 （准经营性）	以获得资金为主，同时引入管理、技术等其他资源	项目建设、公司营运资金需求、可能的股东退出	以融资置换，引入财务投资者为主；提升绩效，引入产业投资者	项目收购、更新
使用者付费 （经营性）	寻找产业资本长期、全面合作的需求	项目建设、公司营运资金需求、较大可能的股东退出	以引入产业投资者提升项目效益为主，并吸引财务投资	项目收购、更新

关于上表所列的动因分类及比较分析解释如下：

（1）政府付费项目。根据公共产品理论中关于项目经营属性分析可知，非经营性的 PPP 项目通常采取政府付费模式使项目获得运营收入。在前期阶段，由于项目的收入都来自政府付费，因此政府等项目发起人作为初始融资主体，此时融资决策的重点应该不在于考虑即将引入的投资者能否在后续的合作中为项目创造更大的收入，而是既定投资下的公共产品产出的数量和质量问题，即产生社会效益以及生产效率问题，引入社会资本方的管理、技术等非资金需求是该阶段的主要融资动机；项目公司设立后，融资职责转由项目公司及其股东承担，股东根据法规、PPP 合同、公司章程等文件的规定出资，同时还需外部投资者融入建设和公司运作所需的缺口部分资金，但由于政府付费类项目的收益率低且相对稳定、风险度也较低，因此公司和股东出让股权进行高资金成本融资的积极性不高[①]，从而项目公司股东向外部进行股权置换及融资的情况会较少；在运营阶段，项目公司会引入投资以置换项目建设和运营投入并到期的债务融资，债权人的投资目的往往是出于获得财务收入，而非长期产业投资战略；由于非经营性项目的产权通常不可转让，因此项目运营期结束，项目公司或社会资本方将

———————

①　通常由于股东承担的投资风险高于债权人，导致股权投资者的要求回报率会高于债权人，因此出让股权获得融资的资金成本要高于债务融资。

经营权及相关资产或生产要素按合同规定移交给政府或其代表方。

（2）可行性缺口补助项目。该类项目除了政府给予缺口补助之外，还能向公共产品的使用者收费获得另一部分收入，投资者会因为项目经营的不确定性而承担一定程度的风险，因此在项目早期阶段，政府等项目发起人通过融资而寻找合格的投资合作方需要考虑其有能力投资的规模和意愿、投资风险承受能力，以及未来为项目后续融资可提供的资源禀赋，应该其次才是管理和技术等非资金需求方面；由于可行性缺口补助项目有更高风险性，从而项目公司因为股东退出的股权置换进行融资的情况会有所增加，但因为总体上与政府付费类项目有较相似的收入和风险分担特点，股权融资可行性仍会受到项目激励机制设置合理性等问题的限制；在运营阶段，该类型的项目融资动因主要是为了引入财务投资者，置换到期融资，同时也考虑引入产业投资者，在解决资金需求的同时提升项目运作的长期绩效；项目运营期即将结束时，主导项目公司经营的股东可能会根据自身产业投资和项目经营的背景和需求向政府方提出收购项目资产或者续签特许经营合同，因此需要通过出让股权或举债融资。

（3）使用者付费项目。该类项目没有政府给予付费或缺口补贴方面的收入支付，而完全来自项目市场化经营活动，因此项目公司及其股东承担了全部的投资和经营风险，因此在项目前期阶段，政府等项目发起人寻找的合作对象不是一般的财务投资者或者是仅有管理和技术能力而不具备长期投资实力的社会资本方，而应该是能够主导项目投资和经营的全面且长期合作产业投资者；由于项目经营属性的提高使得项目公司的经营特点接近一般经营企业，并且项目公司缺乏可以作为融资担保物的资产，同时风险和收益水平也得以提高，进行多方式、多渠道融资的主观和客观条件因此较前两类付费机制下的 PPP 项目更加成熟，从而通过股东退出而进行股权融资的可行性总体上会提高，于是在建设阶段，该类项目公司除了项目建设和公司营运方面的融资目的，通过股权融资来满足应对股东退出资金需求的可能性较大；在运营期内，项目公司出于流动性稳定方面的考虑①而希望有更长期的投资来满足置换融资和项目经营的资金需求，并且投资者的经营方面能力水平或资源禀赋能帮助项目公司提高经营业绩，从而获得更好的收入现金流，使得项目公司有一个更充足而稳定的长期流动性，因

---

① 由于使用者付费模式下的项目公司在收入方面的稳定性不如政府付费和可行性缺口补助两类付费机制下的项目，因此保持相对稳定的资金流动性对其较为重要。

此最理想的方式就是引入符合相应条件的产业投资者参与，在此基础上吸引更多的财务投资者为项目提供融资；在项目移交阶段，使用者付费类项目的经营性属性较强、市场化运作程度较高，尤其是允许合作期满产权私有化的 PPP 项目，项目公司或对公司有实际控制权的主导股东为获得项目产权或后续经营权而进行股权并购或资产收购以及设施更新建设等方面投入，其满足该方面的资金需要就是进行融资的动因。

3.3.2　PPP 融资计划与发起

有了较为明确的融资需求与动因，那么实现项目融资目的必定需要有合理的融资计划（无论是正式或非正式计划）。计划过程包括制订、实施、过程监控和绩效评价等诸多环节，因此可以认为，融资活动就是其计划目标实现的过程，而融资发起则应该就是融资过程中的计划制订与论证活动，并且从 PPP 项目融资的正式程序角度来讲，融资计划的制订与论证是其中一个不可或缺的重要环节。

PPP 项目主要是由政府发起，即使是社会资本方发起的项目也必须要向财政部门和行业主管部门递交项目建议书的方式推荐项目[1]，总而言之，政府在项目发起环节起到了关键作用，这是由项目的公共属性所决定的。PPP 模式本质上是政府与社会资本方基于公共产品供给的合作关系，项目投资、建设、运营等合作内容无不体现了投融资在合作关系中的重要性，[2] 而 PPP 模式的项目融资功能恰好是 PPP 项目发起的主要动因之一。若 PPP 项目的发起是因为融资需求作为动因之一被激发，那么 PPP 项目初始融资就可以被看成是伴随项目同时发起的。

PPP 项目发起后，根据我国财政部"操作指南"规定的程序是，需对已经过筛选的项目进行"物有所值""财政承受能力"两个方面的论证。其中，"物有所值"是对采取 PPP 模式的项目关于成本、收益和风险在既定期限内的最优分布方面进行定性、定量的论证分析，并最终作为确定项目采

---

[1]　我国 PPP 项目发起实施依据《关于印发政府和社会资本合作模式操作指南（试行）的通知》（财金〔2014〕113 号）第二章的相关条款规定。

[2]　若不涉及项目投融资和运营内容，该类项目有可能属于政府取购买服务的范畴，也就不是我国目前规范意义上的 PPP 模式进行操作的，具体可以参见《关于印发〈政府购买服务管理办法（暂行）〉的通知》（财综〔2014〕96 号）、财政部《关于坚决制止地方以政府购买服务名义违法违规融资的通知》（财预〔2017〕87 号）等文件，前文亦有关于 PPP 运作模式与 PPP 模式融资的分析。

用 PPP 模式适宜性的关键参考因素之一。而"财政承受能力"是决定是否采用 PPP 模式的另一关键因素，其论证方面主要是对 PPP 项目的实施涉及的财政支出责任进行识别与测算，以及分析实施年度的财政支出所产生的影响。通过两个论证的项目，在 PPP 项目准备阶段组建项目管理架构进行项目评审、组织和督查方面的专门协调，并由实施机构组织编制实施方案。"两评一案"① 中，两个论证主要在于分析、决定项目是否采用 PPP 模式，并非单指经济效益的可行性论证，而与项目融资有直接关系的是 PPP 项目的实施方案，因方案中按规定必须包含项目概况、运作模式等项目的运作方面的总体计划描述，并且也进行了投融资方面的测算和分析，因此，实施方案既是 PPP 合作的谈判依据，也是项目初始融资计划。实施方案仅是一个计划性的程序文件，而确定 PPP 合作及融资条件的是社会资本方招投标活动及 PPP 合同的签订，对于社会资本方发起的项目最终有可能因为在未中标而退出，但对于项目本身而言，能招到社会资本方就是初始融资发起的成功，这也一定程度上体现了 PPP 项目与商业性项目在融资程序方面的区别。

招投标确定的社会资本方与政府按照 PPP 合同规定分别出资设立项目公司，此后的再融资发起同样需要制定计划，但此时的主体为项目公司及其股东，并且融资需求与发起动因主要表现为商业性，即为了实现项目经济效益的最大化。增加经济效益的途径主要在于项目资源运作方面的效率提升，包括融资和寻求管理、技术上的合作。由于引入管理和技术方面的合作资源可以通过委托代理的方式实现，以及除了政府付费类项目有前文分析的较特殊方面，PPP 再融资活动的发起中项目资金需求与动因占据了绝对的主导地位。并且，再融资的发起不再有公共选择程序上的严格而复杂特征，但项目发起与初次融资活动确定了项目运作的基本条件、融资方式和价格，并在对项目公司的股权结构形成与项目效率产生了根本性的影响，因此，再融资活动不仅要符合法律规范，并且还应在遵守 PPP 合同及其他相关约定的前提下完成，融资条件最终是由投融资双方缔结契约来确定。因此，融资计划涉及的项目运作实际情况描述、需求表达、方式与时机选择、风险与收益的客观分析，以及与融资活动对手的谈判效果等方面因素，决定了再融资活动的成功可能性及项目运作效率。

---

① 对《物有所值论证》《财政承受能力论证》《PPP 项目实施方案》的简称。

3.4　本 章 小 结

　　PPP 融资的逻辑起点实际上是为了解决 PPP 项目的资金需求问题，因此其表现形式上是项目融资，即通过项目公司进行融资。PPP 项目融资具有几个方面特征：很强的项目融资特征；全方位或组合融资；全流程融资；投融资风险差异较大；有限追索融资；实现 PPP 模式的核心价值。

　　本书观点是，初始融资应该是在 PPP 项目公司设立、出资时就应该已经完成，而此后包括建设阶段的融资活动都应属于再融资。PPP 项目融资的基本功能是为了满足项目的资金需求。

　　最后，PPP 项目融资的价值目标是同时实现政府、社会资本和公共产品使用者的效用最大化，而多元目标的实现需要通过引入社会资本的技术、管理等优势资源来提高项目效率作为项目价值增加的基础，因此 PPP 项目初始融资和再融资需求与动因不应局限于资金方面，而是由资金、技术和管理等多种资源需求所决定的。

第4章 PPP项目融资效率与融资优序

评估一个PPP项目的融资可行性，主要从三个方面考量：PPP模式对项目融资效率提高作用、项目物权归属、合作方权利和义务，其中融资效率提高可能性作为首要考虑因素。[①]

4.1 PPP项目融资效率

4.1.1 融资效率结构

关于融资效率，曾康霖（1993）是国内较早研究学者之一，他指出判断融资效率及成本高低所需要考虑的7个方面因素。其后，宋文兵（1997）正式提出融资效率的概念：经济学中的效率概念是指成本与收益的关系，而融资效率应该包括交易效率和配置效率，交易效率是指以最低成本为投资者提供金融资源的能力；配置效率是指将稀缺的资本最优化分配给使用者，相当于托宾提出的功能性效率。与此相近，卢福财（2000）认为"效率"的最基本含义是"泛指日常工作中所消耗的劳动量与所获得的劳动效果的比率"。他首次将企业融资微观效率划分为企业资金融入效率、资金融出效率，并将融资效率表达为投资收益与资金成本的比率，还将资金配置效率界定为企业融资活动中将稀缺的资金资源按效率最高的原则进行配置的有效程度，并可以通过资金动员程度和资金分配效果两个方面来反映。

此后，对于企业融资效率的众多研究中，高有才（2003）认为企业融资效率属于经济效率范围，在本质上和经济效率是一致的，但由于企业融

---

① 引自：陈建平，严素勤，周成武. 公私合作伙伴关系及其应用［J］. 中国卫生经济，2006，25（2）：80－82.

资效率并不单纯是一个微观金融行为，也涉及宏观经济问题，不仅是一种交易行为，还涉及资源配置、资金使用、公司治理等。企业融资效率包括交易效率、资源配置效率、资金使用效率、融资结构所产生的公司治理效率以及对国家经济安全的影响、对社会经济发展的贡献等。肖劲、马亚军（2004）认为，融资效率不仅是指企业能够以最低成本筹集到所需资金，还应评价所筹集的资金能否得到有效利用。他们还用投资报酬额与融资成本额的比值作为对融资效率综合衡量指标。

在项目融资研究中，融资效率同样被看成是由交易效率、配置效率两方面内容构成：交易效率是指能否以尽可能低的成本融得所需资金，配置效率则是项目所融入资金是否能够得到有效使用（王健琴，2005）。区别于宋文兵（1997）提出的"有效地将资金配置给使用者"，此处的配置效率则更强调资金的"有效使用"。

对工程项目融资绩效的融资绩效评价主要是指项目融资活动的经济性和效率性两方面（王颖、李刚，2012）。并且从广义角度看，由于无论是资金融入方还是资金融出方都存在融资绩效的问题，即以最少的投入取得最大的产出，融资绩效包括资金融出绩效和资金融入绩效，如同卢福才（2000）的观点。若从狭义的角度分析，融资绩效仅包括"资金融通过程中的绩效和资金的投资绩效"。资金融通过程中的绩效是指融资成本和融资效果的成本收益水平；资金的投资绩效是指融入资金的投资效果，主要包括投资方向的合理度、投资效率和经济效益。显然，他们所指的狭义角度的融资绩效概念与宋文兵等相近，区别在于他们提出的融资绩效分为"资金融通过程中的绩效""资金的投资绩效"，而不是"交易效率""配置效率"。

总体上看，关于企业或项目融资效率的研究是根据融资有关的资金运行过程逻辑，从融资本身的经济性和资金配置的效率性两个基本方面，即"交易效率"和"配置效率"进行分析。也就是说，效率产生和变化是一个有活动分工和资金运行安排的过程，分析融资效率首先应该解构资金运行过程，并且，在此基础上明晰融资效率的主要来源和变化影响因素。显然，资金运行经历了"融资交易"和"资金配置"两个主要活动环节，不妨从广义角度将融资过程界定为包括"融入"和"融出"两个先后活动环节的资金运行过程，而"资金融入"和"资金融出"分别指融资交易活动和资金配置活动。其中，融资效率源自融资活动，该环节产生"交易效率"，而"配置效率"是融资效率另一产生方式，并在资金配置使用过程中发生变化。假设资金运行过程确实只经历了交易和配置两个环节，那么通过将配置效率与交易效率的量化比较，即可对融资活动过程做出效率评价。

倘若融入资金用于企业或项目经营，那么资金的运行逻辑是经过配置再进入使用环节，此时"融出效率"就与资金配置和使用两个活动有关，而不仅配置效率。换言之，资金的使用是企业或项目中使用者对配置活动中获得的资金进行购买、投资等生产性活动过程，理应属于企业或项目的"生产经营"范畴，更严格意义上讲，与资金的配置活动过程是有区别的，因此，资金的使用效率不应包含在配置效率内容中进行分析。于是，项目融资效率由三个部分内容组成：一是交易效率，指项目公司是否能以尽可能低的成本筹集到项目投资建设和运营所需要的资金；二是配置效率，指所筹集的资金能否在项目全生命周期中按效率最高原则配置给各使用部门，属于投资决策能力范畴；三是使用效率，即融入资金经配置到项目后的生产效率，是对资金投入生产经营的效率考量。

4.1.2 融资效率分析模型

相关研究给出了融资效率的衡量指标和计算公式，其中，卢福才（2000）以资金的"融出价格"与"融入价格"之比来衡量融资效率，顾娟娟（2012）等给出的企业融资效率公式是投资收益率与资本成本率之比。由于，资本成本通常是针对某类企业资本的必要回报率而言的，如：公司权益资本成本、债务资本成本，而融资的成本应该包括资金成本和融资交易成本，后者是融资活动相关的费用，不属于资本成本。据此，本书分别以投资收益率和融资成本率表示"融出价格"和"融入价格"，将融资效率表示为投资收益率和融资成本率的比值：

$$E_f = \frac{ROI}{r} \times 100\% \tag{4.1}$$

其中，E_f 表示融资效率；ROI 表示融入资金的投资收益率；r 表示融资成本率，即资金的融入价格，由于融资成本主要包括所需资金要求回报和融资费用两个部分，因此融资成本率应为融资成本额 C_f 与融资金额 I 之比，即：

$$r = \frac{C_f}{I} \tag{4.2}$$

由于资金用于企业或项目自身经营，则使用资金产生的收益 R 即是资金要素投入企业或项目经营所产生的利润；I 为企业或项目的投资金额，或资金使用额度，即：

$$ROI = \frac{R}{I} \tag{4.3}$$

由于 R 是对应于投资金额 I 的利润，则企业或项目总资产 A 所对应的全部经营利润。

$$R_{total} = \frac{A}{I} \times R \tag{4.4}$$

根据前文分析，融资效率的产生与变化在逻辑上要经历一个由融资交易、资金配置和资金使用三个紧密联系、依次推进的活动环节所构成的过程，因此融资效率则可以被表示为三部分效率指标的相乘结果，即：

$$E_f = E_T \times E_I \times E_M \tag{4.5}$$

其中，E_T 表示融资交易效率，用以衡量融资能力，其体现于获得既定规模融资的融资成本大小。

E_I 表示融资配置效率，其大小程度取决于对融入资金的投资和配置的能力，此处参照美国杜邦公司以总资产周转率（total asset turnover，TAT）评价投资管理能力的做法，[①] 采用其企业或项目营业收入[②] S 与总资产 A 的比值作为衡量指标，即总资产周转率：

$$TAT = \frac{S}{A} \tag{4.6}$$

式（4.5）中的 E_M 表示资金的使用效率，代表企业或项目的经营管理能力水平，其相应的评价指标通常是销售利润率（profit margin，PM），即总利润 $\frac{A}{I} \times R$ 与销售收入（营业收入）S 的比值：

$$PM = \frac{A}{I} \times \frac{R}{S} \tag{4.7}$$

根据以上分析，可得出：

$$E_f = \frac{1}{r} \times ROI \times 100\%$$

$$= \frac{I}{C_f} \times \frac{S}{A} \times \frac{A}{I} \times \frac{R}{S} \times 100\% \tag{4.8}$$

可知，项目融资的交易、配置、使用过程中相关因素的变化会通过改变各指标从而对项目融资效率产生影响，而这些指标正是项目融资效率影

---

① 杜邦关于资产收益分析的三项分解法：净资产收益率 = 销售利润率 × 总资产周转率 × 财务杠杆，各因子分别对应企业的经营管理、投资管理和融资政策三个企业获利能力的发动机。

② 本书在此分析中不考虑企业的营业外收入，因此也不考虑营业外收入产生的利润情况，如其他场合涉及相关问题可根据具体情况再讨论。

响机制传导过程中的媒介。

从融资效率分析表达式可看出，融资交易和资金配置改变了资产规模和利润大小，从而改变资金使用效率，影响融资效率。有研究指出，资源配置效率是"一套给定制度下的静态概念"和"短期性经济增长的标准"，是动态"适应性效率"的前提条件。① 融资活动不仅会对项目的效率产生短期影响，并且会改变项目公司的产权关系、资源结构等，这些方面的改变则会对公司治理效率有更深层次、更长远的影响。项目融资是为了实现项目运行的目标，也就是要实现既定项目条件下政府、社会资本、使用者三方各自效用最大化，而融资活动改变项目公司原有的资本结构，因而可能会弱化项目公司原股东对项目的控制权（亓霞，2007），同时也会对债权人等利益相关方在项目上的利益产生影响，从而改变他们原来的效用状态，尤其需要考虑融资活动是否对各方有效用增加的可能，即：是否属于帕累托改进，否则说明融资活动是某方利益损失为代价的，这是经济效率的损失，并且融资活动可能会因此受到不同程度的抵触而导致交易成本的增加，同样也会增加交易效率损失，从而应将之归为一类由权益结构变化而影响效率的因素。

另外，根据权衡理论，资本结构的变化会导致项目公司价值和财务风险程度的变化，例如，债务性融资会给项目公司带来屏税价值，同时也会导致项目公司的债务比例上升，项目公司还本付息压力加大，财务风险和破产成本增加，显然项目公司的效益会因此降低，反之则相反，而权衡结果就是两者的差额大小而确定。而融资活动会改变项目公司股权结构、资本结构，使得项目控制权、财务风险情况等产生变化，以及能否引入其他外部资源而优化项目公司的资源结构，从而改变资金使用效率。

总结以上分析，项目融资是一个由融资交易、资金配置和投资使用三个环节的资金流动过程，同时也是一个效率产生与作用传导的过程（见图 4-1）。项目融资及融资效率变化过程中的各环节是一种类似于"串联电路"的逻辑关系：一方面，前一环节的工作效率会直接影响后续环节的效率；另一方面，融资交易改变了项目公司的资本结构、股权与治理结构、资源结构，进而影响资金使用和项目经营效率。

---

① 王玉海. 诺斯"适应性效率"概念的内涵及其对我国制度转型的启示——兼议我国过渡性制度安排依此替代过程中的动态适应性问题 [J]. 东方论坛，2005（1）：61-69.

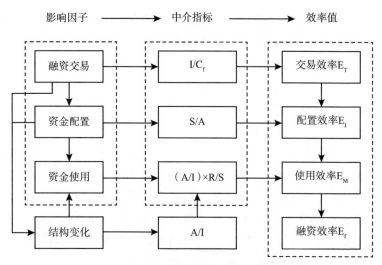

图 4 – 1 项目融资效率影响传导机制框架

4.1.3 融资效率影响因子及其作用机理

各种影响因素分别通过作用与相应的效率指标而影响改变融资效率。因此，本书从融资交易、资金配置和资金使用三个环节分析可能对融资能力、投资管理能力和经营管理能力相关指标的关键影响因素及其各自的作用机理，

1. 交易效率的影响因素

对融资能力的考量应该从融资成本 C_f（包括融资费用和资金成本）和基于某个融资成本的获得融资金额 I 两个角度，根据融资能力能够反向判断融资难度的大小，相应地，影响融资交易效率的因素可依据与 I 或 C_f 被分为两大类型。

关于融资规模 I 的因素分析。融资者作为资金需求方，自身的资质条件、渠道资源尤为重要，而融资活动在制度允许的范围大小限定了其条件和资源利用，从而很大程度上决定了可融资规模。相关研究中，胡慧娟和李刚（2008）等提到了"融资主体自由度"，指的是融资者在多大法规和政策允许的范围内可根据自身资质条件选择自身可及的渠道获得融资，较适合用作相关因素对可融资规模及融资能力的影响分析。从融资供给角度看，市场上可以为某类融资提供的渠道或方式同样能够决定融资者的选择空间和融资自由度。在一个较为完善的金融市场体系内，融资方式众多、融资渠道宽泛，相对而言，融资者选择空间和可融资规模较大，反之则相反。

因此，融资自由度还可以被解释为根据融资主体的自身资质条件，相对现有融资方式或渠道的适用性和可选性特征。

关于融资成本 C_f 的因素分析。融资成本包括资金成本和交易费用两个方面构成内容。资金成本是指资金供给方出让资金的使用权而要求获得的回报或收益，通常被称为企业的资金使用成本、资金价格或融资价格。区别于"融入价格"，资金价格不包括融资交易有关的成本费用，甚至更严格地讲，融资价格从概念上理解也不能等同于资金价格，由于融资价格涵盖了与融资活动有关的资金价格和交易费用。市场的资金价格很大程度上由供求关系所决定，而市场利率反映了市场上的资金价格水平，因此，融资交易中的资金成本受市场利率变化的影响而发生同方向的变化。另外，资金供给方出让资金使用权，其要求报酬高低必定与融资项目的风险特征和使用期限有关。显然，经评估的项目风险性越高，资金供给方要求回报率越高。同理，融资期限长意味着资金被占用的时间长、不确定性高，由此产生机会成本和投资风险要比较短期融资高，因此，融资期限也是影响资金成本的重要因素。

与融资成本 C_f 的另一个构成内容就融资费用，是指融资过程中融资主体需支付的各种费用，包括：融资过程中需支付的融资中介费、会计和法务方面的费用，以及联系、洽谈和办理融资业务等各种融资活动的费用支出。既定融资规模需支付相应的融资费用，不论是在融资金额中被直接扣除，还是由企业或项目公司另外支付，实际上都是融资净额的减少、融资成本的增加，并因此降低融资效率。不难得知，融资费用取决于融资交易活动涉及的收费费率和融资便利性导致的其他交易成本两方面因素，此处，融资便利性是指确定获得某项融资的情形下，需完成项目融资过程涉及联系、调查、洽谈、签订协议等各种工作程序上的便捷程度，其主要体现在获得既定融资规模时所耗费时间的长短。显然，提高融资费率对融资费用规模和融资交易效率变化的影响是负面的，而融资便利性恰好相反。

2. 配置效率的影响因素

总资产周转率 TAT 作为投资管理能力和融资配置效率分析指标，其大小变化取决于企业总资产 A 和运用总资产所产生的营业收入（扣除折让后的销售收入净额）S，因此能够导致该二者比值（S/A）产生变化的因素最终都影响投资管理能力和融资效率。

首先，企业在何种程度上按照运用资产的效率最大化原则进行资金配置目标规划，以及如何在既定目标原则下进行资金配置无疑会直接影响资产配置效率，即资金配置目标保障度是先行因素。

其次，TAT 指标可以被理解为运用每单位资产所获得的经营收入，此处的 A 是企业某一期初和期末总资产金额的平均值，即平均总资产。显然，如果在投资引起总资产 A 增加的同时，如未能获得相应比例的经营收入 S 增加，那么可以认为该投资管理能力和资金配置效率低于原有的平均水平。究其原因，假设企业的融资决策正确，则可能是投资管理或资金配置过程中资金未能被及时配置到位、到位资金未能被充分使用而导致资金闲置和资产运用低效率，或者由于资金配置与企业或项目所需的资金性质和规模、使用阶段、使用期限等条件要求不相符，出现人为和非人为资金错配的低效率，最终导致使用效率。基于此，本书取资金到位率、资金利用率、资金适配度作为对 TAT 和投资管理能力的影响因素分析配置效率，而导致 TAT 变化的还有与经营收入 S 相关的影响因素，主要与资金配置到生产部门后投入使用的产出情况有关，即应该纳入与经营管理有关的效率影响因素范畴。

3. 使用效率的影响因素

根据融资交易、资金配置和资金使用的逻辑过程，融资效率最终是要通过资金使用这一核心环节得以实现。影响资金使用效率的因素与企业销售利润率 PM 的各项构成内容有关，而 PM 大小取决于既定营业收入 S 中的利润值 $\dfrac{A}{I} \times R$ 所占的比重。从企业利润报表（income sheet）看，首先，是利润主要来自营业收入，营业收入是企业利润的主要来源，通常是营业收入越多、增速越快，则利润额越大，因此企业在市场开发和产品销售方面的业务经营能力应该被看成是资金使用效率的影响因素之一，但这也需要结合成本因素进行分析。其次，企业的利润大致是在营业收入产生的基础上扣除营业成本、管理成本、折旧、财务成本和所得税等各项支出后的剩余。可知，既定收入规模下，经营管理的成本控制能力、资产折旧方法的使用、债务资本成本率和债务规模，以及所得税政策都是导致 PM 大小变化的可能原因。

由于，融资活动可能会为企业或项目引入资金以外的资源，同时会在一定程度上改变企业生产要素结构、资本结构、股权集中度以及企业控制权等，其中，生产要素结构变化直接影响企业经营管理效率，企业控制权变化则通过改变经营决策效率对经营管理效率产生影响，而资本结构与债务规模变化则会影响财务成本大小，因此这些与融资活动有关的非企业本身能力因素应同样被纳入效率影响分析，即结构性因素。于此，资金使用效率的影响因素应包括如下 7 个方面，其中，经营管理成本控制能力、债务资本成本、资产折旧方法、所得税政策 4 个企业自身既有因素，以及要素结构、资本结构和股权集中度 3 个由融资活动引致的变化因素。

总结以上分析，本书将其融资效率的影响因素进行归纳，同时，需要进一步说明的是，PPP 项目公司是项目的载体企业，尽管 PPP 项目的资产在某些政府与社会资本合作情形下并非属于项目公司，但项目公司作为项目经营者，并不影响使用与资产利用有关的指标对其投资管理和经营管理方面的业绩进行评价，因此有关企业融资效率分析的方法仍然适用于项目公司，如表 4 - 1 所示。

表 4 - 1 　　　　　　　　　　　**PPP 融资效率及影响因素**

融资效率构成	指标	影响因素		因素解释
PPP 项目融资效率	交易效率 E_T	融资交易能力：$\dfrac{I}{C_f}$	融资自由度	融资主体在融资方式选择等方面受法律法规约束程度
			市场利率	由市场上资金供求关系决定，同方向影响融资交易的资金价格变化
			融资风险性	融资项目的风险越高，资金价格越高
			融资期限	资金使用期限越长，资金价格越高
			融资费率	融资交易所需支付费率的高低
			融资便利性	融入项目所需资金流程上的便捷程度
	配置效率 E_I	投资管理能力：总资产周转率 $TAT = \dfrac{S}{A}$	目标保障度	何种程度上按照资产运用效率最大化原则进行资金配置目标规划和实施
			资金适配度	资金配置与资金使用在性质类型、规模、时间上的相符程度
			资金到位率	在规定时间配置给使用者的融入资金数量符合使用要求的程度
			资金利用率	在规定时间配置给使用者的融入资金数量符合使用要求的程度

续表

融资效率构成	指标	影响因素	因素解释	
PPP 项目融资效率	使用效率 E_M	经营管理能力：销售利润率 $$PM = \frac{A}{I} \times \frac{R}{S}$$	业务开发能力	营业收入是企业利润的主要来源，若其他条件不变，营业收入越多、增长越快，则利润额越大、增速越大，需要结合成本因素进行分析
			成本控制能力	企业经营成本和管理成本等方面控制能力，可以对企业利润产生影响
			债务资本成本	债务资本成本率的平均水平影响企业财务成本和利润大小
			资产折旧方法	采用不同的资产折旧方法，对企业利润多少有不同的影响
			所得税政策	企业享受所得税政策情况对企业税后利润多少有不同影响
			股权集中度变化	融资导致项目公司股权结构及集中度的变化
			资本结构变化	融资导致的项目债务比例变化，影响其财务成本和利润多少
			要素结构变化	通过融资活动引入管理、技术、客户关系、后续融资渠道等外部资源，优化项目公司内部资源结构

4.2　PPP 融资结构

4.2.1　PPP 融资方式概括

财政部政府和社会资本合作中心（2016）在《PPP 模式融资问题研究》将相关融资方式归纳为：股权投资基金、银行贷款、信托融资、保险资金、债券融资、专项资产管理计划、项目收益债、融资租赁等融资方式。并且，由于 PPP 项目投资规模大、周期长，而不适合于个人和规模较小的私人企业单独、直接进行股权投资，因此这些关于 PPP 项目股权融资方式介绍中大多将之归到了股权投资基金，而不单独介绍。但是，随着 PPP 项目运营能力水平越来越受到重视，以及融资渠道和方式的多元化，今后会有更多的产业公司会进入该领域设立项目或进行并购等，即企业单独投资项目股权的例子也会增加，因此，除了股权投资基金，直接股权投资也应被作为一种重要的项目融资方式被考虑和选择。

本书在张继峰（2017）、赵璐（2017）等的研究基础上，将 PPP 项目融资方式分为三大类型：股权融资、债权融资和其他方式融资，至少包括 16 种方式，如表 4 – 2 所示。

表 4 – 2   PPP 融资现有方式

类型	方式		解释
股权融资	直接股权投资		投资者直接对项目公司股权进行投资
	股权投资基金		投资者通过私募股权基金间接地对项目公司股权进行投资
债务融资	银行贷款	商业银行贷款	主要是指项目基本建设方面的融资贷款
		政策性银行贷款	指国家开发银行、农业发展银行等国家政策性银行为符合国家政策的 PPP 项目发放的贷款
	债券融资	公司债券	有限责任公司和股份有限公司按照法定程序、采取在证券交易所公开和非公开的方式发行，并在约定期限内还本付息的有价证券
		企业债	城投公司和非城投国有企业按照法定程序发行的债券，须由国家发改委核准
		项目收益债	项目实施主体或其实际控制人发行的，与特定项目相联系的，债券募集资金用于特定项目的投资与建设，债券的本息偿还完全或主要来源于项目建成后运营收益的企业债券
		PPP 专项债券	专项债券的其中一种类型，是对项目经营企业发债给予的融资政策支持，包括能源、交通、水利、科技等传统基础设施和公共服务领域的项目
		永续中票	一种特殊的债务融资方式，没有明确到期日的债券
		中期票据	中期票据是指具有法人资格的非金融企业在银行间债券市场按照计划分期发行的，并按约定期限还本付息的融资性票据

续表

类型	方式		解释
其他融资	资管计划	信托计划	通过发行信托计划购买项目公司股权或债权的方式为 PPP 项目提供融资
		券商资管	指证券公司作为资产管理机构，受资产所有人委托进行资产管理的方式
		保险资管	受托人将保险资金以债券和股权投资、资产支持计划、信托投资等多种方式参与 PPP 项目融资
	资产证券化		以 PPP 项目资产或资产池的未来流动性和现金流作为发行证券支持的债务融资方式
	融资租赁		租赁商负责采购设备并出租给 PPP 项目公司，再将设备所有权和租金收取权利转让给商业银行
	基础设施投资信托基金		由专业投资管理机构募集资金、投资与能产生稳定现金流的出租型不动产资产，并将 PPP 项目公司所产生的现金收入以派息的方式及时进行分配，为投资者提供长期稳定现金收益的信托型或公司型基金，简称 REITs

4.2.2　PPP 股权融资方式

从投资者角度而言，对项目公司进行股权投资是一种投资方式，而对于项目公司作为融资方而言，股权投资则是以自身的股权流转而获得资金的融资方式，即股权融资。因此，股权融资与股权投资即是项目投融资的两个不可分离的方面。本书根据股权投资中投资者是否直接投资项目，将其分为直接股权投资和股权投资基金两种方式进行介绍。

1. 直接股权投资

以项目资本金、增资扩股、股权并购转让等方式为项目筹资，资金主要来自政府和产业资本，具有非公开权益性、长期性、无债务负担等优点，但资金要求回报率比债务资金成本要高。通常，投资者是着眼于长期内项目运作的整体效益提高，因此直接股权投资更应被看作是战略性投资，而不仅是为了获得投资孳息或短期股权价格差额的财务性投资。

2. 股权投资基金

PPP 股权融资的主要方式是股权投资基金，包括政府引导基金、社会资本组建的商业性股权投资基金。该投资方式下，项目的投资者通常是把资金委托给基金管理机构进行项目投资，而自身并不参与管理，到项目退出或基金到期清算时按基金合同约定分取投资收益。基金运作体现出很强的投资者与投资管理者之间委托代理关系。除此之外，从项目融资方而言，股权投资基金方式具有直接股权投资的一般特点，且比直接股权投资在资金规模上更有优势，但基金投资有时间限制，其运作期限一般在 5～10 年。

在 PPP 项目股权投融资实践中，还可根据其设立与投资目的不同，将股权投资基金分为政府引导基金、社会化的产业投资基金和财务投资型的股权投资基金。政府引导基金往往是为了扶持产业发展或者设施建设而设立的母子基金，因此具有很强的政策性。其中，中国政企合作基金①就是一只国家层面成立的 PPP 项目投资引导基金，主要是为了起到政策引导作用，是对项目运作、设施建设与产业发展的政策扶持，而非商业性。相比之下，以社会资本为主要投资者成立的产业投资基金，其投资行为和目的具有较大的商业性、产业投资特征，因其主要考虑自身通过基金运作获得产业投资和经营带来的经济效益。此外就是纯财务投资角度的商业性股权投资基金，其投资目的单纯是为了获得投资收益，而不是 PPP 项目运作本身。

4.2.3　PPP 债务融资方式

债务融资是指社会资本方或项目公司通过信用方式取得资金，并按照投融资双方预先规定的利率支付报酬的融资方式，是不发生股权变化的单方面资金使用权临时让渡融资形式。融资者必须在规定的期限内使用资金，同时要按期付息。债务融资包括了商业银行为主的各种金融机构贷款和债券融资。同时，PPP 项目贷款主要又分为政策性银行贷款、商业银行贷款等。而债券融资则主要包括公司债券、专项建设债券、中期票据、项目收益债券等方式。

1. 贷款融资

（1）商业银行贷款。

贷款是商业银行为项目提供融资的传统方式，也是最基本和最简单的债务融资形式，包括固定资产贷款、流动资金贷款、法人账户透支、并购贷款，以及银团贷款和双边贷款（财政部政府和社会资本合作中心，2016）。对于 PPP 项目，商业银行贷款融资主要是指项目基本建设方面的中

---

① 2016 年 3 月 4 日成立的中国政企合作投资基金股份有限公司，是一个公司制的母基金，其管理公司是同时成立的中国政企合作投资基金管理有限责任公司。

长期固定资产贷款和项目融资贷款。其中，根据《项目融资业务指引》（银监发〔2009〕71 号）[①]，项目融资定义包括：贷款用途上通常上包括基础设施等在建项目融资和已建项目的再融资；借款人是"专门组建为从事项目建设、经营或融资的既有企事业法人"；还款资金来源上，除了项目产生的销售、补贴或其他收入，一般不具备其他还款来源。

对 PPP 项目公司而言，商业银行提供融资尤其优势：资金体量大；有能力满足较大规模的 PPP 项目融资需求；吸收存款的成本很低，能为 PPP 项目提供较低成本的资金；有多种的贷款期限结构，中长期贷款可以在 5 年以上，较符合 PPP 项目的周期特点；商业银行还可以凭借其较强的理财能力，为 PPP 项目建立理财资金池，以解决项目"资金续期""期限错配"等问题。

但商业银行贷款的风险控制严格，授信要求高。不仅要求 PPP 项目符合完成"两评一案"的审定、入省级或国家项目库、社会资本招标等方面的流程要求，并且要求项目是实行政府付费或可行性缺口补助的付费模式，以及政府支付要被纳入公共财政支出预算。此外，商业银行对于 PPP 项目在资产处置、项目现金流监管、贷款担保和运营介入等方面还有严格的要求和限制；商业银行必须按照银监会的"三办法一指引"[②] 要求，其表内贷款资金只能"实贷实付""受托支付"，借款使用上极为不方便；由于商业银行都有区域划分、属地管理的问题，对于为异地社会资本方（企业）投资、跨区域运作的 PPP 项目带来融资上不便利。

（2）政策性银行贷款。

政策性银行贷款是指国家开发银行、农业发展银行等国家政策性银行为符合国家政策的 PPP 项目发放的贷款。为实现对基础设施建设项目起到支持和促进作用的政策性目标，政策性银行给予项目的贷款在利率（基准利率下浮 10% ~ 30%）、期限（10 ~ 20 年）方面都会比商业银行有优势。但作为经营金融业务的银行，与商业银行同样要对项目进行贷前审查，同时也向借款人（项目公司）收取贷款的本金和利息等。并且，由于政策性银行的业务经营不仅要考虑资金的安全和收益等经济效益问题，同时还要考察项目本身的社会效益性，因此，其在贷款项目的审查要求比商业银行

---

① 中国证监会发布的《关于印发〈项目融资业务指引〉的通知》（银监发〔2009〕71 号）。

② 除了《项目融资业务指引》，还包括原中国银监会分别于 2009 年 7 月 23 日、2010 年 2 月 12 日、2 月 20 日出台的《固定资产贷款管理暂行办法》《流动资金贷款管理暂行办法》和《个人贷款管理暂行办法》，被合称为"三办法一指引"。

更严格，而以社会资本或项目公司作为融资主体的 PPP 项目获得政策性贷款的难度更大。尤其，中国农业发展银行对项目贷款更注重政府参与项目程度，并且要求项目建设基本完成，因此很大程度上不适于有建设期融资需求的项目。

2. 债券融资

债券融资具有融资成本低、投资者接受广泛等优势。但从目前来看，债券融资也有对发行主体的要求高、融资难度大；融资规模有限、相对于银行资金成本优势不再明显等特点，以及对担保资产、项目未来现金流来源等硬性约束也较严格。

（1）公司债券。

公司债券是指有限责任公司和股份有限公司按照法定程序、采取在证券交易所公开和非公开的方式发行，并在约定期限内还本付息的有价证券。[1] 我国发行公司债券必须由证券会核准，以及符合 AAA 级资信等方面的要求。公司债可融资规模一般不超过公司净资产的 40%，期限为 3 ~ 5 年，年化融资成本大约为 4% ~ 7%，显然相对于银行贷款融资的价格优势已不明显。

（2）企业债。

企业债也是按照法定程序[2]发行，并按期还本付息的有价证券。但与公司债券有着不同之处：一是主体上，发债企业应是国有企业，包括城投公司和非城投国有企业；二是企业债发行由国家发改委核准；三是必须采取公开的方式发行，以及其他与公司债券发行不同的条件要求；四是企业债的期限为 5 年以上，比公司债券长。总体上看，对于 PPP 项目而言，融资期限较符合项目周期特点，但从主体资格和发行条件看，项目公司显然又很难达到要求的水平。

（3）项目收益债。

根据国家发改委的《项目收益债券管理暂行办法》[3]，项目收益债是指：项目实施主体或其实际控制人发行的，与特定项目相联系的，债券募集资金用于特定项目的投资与建设，债券的本息偿还完全或主要来源于项目建

---

[1]　根据中国证监会发布的《公司债券发行与交易管理办法》（证监会令第 113 号）。

[2]　具体见国务院发布的《企业债券管理条例》（国务院第 121 号令），该条例后又根据《国务院关于废止和修改部分行政法规的决定》进行修订。

[3]　国家发展改革委办公厅发布的《关于印发〈项目收益债券管理暂行办法〉的通知》（发改办财金〔2015〕2010 号）。

成后运营收益的企业债券。并且对发债融资用途作了规范限制，要求其"只能用于该项目建设、运营及设备购置，不得置换项目公司资本金和其他债务"。

项目收益债对发行主体资质要求较公司债宽松，使得新建 PPP 项目公司发债成为可能，且可以按"一次核准、两年发完"的要求采取公开和非公开发行。再者，项目收益债以项目未来现金流偿债，通常发行期限为 3 ~ 5 年，但也可以覆盖项目的全生命周期。采取该方式融资的劣势在于，项目收益债发行也有严格的条件，要求项目资金来源全部落实，设立三个专户分别用于资金募集、项目收入归集和本息资金偿付，以及为降低债券投资风险，还建立差额补偿机制，要求指定差额补足人对专户差额进行补足。更为重要的是，《项目收益债券管理暂行办法》明确指出，合法合规的财政收入补贴不能超过项目收益的 50%，即项目运营收益不低于总收益的 50%，因而政府付费类和达不到规定收益比例要求的可行性缺口补助项目无法采取该方式进行融资。即使是使用者付费项目，政府和社会资本方也可能因为能力问题或者出于对自身风险的考虑而不愿意作为差额补足人，以及对于项目收益权价值的评估显然都是发行项目收益债融资面临的关键难题。

（4）专项债券。

专项债券主要是针对战略新兴产业、养老产业、绿色产业、地下综合管廊等 6 个专业领域的项目经营企业发债给予的融资政策支持，发行规模可以达到项目通投资的 70% 以上，且手续也得以较大的简化。PPP 项目专项债是专项债券的其中一种类型，并且其政策支持重点范围比非 PPP 专项债更广，包括能源、交通、水利、科技、林业、医疗、卫生、养老、教育、文化、环境保护、保障性安居工程等传统基础设施和公共服务领域的项目。根据《政府和社会资本合作（PPP）项目专项债券发行指引》[①] 规定，PPP 项目专项债是由 PPP 项目公司或社会资本方发行的企业债券，既可以按专项债与一般企业债的要求条件相结合发行，也可以按照《项目收益债券管理暂行办法》要求，以项目收益债形式发行。其中，以项目收益债形式发行的 PPP 项目专项债具有项目收益债和专项债的双重特点。

《政府和社会资本合作（PPP）项目专项债发行指引》对于 PPP 项目公司发债融资方面的要求主要涉及如下几个方面内容：

---

① 国家发展改革委办公厅发布的《关于印发〈政府和社会资本合作（PPP）项目专项债券发行指引〉的通知》（发改办财金〔2017〕730 号）。

①PPP 项目公司或社会资本方是 PPP 项目专项债的发行主体，并且政策上鼓励上市公司或其子公司为主体进行发债。

②PPP 项目专项债发行目的主要是为了筹集资金用于特许经营、购买服务形式下的 PPP 项目的建设与运营，或者偿还已直接用于项目建设的项目贷款。

③从本息偿付保障条件看，以项目收益债形式发行的 PPP 项目专项债可不设置差额补偿机制，但是必须提供有关项目建设期利息偿付资金来源的法律文件，这相对于一般的项目收益债而言已经有比较大程度的宽松。

④债券的存续期要不超过 PPP 项目合作期限，而没有规定具体年数，可见期限较适合 PPP 项目的运作特点。

⑤以项目收益债形式发行的 PPP 项目专项债必须符合该发行规定，其中包括"政府支付在项目总收入中的占比不得超过 50%"的限制，再次将政府付费项目和低运营收入占比的可行性缺口补助项目排除在发债范围之外。

总之，与其他形式在债券相比较，PPP 项目专项债在支持发行主体条件、担保机制融资规模、融资期限等方面更符合 PPP 项目的运作特点。而关于政府支付在项目中收入中占比的规定又强调了提高项目经营性和运营业绩、减少对政府支付依赖的重要性，并以此对发债主体在政策上支持，使 PPP 模式更符合当前国内政府投融资的现实需要和今后发展趋势。

（5）永续中票。

永续债一种特殊的债务融资方式，没有明确到期日的债券。我国银行间市场交易商协会在原有中期票据的产品框架下推出境内永续债产品，即长期限含权中期票据，是中期票据项下的无固定到期日的含权债券产品，也称永续中票。所募集资金可用于：补充运营资金、置换金融机构借款、项目资本金和项目建设等方面。

冯俏彬（2014）归纳了永续债券的几个特征：一是没有明确的到期时间或者期限非常长；二是利息水平较高或可调整、可浮动；三是无担保；四是清偿顺序很靠后，低于一般债券，仅优先于普通股与优先股。

在一定条件下，非金融企业发行的永续债被看成是类似公司股票的权益融资方式，但投资者又不能像股票持有人（股东）那样参与公司经营管理决策和利润分配。投资回报上，投资者在债券持有期间可以获取利息，而通常不能像投资普通债券那样要求发行企业偿还本金，并且永续债大多不设置赎回机制。因此，永续票据的利率通常要比普通债券高。对于 PPP

项目，永续中票不仅在融资期限上符合项目生命周期长的特点，并且根据会计准则，永续债可以被看作中期票据的债务，也可以被看作是项目的资本金计入公司报表的权益。计入权益部分的资本金不得超过项目资本金总额的 50%。

范雅婷（2015）认为，一般情况下，永续中票发行审核方面，监管机构对拟注册发行企业无具体要求，但银行间有发债记录，且信用评级 AA 以上，这对新成立的 PPP 项目公司则无法发行。

（6）中期票据。

根据《银行间债券市场非金融企业中期票据业务指引》[①] 的规定，中期票据是一种融资性票据，是指具有法人资格的非金融企业在银行间债券市场按照计划分期发行的，约定在一定期限还本付息的债务融资工具。

胡志成和赵翔翔（2011）、朱洁和马佳迪（2012）等把中期票据的特点归纳为如下几个方面：第一，有较低的发行利率；第二，发行期限通常为 3～5 年，适合于项目的中期融资；第三，据在交易商协会进行发行注册，发行流程短、速度快，并且企业对于票据的发行时点具有选择权；第四，中期票据具有资金用途自主化；此外，无须第三方提供信用担保等特点。

但是，中期票据要求发行企业拥有较高的信用等级。企业发行中期票据必须由在中国境内注册且具备债券评级资质的评级机构进行信用评级。企业发行中期票据的评级包括两项：企业主体长期信用评级和每期债券的债项评级。目前我国获准发行中期票据的企业大多为信用等级达到 AAA 的企业。

4.2.4　PPP 资管类融资方式

1. 资管计划

资产管理计划是有相关资质的指资产管理机构以资产管理人或受托人的身份，通过公募或私募的形式向客户募集资金，代表委托人对受托资产进行投资管理的、一种非标准化的融资工具，包括信托计划、银行理财、保险资管、券商资管等类型，具体为：

（1）信托计划有财产独立性、财产权利与义务分离、受托人以自己的

---

① 中国银行间市场交易商协会发布的《银行间债券市场非金融企业中期票据业务指引》（NAFMII 指引 0004）。

名义管理受托资产、承担有限责任和管理具有连续性等特点，在参与项目融资方面有与地方政府关系好、结构化融资业务能力强、能够募集民建高净值客户资金等优势。可以通过发行信托计划购买项目公司股权或债权的方式为 PPP 项目提供融资，但其资金成本较高、规模有限、期限较短（一般为 1~3 年）等方面的劣势。

（2）券商资管是指证券公司作为资产管理机构，受资产所有人委托进行资产管理的方式。券商资管在项目融资方面有资本市场资源优势，可以为其参与项目提供发债、承销方面的服务支持，以及有技术、研发和机构投资者资源优势，但证券公司在政府项目合作方面的经验和业务能力不如信托公司。

（3）保险资管计划。保险资金的使用期限长、要求回报稳定，其参与 PPP 项目融资的优势在于使用期限长、资金规模大、成本低，并且有国家政策支持、投资范围广等方面，可以通过债券和股权投资、资产支持计划、信托投资、股权基金投资，以及保险资金直接股权投资等多种方式参与 PPP 项目融资。另外，保险资金参与 PPP 项目投融资同时也存在劣势：

①保险资金对项目和投融资主体在担保、增信方面的要求很高，且风险承受能力比银行低，导致 PPP 项目获得融资的难度大。

②各种金融机构间业务竞争日益激烈的情况下，保险资金的成本优势在减弱。

③保险公司在投资参与 PPP 项目方面的经验还不足。

④保险公司在 PPP 项目业务方面的市场拓展和风险把控能力弱于银行等金融机构。

2. 资产证券化（ABS）

曲涛（2013）、张继峰（2017）等对资产证券化理解的共同点是，将缺乏流动性，但能带来稳定的未来现金流的资产集结成资产池，以金融技术进行结构化重组并转变为金融市场上可以流通、转让的证券的过程活动或投融资方式，包括了资产支持证券和资产支持票据。其中，资产支持证券（asset-backed security，ABS）是以资产或资产池的未来流动性和现金流作为发行证券支持的债务融资方式，分为信贷资产证券化（信贷 ABS）、证券交易所资产支持专项计划（企业 ABS）和保险资产管理公司资产支持计划三类。而资产支持票据是指我国非金融企业在银行间债券市场发行的，以资产未来现金流为还本付息支持的债务融资方式。

2016 年 12 月 21 日，国家发改委、证监会专门为推动 PPP 发展实施开展资产证券化而联合发布的相关文件①中指出，"资产证券化是基础设施领域重要融资方式之一，对盘活 PPP 项目存量资产、加快社会投资者的资金回收、吸引更多社会资本参与 PPP 项目建设具有重要意义……，充分依托资本市场，积极推进符合条件的 PPP 项目通过资产证券化方式实现市场化融资，提高资金使用效率，更好地支持传统基础设施项目建设"。同时，PPP 项目重点要符合如下几个方面的条件："一是项目已严格履行审批、核准、备案手续和实施方案审查审批程序，并签订规范有效的 PPP 项目合同，政府、社会资本及项目各参与方合作顺畅；二是项目工程建设质量符合相关标准，能持续安全稳定运营，项目履约能力较强；三是项目已建成并正常运营 2 年以上，已建立合理的投资回报机制，并已产生持续、稳定的现金流；四是原始权益人信用稳健，内部控制制度健全，具有持续经营能力，最近三年未发生重大违约或虚假信息披露，无不良信用记录。"

在融资要素方面，资产证券化的融资成本一般稍低于银行贷款利率，而融资规模则取决于基础资产产生的现金流大小和稳定性。此外，根据《资产证券业务基础资产负面清单指引》，PPP 项目资产证券化不能以地方政府作为债务人，与此相关的资产也不能作为基础资产，但政府支付可以作为项目公司发行资产证券化融资工具的支持现金流，即对政府付费、可行性缺口补助项目没有收入来源方面的限制。

张继峰（2017）将资产证券化参与 PPP 项目融资的优劣势做了分析总结：资产证券化为 PPP 项目提供"再融资"，不仅提高了项目资产流动性，同时有利于 PPP 项目的规范化运作，并且能通过金融市场的"价格发现"作用，更好地确定 PPP 项目的合理回报。其问题在于，尽管 PPP 项目资产证券化在我国已经启动，但操作细则还没出台。再从实施条件看，资产证券化对于项目的基础资产要求条件高，并且要求项目符合"已建成、运营 2 年以上，已建立合理的投资回报机制，现金流稳定"等条件，多数项目因此受到限制。另外，融资期限上也不能完全覆盖 PPP 项目生命周期，以及 PPP 项目整体较低的收益率对投资者的吸引力不足、资产证券化市场相对于债券市场的流动性差距较大等劣势问题。

王朝才和樊轶侠（2017）指出资产证券化的实施难点："资产证券化的核心是依靠现金流，而不是依靠主体的信用，市场做资产证券化的时候一

---

① 国家发展改革委、中国证监会联合发布的《关于推进传统基础设施领域政府和社会资本合作（PPP）项目资产证券化相关工作的通知》（发改投资〔2016〕2698 号）。

般要看项目连续三年的财务报表，但现有 PPP 项目极少有运营满两年且盈利的，PPP 资产证券化的真正落地可能还要往后再推几年"。①

3. 融资租赁

PPP 项目公司与租赁商签订合同，由后者负责采购设备，然后租给 PPP 项目公司，此时租赁商拥有 PPP 项目公司一项债权，租赁商再将其转让给商业银行，由商业银行负责向 PPP 项目公司收取租金。在参与 PPP 项目融资方面，融资租赁具有融资和促销的双向促进功能、融资门槛低、融资便利、改善债务结构等优势。同时，融资租赁也具有资金利用率不高、融资成本高、资金规模小等劣势。

4.2.5　基础设施不动产信托基金

不动产投资信托基金（real estate investment trust，REITs）是指由专业投资管理机构募集资金、投资与能产生稳定现金流的出租型不动产资产，并将所产生的现金收入以派息的方式及时进行分配，为投资者提供长期稳定现金收益的信托型或公司型基金。其中，主要投资于基础设施的产品，被称为基础设施 REITs。REITs 起源于 20 世纪 60 年代，目前世界上约有 37 个国家和地区建立了基础设施的 REITs 制度，海外约 30% 的 REITs 资产是基础设施资产，包括高速公路、轨道交通、基站、地铁、监狱等。其中，美国基建类 REITs 主要是无线通信基础设施的建设和运营，日本主要集中在太阳能发电领域，泛基建产品主要集中于物流和医疗保健领域（潘向东等，2020）。

就美国而言，其国会于 1960 年通过了《房地产投资信托基金法案》（*Real Estate Investment Trusts*），这是美国 REITs 的起源，并开始经历了一个较为缓慢的发展时期。1967 年，美国开设抵押房地产投资信托（Mortgage REITs），此后直到 1974 年期间为美国房地产投资信托基金的快速发展阶段，行业资产从最初不到 10 亿美元增长到 210 亿美元以上。从 1975 年至 1986 年，由于此前短期内扩张过快，导致投资组合缺乏多样性、报酬率被严重高估，在市场利率上升和第一次石油危机的影响下，美国 REITs 行业遭受很大冲击，不少产品宣布破产。1986 年，为了促进 REITs 的发展，美国

---

① 王朝才，樊轶侠. 关于 PPP 项下资产与支出责任管控的若干问题［J］. 财政科学，2017，16（4）：39 - 45.

推出《税收改革法案》(*The Tax Reform Act of* 1986)，不仅限制了有限合伙制的税收减免，还取消了房地产加速折旧方式，放宽 REITs 准入条件，允许其拥有房地产并在一定条件下进行物业管理。1990 年以后，投资者需求大幅上涨，美国 REITs 发展进入高速扩展阶段。其间，美国财政部于 1997 年修改税收规定，允许境外投资者按 15% 的税率缴纳 REITs 投资所得税，为吸引境外投资者提供条件；2001 年 10 月，标准普尔开设专门的 REITs 指数，并将其中 9 只于 2005 年 8 月 16 日纳入标普 500 指数；2003 年，允许英国养老金等境外机构投资者免税投资美国 REITs，并于 2005 年颁布法案，允许养老金、企业年金、社保基金投资 REITs。一系列措施的推行，使美国 REITs 规模从 1990 年的 200 亿美元增长至 2007 年的 1600 亿美元。此后，2008 年次贷危机爆发，使美国 REITs 资产规模有所下降，不久又随着经济形势的恢复出现大幅反弹，截至 2020 年 4 月，美国 REITs 总市值超过 1 万亿美元，但自此次新冠肺炎疫情爆发以来，美国 REITs 资产规模有较大幅度下降。

在我国，国家发改委、证监会等部门于 2016 年 12 月所发布的通知中提出，"共同推动 REITs，进一步支持传统基础设施项目建设"。2020 年 4 月 30 日，《关于推进基础设施领域不动产投资信托基金（REITs）试点相关工作的通知》（证监会〔2020〕40 号）发布，此后，《关于做好基础设施领域不动产投资信托基金（REITs）试点项目申报工作的通知》（发改办投资〔2020〕586 号）和《公开募集基础设施证券投资基金指引（试行）》（证监会公告〔2020〕54 号）分别于 2020 年 8 月 3 日和 8 月 7 日出台不久，我国基础设施 REITs 试点项目申报正式启动。

2021 年 6 月 21 日，我国首轮试点项目共 9 只公募 REITs 在沪深两市进行交易。其中 5 只在上海挂牌交易，分别为中金普洛斯（508056）、东吴苏园（508056）、张江 REIT（508000）、浙江杭徽（508001）、首创水务（508006），内容涉及收费公路、产业园、仓储物流和污水处理共四大主流基础设施类型，项目地域分布于京津冀、长江经济带、粤港澳大湾区、长三角等国内重点发展区域。另外 4 只则在深圳证券交易所上市交易，分别包括首钢绿能（180801）、盐港 REIT（180301）、蛇口产园（180101）、广州广河（180201），其底层资产涉及生物质发电、产业园区、收费公路和仓储物流四大主流基础设施领域。9 只 REITs 首日合计成交 4.27 亿份，交易额

18.6 亿元。①

当前国内 REITs 以项目公司权益为主要产品导向，采取"公募基金 + 资产专项支持计划（ABS）"结构（见图 4-2），即通过发行资产支持证券规避了项目公司作为非上市企业无法进行公开市场股权交易的问题，实现了私募股权投资产品向投资周期长、收益稳定的权益性公募产品的转换，从而吸引投资、盘活项目资产。

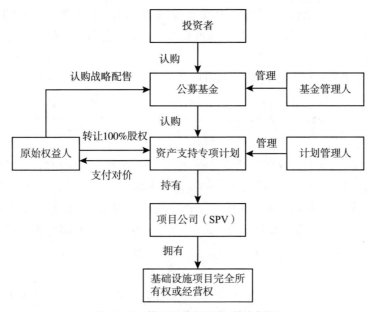

图 4-2　基础设施 REITs 基本框架

注：根据如下文献资料整理而来：《公开募集基础设施证券投资基金指引（试行）》；朱亚明，肖富升. 基础设施公募 REITs 的实操性分析［J］. 项目管理评论，2021（3-4）；张峻清，王丹，朱洁，王炜明. 公募基础设施 REITs 与 PPP 结合的探讨［J］. 中国工程咨询，2021（2）。

根据《公开募集基础设施证券投资基金指引（试行）》要求，REITs 采取了封闭式运作，且 80% 以上资金应投资于资产支持证券，但没有对基金持有单一基础设施项目资产支持证券的全部份额方面的最低要求。同时，该文件还规定项目经营权利可以通过协议方式取得，而非必须通过特许经营获得，即以"经营权利"代替"特许经营权"的表述。此外，实操中可

---

① 此处数据引用自 2021 年 6 月 21 日第一财经相关报道：《首批 9 只公募 REITs 上市，企业详解如何成功闯关》，https://www.yicai.com/news/101088328.html。

以使用基础设施基金对外借款，以及可以根据项目实施需要提前规划公募基金发行期限。诸如此类的条款显然对于提高基础设施项目可融资性是有利的，但同时也存在一些限制性条件和问题：对发行 REITs 的项目有三年以上盈利、取得既定规模经营性收入的规定要求；原是权益人资产转让所涉及的国有资产转让程序较为复杂；发行 REITs，将项目公司股权由私募投资产品转变成公募基金产品过程中必须发行资产支持证券、进行资产证券化，交易结构层次多、交易成本高；规定所有发行的 REITs 在扣除战略配售部分后，向网下投资者发售比例低于本次公开发售数量的 70%，但实际上网下发售主要受众为机构投资者，导致个人投资者占较低；目前国内缺乏对 REITs 的税收支持政策。

通过以上融资方式的梳理得知，企业债发行主体主要限于国有企业，公司债对于少资产、资质弱的项目公司而言发行条件要求太高。相比之下，较适用于 PPP 项目融资的债券融资方式主要还是 PPP 项目专项债，以及项目运营期可发行的永续中票或一般的中期票据。再者，资管计划中的保险资金也较符合 PPP 项目融资需求特点，其他资产管理计划和融资租赁仅能作为融资的辅助方式而无法成为主要的资金来源。此外，无论在发行条件上，还是融资能力方面，资产证券化都不如 PPP 项目专项债有优势，因此也仅能将其看作是项目运营期内可能的备选手段。可见，对于 PPP 项目整体运作上比较重要的几种融资方式分别为：股权投资（包括直接股权投资和股权投资基金）、银行贷款（以商业银行为主，也包括政策性银行贷款）、PPP 项目专项债、REITs，以及保险资金。

4.2.6　PPP 融资优序分析框架

融资方式比较和融资结构分析目的的本质是通过对融资效率的考量，设计效率最佳的融资安排。因此，基于以上关于 PPP 项目融资方式总结分析，从融资效率角度对股权投资、银行贷款、PPP 项目专项债、各类资管产品（包括 ABS）、基础设施投资信托基金（REITs）共 5 类相对重要的融资方式进行两个层次的优序分析：首先，在一般因素条件下，评价各种 PPP 项目融资方式的效率大小，并进行排序；其次，在前者基础上，根据项目的不同收入机制、实施阶段分析 PPP 融资优序结构。

根据表 4-1，融资效率总共有三大类、17 个影响因素，包括：6 个融资交易效率的影响因素、4 个配置效率影响因素、7 个使用效率的影响因素。

其中，从项目本身的融资交易、投资管理和经营管理角度分析效率变化，与融资方式对项目融资效率的影响关系评价应该有所不同，于是在因素选取上会存在某些差异，如：在比较不同融资方式的交易效率时，则直接使用某种融资方式的"资金成本"作为分析因素，而非原分析框架下的"市场利率"因素。另外，不难发现，所有因素对融资效率的影响表现为三种形式：一是融资方式的某些因素直接影响融资效率；二是因素与融资交易、配置和使用操作结合产生影响；三是与采取何种融资方式并无显著关系，影响差异取决于项目自身特性和操作。显然，对于第三种情形是无须进行比较分析的。

考虑到各因素对项目融资效率的影响作用程度不同，因此将各因素对效率的影响权重表示为 ω_{ij}，其中，$i = 1，2，3$ 分别表示项目融资的交易效率、配置效率、使用效率的序号；$j = 1，2，3，\cdots，n$，表示对第 i 种效率产生影响的第 j 个因素；如：ω_{11} 表示第 1 个环节的效率——交易效率下的第 1 个因素"可融资规模"对交易效率的影响作用权重，且 $\sum_{j=1}^{n} \omega_{ij} = 1$。同样，将不同融资方式下各因素对效率的影响贡献值表示为 e_{ij}，且其取值大小排序为 $e_1 > e_2 > e_3 > e_4$，分别表示不同融资方式下该因素对效率的积极影响作用程度，并依照"优、次优、一般、差"的顺序递减给予赋值计算。此处，本书即根据前文关于 PPP 融资方式的描述和分析给出一般因素影响比较的大致结果，如表 4 – 3 所示。

表 4 – 3　　　　　　　　基于融资效率的 PPP 融资方式比较分析

效率	影响因素	融资方式的效率作用值				
		股权投资	银行贷款	专项债	资管类产品	REITs
交易效率 E_T	融资自由度（ω_{11}）	e_1	e_2	e_2	e_3	e_4
	资金成本（ω_{12}）	e_3	e_1	e_1	e_2	e_4
	融资风险性（ω_{13}）	—	—	—	—	—
	融资费率（ω_{14}）	e_2	e_1	e_3	e_3	e_4
	融资期限（ω_{15}）	e_1	e_2	e_3	e_4	e_1
	融资便利性（ω_{16}）	e_2	e_1	e_3	e_4	e_4

续表

效率	影响因素	融资方式的效率作用值				
		股权投资	银行贷款	专项债	资管类产品	REITs
配置效率 E_I	目标保障度（ω_{21}）	—	—	—	—	—
	资金适配度（ω_{22}）	e_1	e_2	e_4	e_4	e_3
	资金到位率（ω_{23}）	e_1	e_1	e_4	e_3	e_3
	可用期限（ω_{24}）	e_1	e_2	e_2	e_4	e_1
使用效率 E_M	业务开发能力（ω_{31}）	—	—	—	—	—
	股权集中度（ω_{32}）	e_1	e_2	e_3	e_4	e_1
	债务资本成本（ω_{33}）					
	债务比（ω_{34}）	e_1	e_4	e_3	e_2	e_1
	税收成本（ω_{35}）	e_2	e_1	e_1	e_2	e_3
	要素结构（ω_{36}）	e_1	e_2	e_3	e_3	e_2

根据表 4 - 3 中结果，计算分析各种融资方式对融资效率的影响程度，计算公式为：

$$E_f = E_T \times E_I \times E_M \qquad (4.9)$$

若以 E_i 分别表示 E_T、E_I、E_M，则有：

$$E_i = \sum_{j=1}^{n} \omega_{ij} e_{ij} \qquad (4.10)$$

由于各种效率所包括影响因素的权重不同，若要有较精确的计算结果，需通根据具体情况通过访谈、问卷调查等方式获得评估数据，但此处仅是做一个框架性分析，因此暂不区分各种效率包含的各影响因素权重，其计算结果是该种效率下所有影响因素值的平均，仅根据各 e_{ij} 之和的大小即可将融资效率进行从 1 到 4 依次排序表示，如表 4 - 4 所示。

表 4 - 4　　　　　一般效率因素条件下的各融资方式比较结果

效率影响	股权投资	银行贷款	专项债	资管类产品	REITs
E_{tr}	2	1	3	4	5
E_d	1	2	5	3	
E_u	1	3	4	5	2
E_f	1	2	4	5	3

基于以上分析，观察 PPP 项目不同收入机制和实施阶段的融资方式适用性。三种付费模式下，PPP 项目各阶段的融资方式优先选择次序比较分析如下：

（1）前期阶段。PPP 项目前期的融资主要是依靠发起人或股东出资来完成。

（2）建设阶段。首先是项目公司设立后，项目资本金则不能完全满足建设阶段的项目设施投入等大规模的资金需求，由于银行贷款具有融资上的规模大、融资手续较便捷等优势，因此成为此时项目公司的优先融资选择；其次是 PPP 产业投资基金和纯商业性股权投资基金，其筹资过程比银行贷款复杂；最后是保险资管计划，其对于投资风险性极为敏感，因此较适用于政府付费或可行性缺口补贴较稳定的 PPP 项目，而对于投资受风险度较高的使用者付费项目适用性差，并且发行计划程序、资金使用方面也有缺陷。

（3）运营阶段。对于政府付费和缺口补贴模式下的项目，项目公司需要为了置换到期债务进行融资。由于该两种模式下，项目运营的收入较为稳定，因此理性经济人角度来看，项目公司主观上应该不会选择要求高回报的股权融资，而是偏向于通过发行债券、保险资管计划等较低资金使用成本的方式①获得融资。但考虑到发行债券、资管计划的资质、使用时间等限制条件，以及迫于项目业绩考核而需要引入具有技术、管理等方面优势资源的产业投资者、原股东退出股权受让等情况，则股权投资客观上又是其占优的选择，对于经营风险普遍较高的使用者付费类项目融资尤其会有限选择股权投资。

（4）移交阶段。正常情况下，PPP 项目公司或社会资本方在项目合作到期时按照相关规定，将项目移交给政府或其代表方，公司清算后终止，则不涉及融资问题；若通过 PPP 合同续签或者并购等方式获得项目经营权，则可能需要对项目设施进行更新而要求股东再次出资，或对项目公司进行重组等，此时应引入股权投资以满足融资需求、重新提振项目运作绩效；此外的情形是，项目移交后，若项目公司作为一个"壳公司"但仍有存续价值，那么社会资本方或原股东就有可能通过股权投资进行并购重组，使项目公司可行进行重新选择项目运作。

---

① 债务融资和保险资管计划一般投资风险较低的项目，投资者可获得回报收益率不高但相对固定，因此融资所得资金使用成本会较低。

　　总结以上分析，给出不同情形下的融资方式选择顺序和结构，如表 4 - 5 所示。

表 4 - 5　　　　不同收入机制与各阶段 PPP 融资优序大致结构

收入机制	前期阶段	建设阶段	运营阶段	移交阶段
政府付费模式	股权投资	银行贷款 股权投资基金 保险资管计划 融资租赁	股权投资 保险资管计划 农发行贷款	股权投资
可行性缺口补助	股权投资	银行贷款 股权投资基金 保险资管计划 PPP 项目专项债 融资租赁	股权投资 REITs PPP 项目专项债 资管计划 永续中票	股权投资
使用者付费	股权投资	银行贷款 股权投资基金 PPP 项目专项债 融资租赁	股权投资 REITs PPP 项目专项债 永续中票	股权投资

　　总结以上分析，对于任一种付费模式下的 PPP 项目融资，尽管银行贷款融资在资金规模和成本方面显然更有优势，但股权投资是不可或缺的基础性融资方式，并且在项目各阶段都有较高的适用性。根据目前我国的 PPP 实施情况，PPP 项目融资效率提升的关键是如何针对不同收入机制和实施阶段的项目，合理安排以股权投资为基础的多方式融资结构。

4.3　PPP 股权融资的效率优势

　　从以上各融资方式比较分析获知，PPP 模式的股权融资相对于债务融资和其他类型的融资方式有多方面的优势，此处专门针对其满足 PPP 项目资金需求、提高项目效率方面所起到的作用，包括：为项目带来可长期使用的权益性融资、弥补公共项目缺少的其他资源、完善 PPP 模式的运作机制等方面，总结分析其必要性。

4.3.1　获得可长期使用的权益性融资

以 PPP 项目公司的股权作对价进行融资，资金来源主要是各种股权投资资本，包括直接投资项目股权的产业资本，以及以投资者集合形式进行间接股权投资的私募股权投资基金或产业投资基金。PPP 项目公司设立时，股东出资作为一种股权融资形式解决了公司运作的初始融资问题，为项目公司设立和长期运作奠定基础。再融资环节，产业资本通常出于自身战略上的利益考虑，通过股权投资获得项目公司的绝对或者部分控制权，以此参与并影响项目公司经营决策，而股权基金投资者大多也是着眼于获得项目投资长期过程中更大的增值，股权投资帮助项目获得可以长期使用的权益性资本，并且，私募股权投资基金、PPP 产业基金等能够为项目提供较大规模的长期融资。

获得股权融资，首先，不仅可使项目公司在缺乏资产的情况下解决了短期项目融资问题，并且能够从长远角度上扩宽 PPP 项目的融资渠道、降低融资难度，因此改变 PPP 项目主要依靠债务融资因而渠道单一的融资结构；其次，权益性资本可长期使用，有利于改善项目公司的现金流状况和促进公司业绩的稳定增长，使其在后续融资可获得更好的谈判条件；最后，由于权益性融资无偿还期限硬性约束的优点减轻项目公司还本付息的资金压力，可避免项目公司债务过高导致的财务危机和破产风险，使项目公司的资本结构得到优化和综合资本成本下降，最终促进项目效率的提升。

4.3.2　提高公共项目的要素配置效率

赵静梅等（2015）在对风险投资与企业生产效率的关系实证中采用了全要素生产率（TFP）衡量企业的生产效率。借鉴侯荣华（2000）关于索洛增长速度方程的推导分析，可将项目公司的全要素生产率表达为：

$$Y = A(W) \times F(L, K) \tag{4.11}$$

其中，Y 为项目公司产出量；A 为综合技术进步率，包括：技术升级、管理模式改进、结构升级等；W 为综合技术资源；L 为劳动力生产要素；K 为资金生产要素；F(L, K) 为关于 L 和 K 的函数，假定生产函数规模报酬不变，那么：

$$\frac{\partial P}{\partial W} = \frac{dA}{dW} \times F(L, K) \tag{4.12}$$

$$\Delta Y = \Delta W \times \frac{dA}{dW} \times F(L, K) \tag{4.13}$$

综合技术资源的增加能使项目公司在同样的成本规模下净产出增加，即同等投资规模下净收益增加，投资收益率 ROI 提高。

若有同样融资规模的两种不同融资方式，项目公司可以通过其中一种方式进行融资，但方式 1 为项目带来资金以外的管理及其他综合技术资源增加为 ΔW_1，方式 2 为 ΔW_2，且 $W_1 > W_2$，则 $\Delta Y_1 > \Delta Y_2$。显然，方式 1 下投资收益率（ROI）比方式 2 有更大的提高。

相比之下，项目公司在债务融资方式下融入的是财务投资者的资金，而股权融资则是通过融资过程与投资者建立了股权合作关系，尤其是经营性程度较高且有使用者付费为收入的 PPP 项目中，双方着眼于更长远的共同利益，即具有更高的战略性。股权融资除了能使项目获得所需资金，还能为项目公司引入更多的重要资源。原因在于股权投资的资金是"聪明的钱"[①]，投资者往往是项目所在行业内的经营管理企业或专业投资基金。作为股东，投资者利益是与项目公司一致的，为提高项目效益，增加自身投资收益，因此能为项目带来的资源包括：

（1）提供专业的指导和咨询。

（2）通过直接参与项目运作，把自身所拥有的专业技术与知识、管理方法与经验引入项目。

（3）为项目公司提供市场渠道、客户和供应商资源，并且还可能帮助处理与政府的合作关系。

（4）在项目的后续融资中增加投资，或者帮助联系资金渠道，解决项目融资问题，其中最重要的是引入资源提高了项目经营管理能力水平、项目资金配置和使用效率，从而提高融资效率。

4.3.3　完善 PPP 模式的运作机制

采用股权融资能够在项目运作机制上起到的效率提升作用，主要表现在促进项目收益分配机制、项目公司的激励机制、项目付费机制与经营属性等方面的合理设置与完善：

[①]　引自刘曼红，Pascal Levensohn. 风险投资学［M］. 北京：对外经济贸易大学出版社，2011：8 – 30. "聪明的钱"这一比喻是指，风险投资家往往是有专业知识和行业经验的，他们不仅为被投资企业带来资金，并且能够在管理、技术、市场等方面帮助企业提高经营能力。

首先，由于公司股东属于长期投资者，并且公司经营具有极高的不确定性，因此可认为其承担了高于债权人的投资风险，因此理论上应该获得高于项目借款利率的投资收益率，或者称为股东要求回报率，因而若要引入股权投资，融资方必须要根据资本市场上资金供求关系、项目收入以及资金需求情况确定合理的投资回报率，即：投资者承担既定投资风险成本而获得的收益回报，因而会改变政府与社会资本方、项目公司股东等项目利益相关者之间风险收益分配格局，使项目的风险收益分配机制得以完善和改进。

其次，合理的风险收益分配机制下，风险偏好较高[①]的股权投资者往往能够获得较高的长期投资收益，在"承担高风险、获得高收益"的激励作用下，投资者出于项目业绩提升的考虑而通过参与经营、引入管理与技术等方式为项目贡献能力和资源，并且会对项目公司的实际经营管理者等代理人加强监督，并通过采取业绩考核等各种激励措施促使其提高工作努力程度，从而有效地降低了委托代理导致的风险成本，即改进了项目运作的激励机制。可见，股权投资对于风险项目的选择是一个项目自身风险收益分配与激励机制的完善过程。

此外，目前的 PPP 项目付费机制分为三种：政府付费、可行性缺口补助和使用者付费。根据公共项目的经营属性而言，政府付费类项目通常具有非经营性，这也是项目公司以政府付费作为收入来源的主要原因，从而项目公司经营状况稳定、发生投资损失的可能小，即项目投资风险低；可行性缺口补助类项目属于有一定但非完全经营性的混合产品，因此项目投资具有一定风险度；使用者付费类项目通常经营性最高的，接近完全市场化供给的私人产品，因此投资风险最大。以上已有分析，理论上投资风险较大的项目往往能给投资者带来更大的收益回报。若项目的风险收益分配机制、激励机制设置合理，从风险收益均衡角度看，具有一定风险度的项目投资对股权投资者应当有较大的激励作用，即有更大的吸引力；反之，若大多数股权投资者倾向于选择政府付费类、低风险项目投资，说明此时上述机制设置尚不尽合理、有待改进。而且，股权投资者对于低风险项目的过多选择，会使得该类项目的融资难度降低而投资进入门槛提高，即投资回报率进一步下降。与之相反，使用者付费类和可行性缺口补助类项目

---

① 该说法的前提分析是，相对于以获得固定收益的债权投资者而言，股权投资者承担较高的投资风险，表现出较高风险偏好。

由于投资风险较高，缺乏投资选择，融资难度大，因此促使其完善和改进各种运作机制以吸引投资，导致最终出现各类项目风险收益分层、投资者分类相对合理的结构状态。于是，在项目自身的各种机制设置合理的情况下，股权投资者由于得到有效的激励而选择较高风险收益的项目，从而也会改变各种付费机制下的 PPP 项目投融资供求情况和竞争程度，促使一些非经营性且政府付费类项目进行适当付费机制调整①以吸引投资，并且会普遍提高项目公司的风险管理能力和运营绩效重视程度，从根本上提升项目的融资和经营效率。

4.4　本 章 小 结

融资效率提高可能性是评估 PPP 项目融资可行性的首要因素。

PPP 项目融资的方式较多，包括股权投资、银行贷款、各种债券、资产管理计划、资产证券化、融资租赁等工具，但其中较重要的方式主要有：股权投资（直接股权投资和股权投资基金）、商业银行和政策性银行贷款、PPP 项目专项债、保险资管计划等。其中，股权投资是 PPP 项目不可或缺的融资工具，PPP 项目融资目标达成度及效率的高低，最终取决于不同模式和阶段下，项目股权投融资与银行贷款等多种融资方式的结构组合优劣程度。本章分析结果指出了构建以股权投资为主的多种方式融资组合对于 PPP 项目融资及项目效益目标实现的重要性，并会在后续章节中针对包括理论界和实务界通常提到的"股债结合"等融资结构方面的典型问题进行具体分析。

通过对各融资方式的比较分析获知，PPP 模式的股权融资相对于债务融资和其他类型的融资方式有多方面的优势。在此基础上，本章专门针对其满足 PPP 项目资金需求、提高项目效率方面所起到的作用：PPP 股权融资能够为项目带来可长期使用的权益性融资，以及可以弥补公共资源的不足，并且还可以完善 PPP 模式的运作机制等，可见，股权投融资对于 PPP 项目运作的重要性，采取股权融资方式解决项目相关问题也因此极有必要。

---

① 和宏明（2004）、彭文滋（2004）认为，公共项目的经营性是可以根据具体环境条件改变的。详见本书第 2 章关于公共项目的经营性与收费机制的分析。

第 5 章　PPP 股权投资内涵与过程

5.1　PPP 股权投资界定

投融资是融资和投资两个不同角度的经济活动过程统一。从融资方角度讲，项目投融资活动表现为资金的融入和使用，而对于投资者而言，投融资活动则是资金的融出以及投资回报获得的行为过程。债务融资和股权融资是 PPP 项目融资的主要方式，这在前文已经作了较为详细的分析。其中，股权投融资是指投融资双方以 PPP 项目公司股权为投融资交易标的，通过股权转让或增资扩股等方式进行的投融资活动，从而使项目公司及其股东获得资金满足融资需求，而投资方则期望通过投资获得未来项目经营收入分红和公司股权增值回报。可见，股权融资提出融资需求和交易方式，而股权投资是满足融资需求的方式和手段，两者是项目股权投融资活动的相互依存、不可或缺的两个方面，且 PPP 项目股权投资就是指对 PPP 项目公司股权的投资。并且，股权投资在理论上被分为对非上市公司和上市公司的股权投资。其中，对非上市公司的权益性投资通常被称为私募股权投资（private equity，PE；张晓蓉、黄蓓，2006），为了项目运作而设立的 PPP 项目公司在大多数情况下是非上市公司，因此 PPP 项目股权投资应属于私募股权投资范畴。

私募股权投资包括风险投资资本和非风险投资资本（刘曼红，1998），并且可以进一步从广义和狭义两个界定其概念：广义的私募股权投资包括非上市企业的各阶段、各时期的权益投资，而狭义概念仅是指发展后期且现金流较为稳定的非上市企业权益投资（盛立军，2003）。

从广义角度看，私募股权投资的内涵与外延都比风险投资大。在 20 世纪 40 年代开始的发展早期，私募股权投资主要以满足中小企业的创业和扩张融资为主，在相当长的一段时间内实际上就是风险投资。臧展（2009）

认为，从 20 世纪 80 年代开始，并购浪潮使得私募股权投资有了新的含义。再从狭义的角度看，私募股权投资尽管起源于风险投资，但与风险投资有区别，并且不包含风险投资。总体上看，广义和狭义的概念区别主要在于投资对象所处的发展阶段，而在非上市公司的权益性投资、企业（项目）的融资支持、获取股权投资回报等方面并无实质性的区别，而 PPP 项目的全生命周期是包括项目前期和移交阶段，期间也包含了项目公司发展的生命周期，显然，广义的概念更符合 PPP 项目股权投资的运作特点。

5.2　PPP 项目公司发展阶段与股权投资类型

关于私募股权投资广义和狭义的概念区分，实则是对股权投资按阶段进行的类型区分，即要基于企业生命周期理论对被投资企业发展阶段做出判断。

始于 20 世纪 50 年代的企业生命周期理论被看成是当今研究企业管理的重要理论之一，该理论认为将企业发展过程类似于生物体从出生到成长、成熟、衰老与死亡的生命周期（王炳成，2010）。关于企业生命周期的阶段和时期划分说法不一。明确研究企业生命周期的阿迪兹（Adizes，1989）指出，企业的生命周期划分为三个阶段：孕育阶段、成长阶段、老化阶段，每个阶段又各自包括若干个时期：孕育阶段由孕育期、婴儿期、学步期三个时期构成；成长阶段由青春期、盛年期和稳定期三个时期构成；老化阶段由贵族期、官僚化早期、官僚期和死亡期四个时期构成。进入 20 世纪 90年代以后，随着企业生命周期理论方面的研究和企业管理实务应用日益流行，国内学者也对企业成长周期进行了划分：以企业规模的大小为划分依据，把企业生命周期划分为孕育期、求生存期、高速成长期、成熟期、衰退期和蜕变期六个阶段，以及选择销售额作为企业成长的考量依据，依此将其划分为孕育期、初生期、成长期、成熟期和衰退期五个阶段（李业，2000）。

从其他理论研究和管理实务方面看，企业生命周期划分有较多是以"四阶段论"为主，如巴尔金和蒙特马约尔（Balkin and Montemayor，2000）在企业及薪资接受度的研究中，将企业生命周期四阶段为：设立期、成长期、成熟期和衰退期；罗险峰、胡逢树（2000）以创业期、成长期、成熟期、衰退期的"四阶段论"分析了企业生命周期中的技术创新与风险问题；

罗红雨（2009）将企业生命周期划分为初创期、成长期、成熟期和衰退期四个阶段，并研究分析了每个阶段的成本战略模式。但这些"四阶段论"与李业（2000）提出的"五阶段论"有较大的区别："五阶段论"包括企业设立前的孕育期，而"四阶段论"是以企业设立、创业或初创为生命周期起点的。并且，其他人在各阶段界定上也存在差异，主要体现在关于"创业期""初创期"与"企业设立期"区分上，显然，"创业期""初创期"比"企业设立期"在时间上界限更模糊、范围更宽泛，但从一般逻辑看，创业或初创标志性事情应该就是企业的设立。同时，由于企业"后天成长"往往由其在设立前的"孕育""筹划"期间确定战略定位、业务布局、管理架构设计以及前期各种资源整合与投入所决定。因此，孕育期应是企业生命周期的一个重要构成部分，并且可以将企业设立看成是孕育期和初创期两个阶段的划分界线。最终，企业生命周期的阶段应分为孕育期、初生期（初创期）、成长期、成熟期和衰退期共五个阶段。这是本书进行PPP 项目公司生命周期相关研究的基础。

此外，李业（2000）对于企业生命周期各阶段及其特点的解释是：孕育期作为第一阶段，企业创始人经过市场调研后形成了创业意图，并为企业的设立做准备，此时尚未开始营业，因此没有销售收入，且有投入成本；企业注册设立之后就进入初生期（初创期），此时产品种类不多且技术上尚需完善，市场开发处于起步阶段，销售额低且增长缓慢；随着初创期的销售逐步增长和积累，企业进入成长阶段，一个销售快速增长的发展阶段；此后，企业的增长状况又趋于稳定，即进入到成熟期，变现为销售额较高、业务稳定、内部管理体系完善等特点，同时增长速度放缓且行业内竞争激烈；由于市场需求变化和行业竞争的压力加剧，销售额出现萎缩，企业进入到衰退期，若无法及时调整发展战略，进行产品和技术升级，企业即会走向衰亡。

PPP 项目公司应具有一般经营企业的生命发展周期结构和特征，同样要经历一个逐步成长再到衰退的生命发展周期。但是，PPP 项目公司是为了项目运作而专门设立的特殊目的载体，在项目所有权和经营权分离的前提下，项目公司经营权通常是有规定期限的，而一般经营企业则没有明确的经营期限，除非发生并购和破产情形，可见两者的生命发展周期特征有明显的区别。

前文总结分析了 PPP 项目全生命周期及其结构划分：一个完整的 PPP项目全生命周期应包括前期、建设期、运营期和移交期共四个阶段。再结合一般企业的发展生命周期特点进行分析如图 5 - 1 所示。

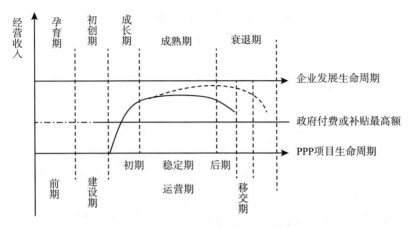

图 5 – 1　PPP 项目生命周期及项目公司发展阶段

（1）项目前期与项目公司孕育期。项目前期阶段与一般企业经历的孕育期一样，是一个进行市场调研、产生创业意图和筹建公司的准备过程，此间走完项目设立的各项程序一般需要 1 年左右的时间，具体因项目而异。

（2）项目建设期与项目公司初创期。项目公司从设立开始进入初创阶段，同时项目进入到建设阶段，此后 2～3 年时间是项目公司及建设企业完成投资和建设的时期，该期间尚未开展经营活动，因此没有经营收入。

（3）项目运营初期与项目公司成长期。完成建设，项目进入运营期，项目公司开始营业并产生经营收入。与私人产品不同的是，PPP 项目属于非经营性的纯公共产品或是有经营性的准公共产品，具有一定程度的非竞争性，这使得项目公司因相对垄断优势而能够比一般企业在更短的时间内占据较大的市场份额，实现经营规模。因此，项目运营初期即可以看成是项目公司的快速成长期，且应该比一般经营企业的成长期较短。

（4）项目运营稳定期与项目公司成熟期。由于项目公司能够在较短的时间内达到经营规模，而使用者（包括政府和消费者）需求的自然变化是一个相对缓慢的过程，在项目运营期间通常不再需要针对设施进行较大改造和增建投入以刺激消费需求，因此其营业收入不会再有较大的增加，即此时项目公司发展进入了成熟期，且若非技术、管理等运营能力的提升而促进销售规模的增长，该阶段持续时间会较长（运营期一般为 10～25 年时间），直到使用者偏好有较大的变化或者项目终止。可见，项目公司的成熟期在于项目运营期内时间较长的一个阶段，而时间长度最终取决于此期间设施的可使用情况、使用者需求变化、项目公司运营能力提升的可能程度，同时随着其他项目的增加，市场竞争程度也会提高，从而促使项目公司更早进入衰退期。

（5）项目运营后期、移交期与项目公司衰退期。若在项目运营期间，使用者需求偏好发生变化，而项目供给上满足使用需求的能力下降且未得到及时更新，甚至满足使用者需求的同类产品或替代品已经出现，不管是公共产品之间替代（如地铁与公共汽车），还是私人产品替代公共产品（如民办学校与公办学校），在加剧的市场竞争当中，项目公司经营收入萎缩，从而进入企业发展的衰退期，直至项目移交。

根据 PPP 项目全生命周期的阶段划分，项目移交期实则不是一个脱离项目运营而独立的阶段，而是在项目运营即将结束时进行项目资产和经营权交接的一个规定时间区段，即项目运营期的末端时间段。那么，若项目公司在移交前已经进入企业发展衰退期，这阶段就是项目运营后期、移交期与项目公司衰退期三者交叉时间段。另一种可能的移交情形是，在项目公司尚处在成熟期，还未进入衰退期之前，项目必须要按合同规定进行移交。

两种情况都涉及对运营期限或移交时间的事先规定。项目公司作为公共产品的提供者，兼顾社会效益和经济效益两个方面，只要经营收入大于生产成本就有继续满足公共需求而进行项目运营必要性。而政府付费和补贴模式理论上是对 PPP 项目经营的合理成本与利润，即项目的合理经营收入进行了较准确的评估和设定，若设施使用情况在允许条件下，项目公司的实际收入只要高于以政府付费模式测算的合理收入，项目则可以进行延期运营。相反，则可以通过项目移交更换运营主体或对项目设施进行改建后重新开始运营。

此外，针对不同的企业发展阶段，私募股权投资运作也有相应的区分，但首先要对 PPP 股权投资涉及的产业投资和财务投资、产业基金和私募股权投资基金等概念进行辨析，以免在分析不同阶段的投资方式选择时产生混淆。在本书看来，产业投资是指着眼于具体产业项目和企业成长收益的长期性股权投资，属于"战略性投资"，该投资类型的资金可称为"产业资本"，而财务投资则未必与具体产业有直接关联，其关注的是短期性投资带来财务上的溢价回报，包括股权投资、非股权投资和多方式混合型投资。可见两者的区别主要在投资目的、投资期限、投资增值侧重点等方面，且投资方式也不完全相同，尽管有可能都采取私募股权投资，但对项目和企业投资后管理的参与程度也会有较大差异：为了被投资项目和企业的长期成长，作为战略性投资者，产业投资者往往是项目和企业控股方，并凭借其行业优势更多地介入项目和企业的运营管理，而财务投资者作为以获取资金差价和孳息为主要投资目的的短期性资本，则理论上缺少这种动机和能力。至此，产业投资和财务投资的概念区分已基本清晰，于是可知采取基金形式募集资金并进行产业投资的方式就是产业基金，同样以单纯财务溢价回报的财务投资者也可以通过私募股权投资基金进行筹资和投资。

产业基金是一种风险投资投资基金或私募股权投资基金，一般是指向具有高增长潜力的未上市企业进行股权或准股权投资，并参与被投资企业的经营管理，以期所投资企业发育成熟后通过股权转让实现资本增值。并且，产业基金往往为了实现政府和社会共同扶持产业或企业发展的政策目的而设立，政府以母基金或引导基金方式出资从而影响基金投资决策，因此产业基金具有政策引导性质，这与追求财务利润为主的商业性私募股权投资基金有目标定位上的区别。但是，产业基金属于私募股权投资基金，其投资活动属于产业投资，而商业性私募股权投资基金的投资活动则是以实现商业目的为主。

基于以上分析，探讨 PPP 项目股权投资阶段和方式。在企业从成立到上市的周期中，各阶段的股权投资有不同特点，因此企业出于不同发展阶段应该选择适合的股权投资方式（张学勇、廖理，2011）。总体上，在当前国内外的理论研究和实践中，关于私募股权投资的传统分类方法主要根据被投资企业的发展阶段而分为五种类型：

（1）种子投资（孕育期股权投资）。在孕育期，创业者一般仅形成了基本的商业模式和业务概念，其经营重点是进行产品或服务的市场定位，分析创业项目的商业可行性，并制订相应的市场营销计划，以及组建初步的管理团队，并为此筹资启动资金，筹备企业注册设立等。由于技术和产品的成熟度较低，市场开发能力尚未形成，因此该阶段的投资项目面临着技术风险、市场风险等多方面的风险，不确定性极大，但融资需求规模较小。对于资金规模较大、期望获得稳定回报的财务投资者不适合作为该阶段项目的投资者，而愿意承担高风险支持创业的"非正式风险投资"——天使投资[①]则极为适合。

（2）风险投资（初创期股权投资）。该阶段的企业已经注册成立，产品

---

① "非正式投资"指天使投资人通常是有投资条件的个人和家庭对有巨大潜力的企业或项目早期计划所进行的权益性民间投资，而非正式机构投资。详见刘希红，胡波. 风险投资理论：投资过程研究的理论发展和前沿 [J]. 国际金融研究，2004（3）：8 – 14。

或服务也已经开发并试销，管理团队也初步形成，但市场营销模式还处于探索阶段，企业管理模式也未成熟，处于摸索过程中。此时的运作重点是尽快打开市场和完善企业管理模式，并为此筹集起步资金。在该阶段，企业的技术风险已经有所降低，但由于产品系列和经营管理还仍不完善，因而所面临的市场风险、管理风险和财务风险仍然较高，因此投资成功率还是具有较高的不确定性。因此，对于该阶段投资项目的高风险特点，引入风险投资能够更好地满足融资需求。

（3）发展资本（成长期股权投资）。此时企业正处于快速成长时期，产品或服务经过试销和完善之后，已经逐步打开市场并形成一定的市场占有率，企业组织管理模式也逐步形成，管理团队已渐趋稳定。但企业仍在加快市场开发和完善企业组织管理模式，同时考虑完善系列产品而进行新产品开发。此时，尽管企业已经开始有营业收入，但生产运营需要大量的资金投入，前期的收入不足以支撑业务的增长。并且，此时的企业由于缺乏担保物而获得银行贷款的可能性较小，因此较大规模的股权投资——私募股权投资基金是企业融资较合适的选择对象。

（4）并购投资（成熟期股权投资）。成熟期企业最大的优势在于稳定的利润和持续的现金流，该阶段企业内源融资稳定，且往往能够支持企业外部投资的需要（黄宏斌等，2016）。在成熟期，企业的融资需求在于两个方面：一方面是为了创造新业务增长点而收购外部新兴企业；另一方面是企业在此期间有较大可能选择上市，为满足上市条件，企业需要进行资本结构上的调整，这就需要通过大规模的融资进行债务置换和股权收购。此阶段的私募股权投资主要是并购投资，包括企业内部的管理层并购和使用外部债务的杠杆并购等。

（5）重振资本（衰退期股权投资）。由于市场竞争压力加剧，同时消费者需求偏好发生了变化，导致市场份额萎缩、销售额下降，企业进入衰退期。与成长期、成熟期相比，衰退期企业更容易面临财务困境（黄宏斌等，2016）。企业为了改变经营状况而引入外部投资，适用此处的私募股权投资方式被称为重振资本。

基于此，根据图5-1中关于企业发展生命周期与项目全生命周期关系分析PPP项目各阶段的股权投资方式：

（1）项目前期阶段投资。在前期阶段，即项目公司设立前的孕育期，由于项目正处于识别和准备阶段，并且要经过招投标程序才能确定能否获得运营权，项目能否按预期得以实施具有极高的不确定性，且政府和有合作意向的社会资本方需要支付相关费用，因此对于政府和社会资本方作为项目发起人而言有较大的风险。在此阶段，参与发起的社会资本方在项目论证、谈判、招投标等项目公司设立前各方面的费用支出，基本上依靠其自有资金或其他有合作意向的机构与个人的资金投入，这种资金的提供如同天使投资，是一种非正式的小规模投资，可看成是种子投资。由于该阶段投资成功与否，取决于项目的前期运作情况。

（2）项目建设阶段投资。项目公司设立后进入初创期，项目需要大量的建设资金。尽管此时项目已经通过论证且完成了招投标程序，不确定性较前期有很大程度的降低，但该阶段需要较大规模的资金投入，且项目收益现金流入不在当期，而是发生后续的运营阶段，可见投资风险仍然较大，关键就在于能否按时按量融入建设资金。同时，在缺乏抵押担保能力难以通过银行贷款等渠道进行债务融资的情况下，因而采取增资扩股的方式引入风险投资和专门投资 PPP 项目的产业基金以扩大资本金和建设资金规模应是项目公司的优先选择。两者区别在于风险投资是投资者对项目公司的直接股权投资，而有产业针对性的私募股权投资基金——产业基金是一种集合式的间接投资，但显然产业基金能够集中更多的投资者资金，因此更适合于项目建设资金投入规模大、项目公司股东人数受限制的情况。

（3）项目运营初期投资。从在时间长度和运作重要性等方面看，项目运营阶段都应是项目生命周期的主要阶段，包括项目公司发展的成长期和成熟期，以及在项目移交前可能会出现的衰退期。进入运营阶段后，作为项目公司股东的建设企业此时已经完成工程建设并获得盈利，因此有可能按合同规定要求退出项目公司。仅从业务分工看，建设企业退出项目公司对项目后续实施不会造成重要影响，只要项目公司能够安排资金解决其"股权变现"问题。同时，项目进入运营期后，显著的收入增长和现金流增加能够吸引资金投资项目公司股权，包括产业资本直接股权投资和私募股权投资基金。

（4）项目运营稳定期投资。经过短时间的快速增长阶段，项目公司销售收入情况趋于相对稳定，即处于稳定阶段。在此期间，项目公司面临到期融资置换和因资产证券化而进行资本结构调整的可能，以及项目公司股东、项目运营企业、外部投资者等主体还有并购投资的可能，而此时并购基金是满足较大规模项目公司融资需求的方式或工具。

（5）项目运营后期或移交阶段投资。可能是在项目公司发展的成熟期，或是项目公司的经营收入已经出现萎缩或衰退。因此，该阶段的项目融资需求应是为了进行并购投资、引入战略投资者，以及对项目移交后进行修复和扩建的直接股权投资，即重振投资。

总结以上分析，将 PPP 项目在各阶段可采取的股权投资方式归纳如表 5 - 1 所示。

表 5 - 1 　　　　　　　　　**PPP 项目实施阶段与私募股权投资类型**

项目生命周期	前期阶段	建设阶段	运营阶段		
			运营初期	稳定期	后期、移交阶段
项目公司发展周期	孕育期	初创期	成长期	成熟期	衰退期
股权投资类型	种子投资	风险投资	发展资本	并购投资	重振资本
投资方式（工具）	项目发起人自有资金、天使投资	风险投资、产业基金	直接股权投资、私募股权投资基金、并购基金		并购基金、直接股权投资

5.3 　PPP 项目股权投资过程

与企业发展生命周期的各投资阶段相似，私募股权投资活动过程通常也被分为若干个阶段或环节，但区别在于前者是指在不同的企业发展阶段以何种方式进行投资，而后者则是指投资活动过程由哪些重要的环节构成，并由此按照各环节的内容和先后逻辑关系所划分的若干阶段或子过程。这种阶段划分使得私募股权投资活动在时间和内容上有了一个较为清晰、明确的流程指引，并依此进行研究与管理（李仲炎，2017）。

广义的私募股权投资概念所包括的各种投资类型的区别主要在于投资阶段（企业发展阶段）侧重不同，但投资活动与过程的逻辑结构应基本一致。并且，从发展历程看，"私募股权投资"（PE）源自"风险投资"（VC），有关"风险投资"（VC）的理论研究及应用是前者发展的基础。由此可见，"风险投资"（VC）属于"私募股权投资"（PE）范畴，但同时两者关于投资活动及其过程有着相同的逻辑，且关于"风险投资"（VC）在该方面的理论研究更具有代表性。可以说，关于私募股权投资（包括风险投资）活动的阶段划分问题已是理论界和实务界的共识。

较早是冈珀斯和勒纳（2002）在《风险投资周期》（*The Venture Capital Cycle*）中将风险投资过程分为筹资、投资、管理和退出四个阶段对风险投资的周期进行了系统性研究和分析。在此基础上，国内学者刘曼红和胡波

（2004）将风险投资活动的四个阶段做了进一步阐述：

（1）在筹资阶段，风险投资家从投资者筹集风险资本，组成风险投资基金或风险投资公司。

（2）在投资阶段，风险投资家完成对创业企业的初步筛选、审慎调查（due diligence）、价值评估，与创业企业谈判并签订相关投资协议，并以普通股、优先股、次级债务、金融租赁等多种形式将风险资本投入创业企业。

（3）在管理阶段，风险投资家通过参加被投资企业董事会、协助被投资企业的战略决策、协助被投资企业进行后续融资等方式对被投资企业进行增值管理。

（4）在退出阶段，风险投资家通过上市、收购与兼并、清算等方式退出被投资企业，并将投资收益分配给风险投资基金或风险投资公司的投资人。

这既可以被看成是对一般企业的私募股权投资活动过程与阶段的概括分析，同时也是对私募股权资本运动和增值过程逻辑的分析和解释，而私募股权投资活动应是项目管理和资本管理有机统一的过程。对此，陈洁等（2012）的观点是，国内外学者普遍基于"融资—投资—退出"的资本流动角度对私募股权投资运作流程所进行的研究缺乏系统性和缜密度，而应该从项目管理角度私募股权投资资本增值实现程序进行剖析，并将流程划分为私募股权投资基金的设立、投资项目的选择、融资、投资、后续管理、退出共六个阶段，并给出了流程图。实际上，之前的"风险投资四阶段"研究中已经包含对该六个阶段的分析，并且做了详细解释。但"六阶段论"流程中，在"私募股权投资基金设立"与"融资"两个环节之间插入了投资项目选择，即根据项目的可行性确定私募股权投资基金融资问题（包括融资与否、融资规模），突出了投资的项目导向性，使项目选择成为私募股权投资活动过程的实际起点，这也较符合实践中投资管理机构往往需要根据储备项目进行募资的情况，但也并非绝对如此。因此，"项目导向"和"资金导向"仅是突出了项目管理和资金管理分别对于投资增值与风险管理过程的重要性，其一般流程在投资增值过程逻辑方向和活动内容构成上并无较大的区别。

据此，本书将 PPP 项目股权投资活动过程按照"资本导向"和"项目导向"两者相互结合的逻辑分解为筹资、投资、管理和退出四个阶段（见图 5-2）。"资本导向"下，投资流程还是按照"筹资—投资—投后管理—退出"逻辑顺序，是一个"先有资金，再确定投资项目"的"资金流动"过程。而"项目导向"下，将"筹资"环节插入到投资阶段当中，投资流程则是按"确定投资项目—筹资—投资—投后管理—退出"的逻辑顺序，是一个"先确定投资项目，再进行募资和投资"的"项目管理"过程。本书认为，投资机构或基金设立后既可以先募资，再确定投资项目，能确保资金供给的时效性，当然也可以根据 PPP 项目投资谈判的结果确定募资规模，毕竟 PPP 项目融资需求规模较大，尤其是专门针对具体项目进行投资

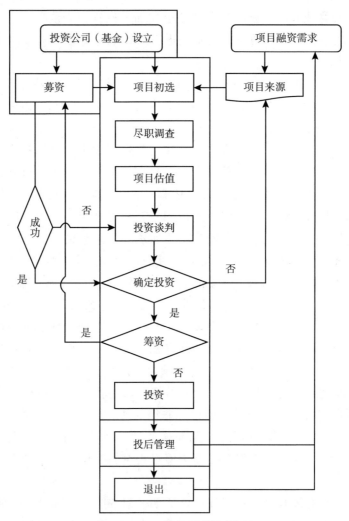

图 5 - 2 PPP 股权投资流程解释

的产业基金，在确定投资项目之前、缺乏必要的合作方参与的情形下募集大规模资金的难度极大，即使事先募集成功也很可能是资金利用率较低。因此，两种逻辑的结合，能更有效地实现资金供给和项目融资需求的匹配，具体如下：

（1）在筹资阶段，PPP 项目的股权投资者（包括机构与个人）通过设立投资公司或者基金进行资金募集，另一种途径（尤其是专项投资产业基金）可能会在确定项目投资之后再进行募资。

（2）在投资阶段，投资者需对项目进行初步筛选、审慎调查或尽职调查（due diligence）、价值评估，并与项目发起人或项目公司进行谈判并签订投资协议，且在确定投资和所需筹资规模之后安排筹资，最后把资金投入到项目公司。

（3）在投后管理阶段，投资机构（基金）通过投资项目公司成为股东甚至董事会成员，尤其是产业投资者还能协助项目公司进行战略决策、运营管理、后续融资等方式的增值管理，使项目成长和资本增值。

（4）在退出阶段，私募股权资本通过上市、收购与兼并、清算等方式退出被投资项目公司，退出投资的商业性私募股权投资基金、产业基金或投资公司各自按章程或合同规定将项目投资收益分配给投资人。

5.4　本 章 小 结

投融资是融资和投资两个不同角度的经济活动过程统一。本章结合 PPP 投融资与私募股权投资的概念和运作特征对 PPP 项目股权投资进行概念的界定和基本框架的构建与解释。

PPP 项目生命周期与项目公司发展周期本身就是集于项目一体的。PPP 股权投资就是指针对 PPP 项目全生命周期内各阶段的融资需求采取不同形式的权益性投资，能够使投资者称为项目公司新股东并且以所持股份分担项目经营风险、享有利润分成，以及在退出时获得股权增值回报的私募股权投资方式。据此，可以根据发展阶段及收入情况等共有的特征而将两者进行结合，以明晰项目阶段的投资类型结构，具体可划分为：项目前期——项目公司孕育期的类天使投资；项目建设期——项目公司初创期的风险投资；项目运营初期——项目公司成长期的发展支持型私募股权投资；项目稳定运营期——项目公司成熟期并购投资；项目运营后期、移交期——项目公司衰退期的并购投资和重振资本。

　　根据私募股权投资的基本流程与环节构成，PPP 股权投资活动可被设计成一个以项目为导向、资金同步流动的基本流程，但无须改变"筹资、投资、投后管理、投资退出"四个环节构成，同时有必要在"投资确定"与"投资"两个环节间设置的"筹资确认机制"，以"优质项目筹资"的谨慎确保投资运作的安全性。

第6章 PPP股权投资基金筹集与资金供给

6.1 PPP股权资金筹集的机理分析

6.1.1 PPP股权资本来源

PPP投融资涉及主体多、规模大，资金来源结构比一般经营企业的结构要相对复杂，但可以通过梳理PPP合作关系中的投资结构，对资金来源进行分层分类（见表6-1），并观察其相互关系。

表6-1　　　　　　　　　　　　　　PPP项目资金来源结构

PPP合作主体	政府	社会资本方		非股东社会资本方
		股东社会资本方		
投资方式	直接股权投资	直接股权投资	间接股权投资	非股权投资
投资目的	资本金投入	资本金投入、产业投资	产业投资、财务投资	财务投资
资金归属	地方财政	建设企业、运营商等非金融企业、股权投资机构/基金	股权投资机构/基金（非金融企业和个人）	金融机构、非金融企业和个人
资金国别	国内	国内外		

（1）按PPP主体结构。根据国内对PPP概念的界定，PPP项目的投资主体为政府和社会资本方，由此构成项目投资资金来源的两大基本类别。社会资本方的范畴比较广，一般是指除承担项目所在地政府债务性融资平台公司之外的各类企业，其中一类社会资本方通过股权投资成为项目公司

的股东，另一类则是更广义角度的社会资本方，即债权或其他收益权等非股权方式的投资者。据此，社会资本方可被划分为股东社会资本方和非股东社会资本方，即：股权投资者和非股权投资者，而严格意义上的股权资金供给者应指项目公司的直接股权投资者和私募股权投资基金的投资者。

（2）按股权投资方式。政府通过出资成为项目公司的初始股东；股东社会资本方则除此出资之外，还可以通过股权流转受让成为股东；并且，股权投资者可以选择直接投资或通过基金间接投资项目公司。其中，间接股权投资方式主要表现为集合式的基金投资，包括带有政策性的产业投资基金和商业性私募股权投资基金。

（3）按投资目的。政府对项目公司的出资是为了实现既定资金投入规模下的最佳社会效益目标。而社会资本方投资目的则是为了实现既定投资成本下的经济效益最大化，其直接投资目的可以分为两种：一种是为了获得某方面权利而承担对项目公司的出资责任，如：某些情况下，施工企业为了获得项目工程建设承包权而加入项目公司；另一种则是希望获得某些产业领域的投资经营带来的价值增长。

间接投资方式中，产业投资基金的投资者中较多带有产业投资目的，如：政府的产业扶持资金、产业经营企业的并购资金等。相比之下，商业性私募股权投资基金的投资者则类似于非股权投资者，即主要是基于单纯的财务角度考虑，根据投资回报、期限等条件进行投资基金的选择，而较少涉及产业、区域发展等角度的项目分析和筛选。

（4）按资金归属关系，可以将资金来源分为项目所属政府投入的财政资金、企业和个人的非财政资金。其中，属地政府投资的财政资金以外，其他资金的主要归属主体为：①金融机构、非金融企业和个人等非股权投资者；②投资于股权投资机构或基金的间接股权投资者；③直接投资则包括建设施工等非产业经营企业投入的资本金、产业经营企业的资本金投入和收购股权的投资，两者即是项目公司的直接股权投资者。

（5）按资金来源的国别。从我国 PPP 发展历程中，早在 20 世纪 80 年代就有吸引外资参与国内基础设施投资建设的做法，并且随着改革开放的深入推进，与外资在公共项目投资方面的资源互补、互惠互利性合作需求和机会增加。显然，除了财政资金来自国内，社会资本方的资金可能来源就包括国内外企业和个人投入。其中，外资则主要来自产业经营企业、投资机构/基金、设计施工企业，以及在证券市场上购买 PPP 项目融资产品的个人投资者。

　　总而言之，首先 PPP 项目运作比一般经营企业有更高的程序化和可预测性，甚至受到项目公司的资本金在总投资中的最低占比约束，使得 PPP 项目资金来源结构整体上表现为较明显的静态特征，但各类资金投入规模及占比会由于项目经营及投融资活动而发生动态变化。PPP 股权资金来源结构中，政府在多数情况下仅作为项目资产最终所有人而进行项目资本金投入和经营授权，其本身并不参与项目经营，并且该投资比例在法律上有财政支出范围和规模的限制，同时项目合同对此约束刚性大、调整难。因此，政府资本金通常可用期限最长、规模最为稳定，然而通过扩大财政支出而增加股权资金来源的方式显然不可行，拓宽社会资本的投资渠道才能有效地增加股权资金来源。

　　其次，承担主要经营职能的社会资本股东的投资合作通常较为稳定，政策性产业基金次之。此外，建设施工等股东企业在各自所承担的职能阶段结束，其参与角色实则转变就为以获得资金回报为主要目的的财务投资者，继续持有股权或是寻找机会转让股权而实现投资退出取决于其对投资收益和机会成本的比较，即该类型股权资金的投资目的总体上具有明显的短期可变特征，但同时具有向产业投资者转变的潜能。

　　最后，私募股权投资基金作为财务投资的集合，其投资进入与退出一般根据项目经营业绩、市场形势而确定，因此其投资具有最高的动态性。但从资金供给规模看，财务投资者数量多、分布范围广，无疑是最大的潜在资金来源。

6.1.2　PPP 股权资金筹集过程的一般逻辑

　　在私募股权投资金运作中，股权资金的筹集可能先于项目筛选，或者是根据拟投资项目进行筹资。据此，股权资金筹集有两种不同的过程逻辑如图 6-1 所示。

　　其中，在有项目储备的单次筹资（过程逻辑一）中，投资者是通过对拟投资项目的价值预期、基金管理人历史业绩等因素构成的声誉评价来确定投资基金与否，进而影响基金筹资的目标达成。与此不同的是，过程逻辑二是在无项目储备情形下，基金项目仅凭基金管理人的声誉影响进行募资，而此后的项目筛选实际上是投资活动的开始，并非筹资活动的构成内容。

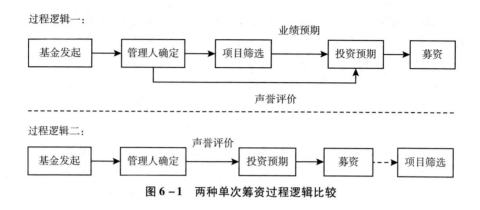

图 6-1　两种单次筹资过程逻辑比较

从国内实践看，PPP 产业基金一般具有政策导向性，以政府和投资管理人的影响力为基础，在财政出资主导下向各类企业募资设立，如中国 PPP 基金①是由财政部和国内 10 家大型金融机构共同出资设立的公司制基金。况且，产业基金大多采取母基金形式引导社会资本参与其子基金，因而其筹资中不必有项目储备。尽管中国 PPP 基金作为母基金，也根据自身的目标定位开展投资业务，但同样并非有项目储备的筹资逻辑。与此不同，政府及其项目合作方专门设立产业基金以解决项目资本金不足，该筹资方式显然是有项目储备的过程逻辑。

与其不同，商业性私募股权投资基金的投资收益预期取决于对拟投资项目盈利能力和投资管理人业绩的综合评估，从而有项目储备的筹资活动也就有更强的说服力。况且，在缺乏项目标的的情况下，还意味着所筹集资金闲置将导致更大的机会成本。因此，从经济效率角度看，商业性私募股权投资基金运作模式更应采取有项目储备的筹资过程逻辑。

6.1.3　收益预期对资金供给选择影响的解释性模型

投资选择取决于预期收益与机会成本的比较。在有项目储备的筹资方式下，私募股权基金根据不同项目的业绩评估和比较结果选择投资标的，而潜在的基金投资者（资金供给者），则通过比较投资收益预期与市场资金供给价格而选择可投资的基金，如图 6-2 所示。

---

① 信息来自中国 PPP 基金网站，http：//www. cpppf. org/about/index. html。

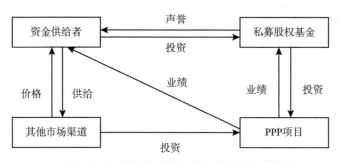

图 6 - 2　投资收益预期与资金供给方式选择

PPP 项目股权投资的理论价值为投资持有期间获得收益净额基于某个预期收益率的折现值。[①] 若储备项目未来各期利润测算值为 R_i（$i = 1$，…，m，m 为总期数），计划融资金额为 I_e；基金投资项目的预期收益率为 k_p^e、股权估值为 V_e，投资持股比例为 $\bar{\lambda}$，且不考虑后续增减投资，则 $I_e = \bar{\lambda} \times V_e$，$I_e$ 即为基金在折现率为 k_p^e 时的股权投资价值，两者关系为：

$$I_e = \bar{\lambda} \times V_e = \sum_{i=1}^{m} \frac{\bar{\lambda} \times R_i}{(1 + k_p^e)} \tag{6.1}$$

显然，基金管理人对于既定规模投资的收益预期大小取决于项目各期经营业绩。

投资业绩无疑是评价基金管理人声誉的最重要指标。若基金管理人所负责的已投资项目收益率为 k_{pj}（$j = 1$，…，n，n 为项目个数），且根据投资规模、业绩确定时间顺序等条件设置其投资业绩评价权重 θ_j，则作为其投资业绩评价指标的投资收益率加权平均值：

$$\bar{k}_p = \frac{\sum_{j=1}^{n} \theta_j \times k_{pj}}{n} \tag{6.2}$$

基于图 6 - 2 关系，资金供给者的收益预期可表示为：

$$k^e = \alpha \times k_p^e + (1 - \alpha) \times \bar{k}_p \tag{6.3}$$

其中，k_p^e 为基金管理人对储备项目的投资收益预期；a、$1 - a$（$0 \leqslant a \leqslant 1$）分别表示 k_p^e、$\bar{k}_p$ 对于 k^e 的参考权重，且大小取决于基金两层委托代理关系中代理人的信用度。

在项目投资进出极为便利的条件下，基金管理人会根据项目经营业绩

　　[①]　参见曹启立的《PPP 股权投资估值：理论分析与应用举例》一书，预期收益率（折现率）可根据风险收益均衡原则予以确定。

调整预期并作出投资决策，投资增减转而影响项目业绩，由此形成"项目经营业绩评估—预期—投资—项目经营业绩变化—预期调整—投资决策"的动态循环（见图6－3）。可知，项目经营业绩比基金管理人声誉对投资者的收益预期、筹集规模有更重要的影响。

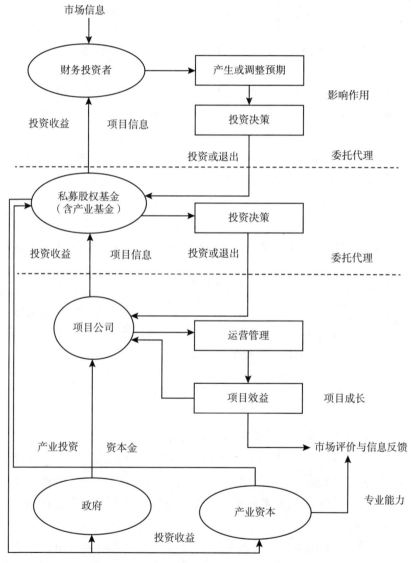

图6－3 投资预期、规模与价值增长循环过程

6.1.4　基金筹资中的资金供求关系

市场上针对企业或项目的投资活动中，股权投资者总体上比债权等的非股权投资者所承担的投资风险要高，因此理论上应获得高于市场资金价格或平均收益率的投资回报。如图 6-4 所示，S_m 为市场资金供给曲线，表示资金供给规模（Q_s）与资金价格（r_m）呈正向相关，但由于资金供给者的边际效用递减，资金价格上涨带动资金供给增加的边际效应下降，使资金供给曲线变化逐渐趋缓。曲线 π_k 则表示市场上资金供给者投资私募股权基金的收益预期（k^e）与股权资金供给规模（Q_e）变化关系。由于风险性投资收益率应不低于无风险收益率（r_f），因此 S_m 与 π_k 的共同起点为 $r_m = k^e = r_f$。当投资于基金的预期收益大于市场上的资金价格，即 $k^e > r_m$ 时，资金供给者会选择基金投资。通常情况下，收益预期越高，对投资于基金的私募股权资金供给者越具有吸引作用，但实际收益水平越高，认同收益可能下降的反向预期也越强，从而一定程度的收益预期下降可能会导致较大规模的供给减少，即私募股权资金供给相对于收益预期变化的敏感度递增，或 Q_e 对于 k^e 变化的弹性递增。

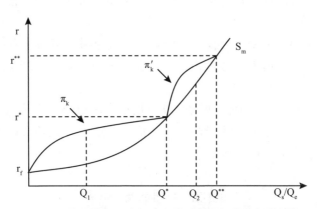

图 6-4　收益预期、市场资金供给与股权投资规模增长

一方面，在资金供给规模与风险承受能力条件约束下，市场资金供给相对于资金价格变化的边际效应递减导致供给增长率逐渐降低，即一定规模的供给增加须由更大幅度的价格增长带动。另一方面，在一个投资进入和退出基金极为便利的连续过程中，由于基金投资于项目生产的资金要素边际效率递减，股东要求回报率增加从客观上会受到限制，同时，当项目方面临较高资金价格和较大供给规模时，更有意愿和能力在融资交易谈判中压制投资价格增长，因此对相关变化的关注和认同则会导致资金供给者收益增长预期减弱。从而，股权资金供给者的预期收益增长趋缓，直至预期与市场供给之间不存在差价（$k^e = r_m = r^*$），此时，除非项目经营效率改进、业绩提升，使收益预期继续增大且超过市场资金价格（即 $k^e > r_m$，如图 6-4 中 π'_k 曲线所示），否则，资金供给者将因市场资金价格上涨而减少基金投资，转而选择其他投资机会。由此，基于项目经营业绩的收益预期与股权资金供给规模增长的长期作用关系由若干上升循环构成。

总结以上分析，在有项目储备的基金筹集中，资金供给者选择股权投资的前提是收益预期高于市场资金价格（$k^e > r_m$），即：$Q = Q_e$，$\alpha \times k_p^e + (1-\alpha) \times \bar{k}_p > r_m$。并且，基金管理人在筹资中作为需求方，其募资需求即是其项目投资收益预期为 k_p^e 的投资金额 I_e。据此，通过比较 k^e 与 k_p^e 大小，将筹资中的资金供求关系归纳为如下四种可能情形（见表 6-2）：

（1）资金供给者对基金投资的收益预期与基金管理人的项目投资收益预期相等，资金供给恰好满足筹资需求。

（2）资金供给者对基金投资的收益预期高于市场资金价格，但小于基金管理人的项目投资收益预期，资金供给可能会减少，因此使筹资需求得不到满足。

（3）资金供给者对基金投资的收益预期高于基金管理人的项目投资收益预期，且两者都高于资金价格，资金供给可能会增加，基金筹资目标达成度提高。

（4）资金供给者对基金投资的收益预期高于市场资金价格，但基金管理人的项目投资收益预期低于市场资金价格，投资于该基金的股权资金可能会减少，导致基金筹资不足。

表 6-2 筹资中的资金供求关系分析

情形次序	预期比较	供求关系	原因及影响说明
情形一	$k^e = k_p^e$	$Q_e = I_e$	资金供给恰能满足筹资需求
情形二	$k_p^e > k^e > r_m$	$Q_e < I_e$	股权资金供给者对基金管理者的业绩评价低，但是否减少对该基金的资金供给、选择其他基金或直接投资此项目，取决于其可选机会情况

情形次序	预期比较	供求关系	原因及影响说明
情形三	$k^e > k_p^e > r_m$	$Q_e > I_e$	供给者对基金管理人业绩评价高，且项目投资收益预期高于市场价格，因此增加对该基金的资金供给增加
情形四	$k^e > r_m > k_p^e$	$Q_e > I_e$	供给者对基金管理人业绩评价高，但储备项目的投资收益预期低于市场资金价格，可能原因是基金已投资项目的经营业绩下降，供给者因此可能会设法减少与该项目投资有关的资金供给

6.2　基金与联合投资：供给视角下 PPP股权投资组织形式选择

6.2.1　基金组织形式比较

组织是个体源自某种目的而形成的集合体，而制度是指社会中被创造出来规范人们相互交流的"游戏规则"，并且能够降低人们交流中的不确定性，包括正式规则、非正式规则和实施机制，重要的是对不同组织和制度的区分。[①]

在前文分析中提到，与产业资本直接投资项目公司股权的方式不同，私募股权投资基金是一种间接的投资方式，在资本和项目之间构成了两层委托代理关系（刘曼红，1998），而资金恰是经过基金组织而形成集合，因此基金组织也就是这种集合投资中关于委托人与代理人关系的制度安排。

目前，私募股权投资基金的组织形式主要三种：公司制、有限合伙制和信托制。公司制基金一般就是指采取有限公司制的投资机构，如刘曼红（1998）提到的7个种类的风险投资机构组织形式就有小企业投资公司（SBIC）、公共风险投资公司、大集团的风险投资部门等公司制投资基金。[②]当然，她还提到了有限合伙制基金——当前在国际私募股权投资领域采用较多的基金组织形式，在美国，这种有限合伙制投资基金管理着大约一半的风险资本。信托制基金包括契约型和公司型两种组织形式的基金，由于公

---

① ［美］蒂莫西·耶格尔（Timothy J. Yeager）. 制度、转型与经济发展 ［M］. 北京：华夏出版社，2010：13－15.

② 刘曼红. 风险投资探析 ［J］. 金融研究，1998（10）：9.

司型信托基金与有限公司制基金运作机制基本相同，因此本书此处仅对契约型信托基金进行分析。与公司制和有限合伙制基金明显不同的是，契约型信托基金本身并不是一个实体，而是指按照与信托有关的法律法规确立的投资信托关系，投资人与信托机构分别承担委托人和受托人的权利和义务。

冈珀斯和勒纳（1999）的实证说明有限合伙制基金与公司制基金两种不同组织形式在投资成功情况、计划存续期等方面的确存在差异，同时也解释了基金组织结构的重要性。从税收角度对中国风险投资基金组织形式选择分析结果看，机构投资者应该选择公司制基金，而个人投资者选择何种组织形式的基金则没有较大差异，但基金经理应该选择有限合伙制基金（寇祥河等，2008）。基金组织形式选择取决于法律制度及商业环境等方面，从有利于监管的角度看，公司制基金的治理结构更科学、完善，但有限合伙制基金在基金运作和税收方面的优势（高杨，2011）。

庞跃华和曾令华（2011）也对私募股权投资基金的组织形式进行了比较分析，并在总结各种形式优劣势，主要结论是：有限合伙制的约束与激励机制最佳，对投资经理的约束最有效，能有效降低委托代理关系导致的利益侵害问题，其代理成本最低；有限合伙制与契约型信托可以避免"双重税负"，但契约型信托的代理成本是三者中最高的；税收与代理成本；公司制的代理成本相较前两者居于当中，却要承担"双重税负"的缺点。因此，他们赞同王磊（2009）的观点：在不区分国别的前提下，有限合伙制是最优的基金组织形式制度设计。

PPP 产业基金作为私募股权投资基金中专门投资某个领域的产业与公共设施的一种基金，通常有政府引导资金参与其中，因此具有政策性、战略性。在 PPP 产业基金的组织形式选择方面，鉴于契约型信托基金比其他两种形式的基金有更高的法律风险、代理成本，以及为了确保政府及主要社会资本方对项目投资的决策参与，学术界和实务界大多认为投资 PPP 产业基金暂时不宜以契约型基金的形式进行运作。目前产业基金主要采取公司制与有限合伙制两种组织形式，作为当前"股权投资基金发展的国际主流模式"的有限合伙制在降低道德风险和税收成本方面优势明显，且对合伙人的激励机制作用效果较好，基金投资风险收益更对称，因此 PPP 产业基金理应选择该组织形式（冯珂、王守清和张子龙，2015）。[1]

---

[1] 详见冯珂，王守清，张子龙. 新型城镇化背景下的 PPP 产业基金设立及运作模式探析 [J]. 建筑经济，2015，36（5）：5 – 8.

但从筹资角度，基金组织形式选择则需要考虑募资规模、募资成本和资金可用期限等因素。就对募资规模的影响作用而言，契约型基金组织具有两方面优势：

（1）吸引财务投资者的激励成本优势。契约型基金是完全基于信托关系而进行运作的，产业投资者作为委托人很难在不参与决策且缺乏对管理人约束的条件下确保其战略目的实现，相反在投资标的确定并锁定风险的前提下，契约型基金投资活动对受托人决策建议上的依赖程度较低，可以节减投资管理的激励报酬支付，因此对财务投资者更具有吸引力。

（2）基金份额转让便利性及交易成本优势。契约型基金份额转让仅导致收益权的转移，并不涉及企业控制权的变化、不直接影响其他持有人的利益，且无须进行实体变更，因此转让便利性、交易成本总体上比公司制和有限合伙制有优势，从而有助于提高投资选择的灵活性，可以此吸引并增加资金供给。

基于以上分析，由于 PPP 项目具有投资规模大、运作期限长等特点，限于各种运作条件的私募股权投资基金显然难以单独在整个项目运作过程中满足其股权融资需求，因此要结合上述三种基金组织形式的各自优点，设计一种以契约关系为基础的"跨基金组织"，让不同投资目的和期限、不同风险偏好的资金各自通过实体型基金或产业投资公司等机构参与集合投资。

6.2.2　联合投资的契约型组织本质

在私募股权投资领域，联合投资又称为风险投资辛迪加是指由两个或更多投资机构（Lerner，1999）同时或不同时针对同一项目进行投资的行为（Brand，2002），从而形成的一个投资集团（Wright and Lockett，2003）。风险投资无疑是私募股权投资类型之一，而联合投资是否可以被看成是一种基金组织形式？

首先，"辛迪加"在法文中原指的是企业工会，[1] 后来被用来表示资本主义垄断组织形式之一，且有相当的组织稳定性，可见联合投资就是一种组织形式。其次，契约型信托则仅是由契约关系确定的基金组织，那么联合投资同样可以看成是由契约关系构成的集合投资（朱永贵和曹启立，

---

① 辛迪加的法文为 le syndicat，英文 syndicate 为其音译。

2012)。两者区别在于，契约型信托是确定投资者、信托机构和项目之间的两重委托代理关系，实现股权资金的间接投资目的，而联合投资是投资机构针对既定项目的投资合作关系，即合作者并未建立一个共同的"基金账户"，因而联合投资不同于基于单一契约关系的基金组织。

由此可见，PPP 联合投资应该被看成是一种非实体、契约型股权投资集合，是多个投资企业（包括基金和非金融企业）[①] 基于"非基金份额关系"的股权投资合作组织，该组织体即"联合投资集团"（见图 6 - 5，虚线箭头表示可能发生的多种投资关系）。其中，投资企业作为联合投资集团成员由内部契约确立合作关系，且由于联合投资集团并非实体，因此投资活动中各成员与被投资项目间的契约应是分别或在多成员参与下直接缔结的，能较好地规避建立"统一基金账户"（资金池）引致的法律与道德风险。

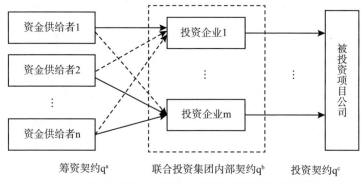

图 6 - 5 资金供给与分离单立式联合投资契约关系结构

由于筹资活动[②]通常是投资管理企业各自完成，且筹资契约体现的是资金供给者与投资企业之间的交易关系，因此联合投资行为仅包括内部关系形成和投资活动两方面，而联合投资关系确定有三种可能形式：一是完全一体式：在投资活动中内部契约 q^b 和投资契约 q^c 合为一体而被缔结确立，体现为"联合即投资"的关系；二是投资一体式：通过分别缔结内部契约 q^b 和投资契约 q^c 而确立，但参与投资活动的成员共同与项目公司缔结投资契约 q^c，即联合与共同投资活动分离；三是分离单立式：在内部契约 q^b 和投资契约 q^c 分离的基础上，参与投资活动的成员分别作为交易主体与项目

[①] 为避免与"投资者"与"资金供给者"两种称呼的混淆，此处将投资于 PPP 项目的基金、经营与运作类非金融企业统称为投资企业。

[②] 非金融企业一般本身就是资金供给者，其筹资或融资安排与基金不同。

公司单独缔结投资契约 q^c，即联合关系确立后，投资决策独立。

两种一体式契约必定对参与者在投资价格、期限等合作条件上有高的一致性要求，否则后续频繁的契约调整必然导致较高的交易成本。显然，这种契约关系较适合于有专门性目的、非经常性交易的产业投资者（如：PPP 产业投资基金、产业经营公司等），可发挥长期投资在稳定企业资本结构和现金流、支撑经营效率持续增长等方面的优势作用，但会对非专门性、交易较频繁的财务投资合作者产生排斥。

在分离单立缔约方式下，仅确定内部合作关系但又不发生实际投资合作，即联合投资契约仅包括联合投资集团内部契约 q^b，这种"松的"（loose）契约（Hart and Moore，2004）对于联合投资行为的强制性约定是内在不完全的，必然使联合投资关系中存有较大的"权利剩余"。据此，联合投资比基金组织所确定的集合投资关系应更松散而动态，并且与一体式契约相比，单立的投资契约关系下各成员的投资活动有更大自主性，从而更有利于不同类型投资合作选择的灵活性，即有利于提高资金供给的多元化和流动性。

6.2.3　PPP 股权联合投资功能与选择动因

PPP 是一种着眼于政府部门和社会资本间资源互补而建立的合作伙伴关系，资源弥补也就为投融资双方提供了合作契机，但因其各自资源禀赋的差异导致了资源供求条件的区别，并因此影响对联合投资的选择。

从投资角度，马尼加特等（Manigart et al.，2006）将联合投资的动机较具体地分为四个方面：一是财务动机：通过参与更多的项目改进资产组合；二是交易流动机：获得更多的项目投资机会从而增加交易数量；三是估值动机：通过和其他投资机构共同决定提高投资估值评估的准确性；四是增值动机：合作成员提供后续投资支持，使得项目增值更确定。这实则体现了联合投资的功能：成员在联合投资中可以获得合作伙伴、资金、交易流等资源弥补，以及通过合作提高自身声誉和业务多元程度，因此联合投资动机又可被归纳为：弥补资源、提高声誉、提高多元化。

单个企业仅凭自身资源和能力难以完成 PPP 运作，需要通过投融资合作获得资源弥补以实现经营目标的需求，如社会资本方一般会通过成立多企业参与的联合体进行项目运作。但由于参与成员资质、数量方面的规定限制和有限的资金实力，因此联合体方式仅适用于项目初始融资阶段，而难以解决后续过程中更大规模融资问题。据此，采取 PPP 股权联合投资必要性是显而易见的。尤其是 PPP 联合投资的发起企业或主导型企业具有信息、知识和声望方面的优势，通过发起或选择联合投资最有可能是为了获得更大规模的资金供给。相比之下，跟随型企业则可能是出于获得投资机会、确定估值、提高声誉、提高多元化等目的而参与联合投资。

再从融资角度，对 PPP 项目公司而言，寻求或接受项目股权联合投资的动机就在于：资源弥补、降低信息不对称和道德风险、保障项目公司未来控制权。不可否认，项目公司融资仍无法脱离如何获得既定规模和成本的资源这一目标实现的基本前提，因此寻求或接受联合投资的首要动机应同样是基于资源弥补功能：一是不仅能够获得更大规模的资金供给，且可节约寻求投资机会的信息成本、避免重复谈判、提高融资交易效率；二是投资规模和期限的可预计程度较高，提高资金配置效率；三是成员在资金、技术、管理等方面的资源互补性，可以优化项目公司资源结构、相适性改进其运作机制，持续提高其经营效率。该动机体现在项目全生命周期各阶段：第一，在项目前期阶段，联合投资可以作为发起社会资本方组建项目联合体进行该阶段项目筹划运作和出资，为项目成功实施奠定基础；第二，帮助解决建设期的资金需求问题，减少对贷款融资的依赖；第三，在运营期内，通过联合投资引入适当成本的资金以置换到期或高成本的各种融资，并且为了提高项目运营绩效，需要更专业合作伙伴，因此有寻求和接受联合投资以资源弥补的需求和动机；第四，在运营的后期和移交阶段，通过联合投资能够引入并购资金和专业合作方实现投资者的并购退出和项目的更新建设。

另外，在 PPP 所体现的政府和社会资本合作关系中，通常政府作为产权所有者不参与项目建设和运营，而是将运营权委托给以社会资本方具有主要控制权的项目公司，便形成了委托代理关系，以及项目公司与单个投资机构之间也会存在不同程度的信息不对称和专业能力的差异，两种关系叠加极有可能引发道德风险问题，造成政府、项目公司现有股东和社会公众等利益损失。而联合投资则可以降低道德风险：一方面多个投资机构能够降低单个投资机构的信息垄断性、提高信息对称程度；另一方面联合投资中合作成员的专业知识和关系网络可以增强对项目运作的监督能力，并且在确立平等合作协议的前提下，多个投资机构之间必定会为了投资项目的成功运作而进行相互监督，因此有助于解决委托代理问题。

此外，联合投资中，项目公司与创业企业一样需要参考其他投资公司的估值，并且通过引入他们的知识和契约可以提高项目成功的可能性，以及还可以通过联合投资的参考估值方式降低单一投资公司对投资股权比例的要求，以保障现有股东对项目公司的未来控制权。

6.3　PPP 股权联合投资关系中的 低效率行为与契约规制

6.3.1　PPP 股权联合投资中的低效率行为

PPP 联合投资作为一种契约型投资组织的治理首先是对契约关系的规范与管理，而契约规制是确保合作关系的建立和正常运行的前提。有效的激励机制是促进自我约束、解决联合投资的委托代理问题和实现合理预期的根本动力，而契约关系中的风险收益合理分配是激励机制发挥作用的关键。

在分析联合投资动机和功能的同时，国内外研究还指出，联合投资中主导和跟随的合作关系极有可能会变成委托代理关系（陈关金，2014），产生"第三重委托代理"问题（见图 6-6）。第三层委托代理关系会加剧从资金供给者到被投资企业之间的信息不对称程度，使投资活动中的交易成本及道德风险增加，从而最终让资金供给者承担更大的投资风险。

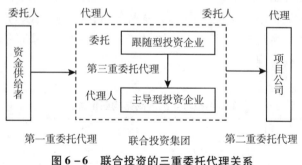

图 6-6　联合投资的三重委托代理关系

同样由于信息非对称，跟随型投资企业也有可能过于依赖主导型投资企业的信息等资源，在联合投资中按自己份额获得收益却支付了低于应承担的成本，导致其他成员的实际损失，实则违背了公平对等合作的契约原则，也背离了风险收益合理分配的 PPP 运行宗旨。跟随型投资机构的这种"搭便车"行为，是联合投资中可能出现另一种道德风险，结果会通过降低联合投资成员的努力程度，从而影响被投资企业的收益与剩余索取权（Cumming，2000）以及联合投资关系的稳定性。

此外，"第三重委托代理"和"搭便车"属于联合投资内部关系中的机会主义，"共谋行为"则涉及投资企业与被投资企业等外部利益相关者之间非正常的利益转移，是指联合投资使投资企业比单一投资企业更有谈判优势，但同时又限制了成员间的竞争而形成一定程度的垄断，使得被投资企业接受对投资方更有利的投资合作条件，导致企业利益损失、经济效率降低。另外，投资机构可能会通过联合投资相互勾结，利用信息不对称向资金供给者夸大被投资企业的业绩（Gompers and Lerner，2002），发生"饰窗效应"（window dress）。因此，无论集团内部或是投资交易关系中，交易成本增加和道德风险上升都会降低联合投资效率，唯有通过有效的治理机制设计才能实现关系可持续发展。

6.3.2 内部契约规制结构确立

威廉姆斯将契约关系分为三种：一次性交易的古典契约关系、长期性的新古典契约关系、强调专业化合作与长期关系维持的关系型缔约活动。这三种契约关系包括了按照交易频率和资产专用性两个维度所划分的六种交易类型，并分别对应于由松散到紧密排列的市场规制、三方规制、双边规制和一体化规制（见表6-3）。[①] 其中，三方规制结构会由于长期契约关系中的交易频率和不确定性提高而更紧密的规制结构转化，而契约主体可能会为了保持关系稳定性而建立或加入诸如行业协会之类的合作组织，并形成专门的契约规制结构。

表6-3　　　　　　　　　　交易类型与契约规制结构匹配关系

交易频率	资产专用性		
	非专用	混合	专用
偶然	市场规制	三方规制	
		专门规制	
经常		双边规制	一体化规制

---

① 罗必良. 新制度经济学 [M]. 太原：山西经济出版社，2005：540-544.

　　PPP 项目公司股权作为一种资产的专用性程度高低与投资目的专门性有关。对于产业投资者，或者在项目公司经营权、控制权方面有较强专门目的性投资者而言，股权是一种具有一定专用性的资产，投资退出必定会受到较严格的约束，而投资活动建立起一种偶然交易的长期契约关系。相比之下，股权的资产专用性对财务投资者而言相对较低，并且可以通过较为频繁的股权交易改变投资契约关系。由于联合投资成员的投资目的、投资期限不尽相同，因此与其交易类型相匹配的契约规制结构也是多样的。显然，成员间投资目的和期限相近的联合投资较适合采取一体式契约，可以同时确定投资交易和集团内部合作关系，以避免重复缔约的成本和降低交易不确定性。

　　总体而言，除了缔约主体的数量差异之外，一体式契约关系与单一机构（非联合形式）股权投资在规制结构匹配上并无较大区别。而多目的、异质性程度较高的联合投资关系下，采取"分离且单立"契约关系的治理方式无疑体现了较大的效率优势：

　　（1）分离方式下的内部契约不涉及针对具体投资交易的谈判，从而可被标准化设计成简单易行的内部行为准则，节约了契约设计与缔结成本，且更易于通过内部治理成本分摊而产生集团规模效应。

　　（2）"松的"内部契约存有较大的"权利剩余"，使投资选择有更大灵活性，因此更有利于联合投资关系的建立和成员数量规模扩大，并且不会因为投资交易条件的变化而导致内部契约调整的成本增加。

　　（3）成员可以在按内部契约规定单独与被投资项目公司缔结投资交易契约，不仅能够很好地满足不同时间和期限的投资选择，更便利于契约的后续调整、降低交易成本，而且也更有利于降低"第三重委托代理"关系导致的代理成本和道德风险。

　　（4）松散的内部合作和个性化的投资交易设计，不仅不会降低内部竞争性，反而通过合作提高信息充分程度、增加投资选择，从而促进集团内部以及与外部之间的投资供给竞争，减少"搭便车"和"共谋"行为。

　　分离单立式契约关系下，联合投资集团作为一种中间组织，其内部契约是为建立和稳定内部关系而对成员的专门约定，应采取专门规制结构。在此基础上，成员各自与项目公司投资交易中引入主导型投资企业作为"中间人"，并缔结三方规制的投资契约。再从资金供给增长角度，联合投资中需要有长期性投资作为稳定项目公司资本结构和现金流、保持其经营效率的基础，同时吸引财务性投资以增加资金规模。可知，联合投资集团中应有专门性目的长期投资者承担内部契约管理职能，包括与各成员缔结契约及关系维护，并凭借自身信息、知识等方面优势主导投资管理。据此，联合投资契约规制实则兼具投资集合与投资管理顾问功能的中间型组织治理结构特征。

6.4 PPP 联合投资的激励与约束机制设计

成员们之所以愿意参与联合投资，是因为可以分享该中间型组织所创造的"租金"，而其关系治理的本质是为了满足委托人和代理人参与约束与激励相容的契约制度，因此在成员之间合理配置组织租金索取权是实现关系治理效率目标的核心，即应该根据风险制造与风险承担一致性原则设计激励与约束机制。

6.4.1 组织租金分配：激励报酬确定

组织租金作为一种"超额收益"，是一个"剩余"的概念（苏晓华，2004）：组织参与者能够获得比在市场上独立交易更高的收益，而通过该组织所产生的总收益余额要大于所有参与者独自交易。从收入构成角度看，联合投资组织租金首先来自投资总收益 R_L，包括项目公司股权红利 D_{iv} 和股权转让获得的差价 ΔP；在 R_L 中减除资金机会成本 C_{op}，即获得该生产要素的经济租金（$R_L - C_{op}$）；在此基础上扣除相关成本 C_L，包括内部契约管理费用 C_m 和投资交易费用 C_t。再从利润产生和分配的角度看，组织租金的产生主要归因于投资和管理能力两方面贡献，因此利润应分为投资企业的资金要素利润 ΔR_{cL} 和管理团队的人力资本利润 ΔR_{hr} 两个部分。据此，得出两个分析角度的组织租金等式：

$$R_L - C_{op} - (C_m + C_t) = \Delta R_{cL} + \Delta R_{hr} \tag{6.4}$$

$C_L = C_m + C_t$ 较为容易测算，且成员们可事先约定费用分担，而人力资本的产权特性导致其在被使用时无法采用"事先全部说清楚"的合约模式，因此由激励机制来调度（周其仁，1996）。激励机制关键作用就在于通过风险收益的合理分配提高了竞争公平性与合作效率。

若总投资规模不变，在缺乏集团人力资本贡献的非联合投资方式下，投资企业各自与项目公司的估值谈判依赖于此前 PPP 实施方案或协议所确定的数据，由此得到的非联合投资总收益 R_S 与 R_L 不相等。并且，每个企业的投资活动都必定产生相应费用，即使单一投资活动过程及费用大小都相同，但联合投资集团的每次投资仅需统一完成一个流程，显然可以避免谈判成本重复、产生规模效应。可见，联合投资中人力资本的投资管理贡献应该就在于更合理地确定估值、节约交易费用两方面。

在非联合投资方式下，由于资源优势，主导型企业仍能获得与联合投资方式同样的估值和投资回报，若其在 x 个（法律允许范围内的数量）投资企业中的投资占比为 ω_1，则获得利润为 $\omega_1 \times R_L$，所有企业独自投资的利润总和为：

$$\Delta R_{cS} = \omega_1 \times R_L + (1 - \omega_1) R_S - C_{op} - x \times C_t \qquad (6.5)$$

显然，采取联合投资的决策条件应是该方式给成员个体和总体上都能带来更大的"超额收益"，即 $\Delta R_{cL} \geq \Delta R_{cS}$，否则投资企业理论上完全有必要采取独自投资。据此，代入式（6.4）、式（6.5）可得到：

$$\Delta R_{hr} \leq (1 - \omega_1) \times (R_L - R_S) + (x - 1) \times C_t - C_m \qquad (6.6)$$

再从主导型企业角度，联合投资中分担治理成本 $\dfrac{C_m}{x}$，获得人力资本回报 ΔR_{hr}，则利润为：

$$\Delta R_L^m = \omega_1 \times (R_L - C_{op}) - \frac{C_m}{x} - C_t + \Delta R_{hr} \qquad (6.7)$$

在同样总投资规模和资金比例分布的非联合投资方式下，主导型企业获得利润为：

$$\Delta R_S^m = \omega_1 \times (R_L - C_{op}) - C_t \qquad (6.8)$$

则单从财务角度考虑，主导型机构寻求联合投资的条件为 $R_L^m \geq R_S^m$，代入式（6.7）、式（6.8）得到：

$$\Delta R_{hr} \geq \frac{C_m}{x}$$

可知，人力资本激励报酬 ΔR_{hr} 取值区间为 $[C_m/x, (1 - \omega_1) \times (R_L - R_S) + (x - 1) \times C_t - C_m]$。其中，$R_L$ 值大小取决于项目公司经营业绩和人力资本能力水平。因此，可以通过事先约定一个关于价值增长的相对贡献度评价方法而进行事后 ΔR_{hr} 确定，而成员们可按照各自在每次投资中的所占资金比重 ω_i 承担相应的激励支付 $\omega_i \times \Delta R_{hr}$、获得组织租金 $\omega_i \times \Delta R_{cL}$。

6.4.2　代理人约束：收益索取次序安排、估值调整机制

PPP 项目公司比一般经营企业的业绩较为明确、直观，且股权红利 D_{iv}

在投资收益 R_L 中所占比重也更大，从而为确保投资企业获得较为稳定的股权红利收入 D_{iv}，可将收益索取次序上的"劣后"安排作为保障联合投资关系中代理方履约的一种手段，以此减少逆向选择行为和降低道德风险。例如，项目公司内部人（包括股东及其利益一致的经理层）相对于投资企业具有信息优势，而跟随型投资企业又次于主导型投资企业，相应的索取安排次序是：第一，项目公司支付给所有实际参与投资企业的"资金要素回报"；第二，参与成员支付给主导型投资企业或管理团队的"人力资本回报"；第三，项目公司经营利润在满足投资企业收益支付的前提下，剩余分配应先确保原股东分红，而后是经理层业绩激励支付。甚至，在一些利润分配场合还可以使用"爪回"（claw back）条款，将投资管理人的报酬和投资者目标联系起来，如果管理人未能完成业绩目标，则允许投资者在管理人收到业绩报酬之前，收回自己的投资本金和管理费（冯宗宪等，2010）。

但是，此类方式不足以对项目公司的内部人行为进行有效约束，从而导致投资退出和价值变化的不确定性，即无法确保实现股权差价预期 ΔP。同理，尽管可以通过采取有限合伙制组织形式进行风险收益合理分配、减少委托代理问题，但基金管理人不能向资金供给者承诺投资收益，也无法为此提供完全的担保。况且，有项目储备的筹资过程逻辑下，投资预期主要取决于对储备项目业绩的评价，因此项目公司内部人作为最终代理人应该为兑现其业绩和投资退出承诺、稳定投资预期而提供必要保证。

估值调整机制（valuation adjustment mechanism，VAM），即"对赌协议"，是一种着眼于未来不确定性和信息不对称因素存在而作为股权投资者自我保护和融资者承诺保证的契约工具。尽管采取政府付费、可行性缺口补助等收入机制的确可以看成是 PPP 项目投资风险保障，但政府部门作为 PPP 项目委托方，不能替代项目公司作为融资主体，更不能给予业绩承诺、股权回购等方面的保证。若在 PPP 股权联合投资中运用 VAM，首先，应明确是项目公司的社会资本股东作为对赌条款的保证主体；其次，可根据股东各自在项目运作中所承担的职能和获得收益大小合理分解保证责任；最后，评估股东保证能力与其所承担责任的匹配度并进行相应的风险收益调整，以此有效转移和分散风险、增强项目整体保证能力，最终确保 VAM 的激励与约束机制作用得以更好地发挥。

6.4.3　声誉激励

声誉是一种保证契约得以顺利实施的重要机制（A. Smith，1763），[1] 对投资企业的声誉评价应分析其历史业绩和守约情况（信用记录）。联合投资的"三重委托代理"关系中，代理人诚信度会改变契约关系的不确定性，从而影响资金供给者收益预期：一是项目公司内部人的诚信度影响投资企业对项目业绩评价、股权结构变化和退出时机的判断，而投资企业的诚信度反之又可能导致项目公司经营效率与价值损失；二是主导型投资企业的诚信度影响项目估值的可靠性，跟随企业的守约行为则涉及交易成本承担责任，从而影响组织租金分配；三是投资企业所传递信息的真实性、及时性决定资金供给者收益预期的合理性。

据此，假设投资收益 k_p^e 变化在给定持有期（T）内服从正态分布，并以风险价值（Value at risk，VaR）方法估计在给定概率下该期间的最大可能收益率：

$$k_{pvar}^e = k_p^e \times \alpha \times \sigma \times \sqrt{T} \tag{6.9}$$

其中，σ 为项目投资收益率变化；[2] α 为置信度、给定最大收益的概率，仍表示式（6.3）中预期参考权重。

分别以 δ_{t-1}^p、δ_{t-1}^{f1}、δ_{t-1}^{fi}（i 为参与投资企业序号，且 $i \neq 1$；t 表示评价时间次序）以表示项目公司、主导型投资企业和跟随企业的事前信用评价，并将 α 表示为各主体信用评价的函数 $\alpha(\delta_{t-1}^p, \delta_{t-1}^{f1}, \delta_{t-1}^{fi})$。由于，$k_p^e$ 的可信度大小由 δ_{t-1}^p、δ_{t-1}^{f1}、δ_{t-1}^{fi} 共同决定，且三者不可或缺，因此可取：

$$\alpha(\delta_{t-1}^p, \delta_{t-1}^{f1}, \delta_{t-1}^{fi}) = \delta_{t-1}^p \times \delta_{t-1}^{f1} \times \delta_{t-1}^{fi} \tag{6.10}$$

再者，联合投资中，主导型与跟随型投资企业的投资管理能力都对项目估值产生影响，因此资金供给者应同时评价两者的投资管理业绩，即投资管理人业绩评价值应为 $\bar{k}_p^L$，且根据两者各自在本次联合投资中的占比分别赋予权重 ω_1、ω_i，则：

$$\bar{k}_p^L = \omega_1 \times \bar{k}_{p1} + \omega_i \times \bar{k}_{pi} \tag{6.11}$$

---

[1]　李军林. 声誉理论及其近期进展——一种博弈论视角 [J]. 经济学动态，2004（2）：53 - 57.

[2]　可根据预测的投资收益现金流与投资额 [以式（6.1）中 $\bar{\lambda} \times R_i$ 与 I_e 之比] 计算各期收益率，再求其标准差 σ。

其中，两者投资管理人业绩评价分别为 $\bar{k}_{p1}$、$\bar{k}_{pi}$，计算方法参照式（6.2）。

于是，根据式（6.3）、式（6.9）、式（6.10）、式（6.11）得到资金供给者的收益预期计算式子：

$$k_t^e = \delta_{t-1}^p \times \delta_{t-1}^{fl} \times \delta_{t-1}^{fi} \times k_p^e \times \sigma \times \sqrt{T} + (1 - \delta_{t-1}^p \times \delta_{t-1}^{fl} \times \delta_{t-1}^{fi})$$
$$\times (\omega_1 \times \bar{k}_{p1} + \omega_i \times \bar{k}_{pi}) \tag{6.12}$$

总之，声誉机制在筹资活动中的作用就在于通过当期业绩评价和诚信度记录影响资金供给者的收益预期，从而影响后续筹资效率，因此要在联合投资运作中引入声誉评价对代理人进行激励和约束。

6.5 PPP 联合投资运作过程与关系治理框架构建

6.5.1 基于单项目的联合投资运作与关系治理过程

按照有项目储备的筹资过程逻辑，联合投资契约关系治理过程应以"集团内部契约——机构筹资契约——项目投资契约"为关系发展时序进行路径设计。根据勒纳等给出的定义，联合投资通常是基于单个项目而发起，因此 PPP 股权联合投资一般应起始于存在单个投资企业难以满足的项目融资需求，并至内部契约终止。对于既定生命周期为 T 的 PPP 项目，联合投资运作和关系治理过程（见图 6-7）中从发现融资需求 t_0 到集团解散 t_e 时间，且 $t_e \leqslant T$，可分为三个阶段：

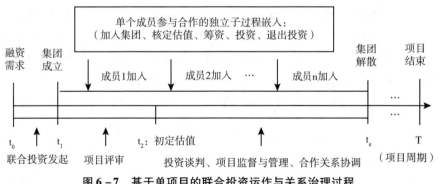

图 6-7 基于单项目的联合投资运作与关系治理过程

（1）发起阶段：为寻求相应的投资合作，发起人或主导型投资企业通过提出合作规则而发起联合投资，并开始与其他企业建立内部契约关系、成立非实体集团。

（2）项目评审阶段：对融资项目进行尽职调查和价值评估，即初步确定项目价值。

（3）投资管理和内部关系协调阶段：主导型企业根据实时的项目融资需求和成员投资申请进行项目价值核定和投资谈判、安排投资机构与项目公司签订投资契约；对投资后的项目运作情况进行监督并适度参与管理；成员加入集团和退出投资、收益分配等内部契约关系运行监督和协调。

由于联合投资契约是分离且单立的，因此每个成员的活动子过程都是相互独立的，从而分析中无须考虑这些子过程的时序安排。而且，内部契约作为一种松散的组织规则，并不对其成员有投资方面的硬性约束，因此成员可以选择任一时间加入集团且保留投资决策权，而这些嵌入的活动子过程未必都会被完整执行，当然也可能存在同一成员多次投资同一项目的子过程。由于保持内部关系过程中双方守约成本极低，成员也无须为保留身份而支付费用，因此不参与投资或退出投资项目并不会对内部契约关系保持产生较大的影响，除非契约关系无存续的价值，且守约的机会成本增加，否则可以保持到针对单项目的联合投资过程结束、集团解散。

值得注意，内部契约和投资契约非同步执行，且所有投资应该在集团解散前退出，否则会影响预定收益分配方案的实施，因此单项目的联合投资运作期限对于投资决策有极为重要的影响。长期的联合投资关系不仅能够产生运作成本上规模效应，并且更有利于发挥声誉机制作用、降低信息不对称程度，从而形成更合理的投资预期、促进资金供给稳定增长。然而，长期关系却较难在时间上被确切表述，基于单项目的联合投资的内部关系期限被限制在项目生命周期之内。既然保持内部契约关系的成本极低，因此可以将联合投资界定为一种无内部关系期限、基于多项目合作的股权投资组织，或看成是股权投资联盟。这种联盟式组织既能增加筹资规模和对项目的融资支持，同时也增加投资选择。

6.5.2　联盟式 PPP 股权联合投资关系治理框架构建

基于多项目的长期联合投资关系发展过程具有较大的不确定性，从而影响契约关系治理效率：制度环境变化影响内部机制的作用发挥；主导型

企业的资源禀赋（主要指资金和人力资本规模与结构）变化导致组织核心
能力弱化；信息数量、谈判次数和决策复杂程度增加，信息处理、项目筛
选与评估等投资决策成本上升；对被投资项目的监督与内部关系协调难度
加大，监督和协调成本增加。因此，联盟治理方式设计应是这种动态性过
程（见图6-8，其中虚线箭头表示可选择的嵌入过程连接）。

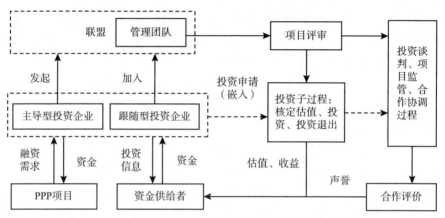

图6-8 联盟式 PPP 股权联合投资运作过程与关系治理框架

一个长期存续组织的管理职能通常包括组织与协调、决策、监督、激
励等活动。据此，可以将构建联盟式 PPP 股权联合投资关系治理体系框架
主要内容归纳为如下四个方面：

（1）组织与协调：在主导型投资企业的人力资本基础上构建一个可以
跨企业的管理团队，专门负责联盟内部治理和投资顾问业务，以此保持组
织运行中机制与能力上的适应性改进和提升。

（2）投资决策：以发挥专业团队在运作管理上的优势作用、产生规
模效应，同时提高成员决策的灵活性，仍应保持投资前和投资子过程
（见图6-7）两部分决策结构：项目筛选与评审、投资谈判等为管理团队
负责的投资前决策，其后，筹资、投资进入和退出等独立子过程的投资决
策由成员自身负责。

（3）监督与激励：为提高对多项目的投资后管理效率，可以根据产业
背景和资源禀赋引入投资企业协助管理团队对其参与被投资项目监督、为
项目经营提供所需的技术和管理支持。其间，由参与投资的成员机构按规
定方式向各自资金供给者反馈拟投资项目的估值、投资后的项目公司经营
业绩、投资收益等信息。同时，根据成员在参与项目投资合作中的贡献给

予激励报酬，并在多项目的投资收益权次序安排上进行对联合投资关系中的代理人约束机制设计。

（4）合作评价：建立声誉评价、记录和查询机制，一是可以发挥声誉影响在基于多项目投资的长期合作中对参与者的激励和约束作用；二是通过向外部合作者提供查询便利，使供资金供给者可以合理调整预期；三是声誉查询让项目方掌握更真实的机构信息，为其提供更有价值的合作选择参考。

6.6 本 章 小 结

PPP投融资涉及主体多、投资规模大，资金来源比一般经营企业的结构要相对复杂。从资金供给规模看，财务投资者数量多、分布范围广，无疑是私募股权投资基金的最大潜在资金供给来源，而基金筹资的过程逻辑和组织方式的选择与设计对于供给规模增长有极其关键的影响，且采取有项目储备的筹资过程逻辑，使资金供给者基于项目估值和投资管理者声誉两方面信息作出更合理的预期。由于基金难以单独满足PPP项目的股权融资需求，同时鉴于契约型基金的份额转让便利性及交易成本优势，因此可以通过多个基金、产业公司等投资企业建立以契约为基础的投资合作组织以达到投资目的。作为一种中间型组织，联合投资的功能就在于提供与获得更多的资金、知识与经验、投资和提高声誉的机会等合作资源，无疑是极符合PPP融资特点的投资组织方式。

资金供给是对市场上直接投资和间接投资的统称。资金供给增长视角下，联合投资关系更适合采取组织内部契约和外部投资契约两部分结构。其中，内部契约实则属于一种组织内部行为规则，而投资契约则是参与投资成员各自与项目公司直接签订的交易协议，两者形成分离单立式的联合投资契约关系。针对联合投资关系中的"三重委托代理"关系问题，应建立专门规制为基础的混合式契约规制结构，并以风险收益合理分配为基础，进行"组织租金"分配、收益索取次序安排、"对赌"等激励约束机制设计，并最终构建基于多项目投资合作的长期性联合投资关系治理体系框架。其中，尤其应建立投资过程信息反馈机制和合作评价及查询机制，为投资者的更合理预期提供项目估值、投资机构声誉等基础信息。

第7章 PPP项目股权投资价值确定

7.1 PPP项目股权投资尽职调查

7.1.1 PPP股权投资尽职调查内涵

在PPP项目实施层面，项目调查通常是指针对项目的合法合规性与规范性进行深入的了解，为项目实施提供坚实的基础，因此由政府方或社会资本方委托的评估机构根据项目的实际情况，运用座谈、问卷等方法，对项目的基本情况、背景、或有风险和社会资本的财务状况、资金实力、运营能力或其他事项进行客观、公正的调查、研究和核实，最终形成调查报告的过程。PPP项目实施调查的内容相对宽泛，调查对象主要包括政府方和社会资本方等项目利益相关主体的基本情况。

PPP股权投资尽职调查属于私募股权投资范畴。风险投资是最早出现、典型的私募股权投资活动。在投资过程中，风险投资家对通过初步筛选的项目再进行详细的审查，即尽职审查或审慎调查（due diligence），此时所用的标准包括市场前景、预期收益率、企业家能力等。据此，PPP股权投资的尽职调查应该是股权投资者、基金管理人或者其他受委托的中介，对初选PPP项目进行股权投资决策前的详细调查，是一个由事前准备、行动、总结和报告等工作环节构成的过程，其目的和意义在于发现投资项目的风险与价值，从而在投资决策的评估阶段，投资者可以在此基础上运用一套评价方法体系，对投资项目的风险和预期收益进行判断，并投资估值提供依据。

显然，PPP项目实施调查和股权投资尽职调查是相互联系的。前者着眼于项目总体实施的合规性和可行性，兼具社会效益和经济效益考量目的，是项目发起、投资活动、绩效评价的指导基础，而后者的侧重点是从经济效益角度对项目公司经济绩效情况及其潜力变化展开调查，是以PPP项目实施情况、项目公司经营绩效的变化为分析标的和判断依据，进行对项目实施绩效的再确认。

7.1.2　PPP 股权投资尽职调查重点对象与内容

美国尽职调查公司（Due diligence, Inc.）把尽职调查分为三个层次：第一层次为访谈调查对象；第二层次是考察调查对象经营业绩；第三层次是考察调查对象的管理。可见，针对 PPP 股权投资尽职调查的分析，首先应明确调查对象范畴。前文提到，以 PPP 项目公司设立为界定依据，可以将 PPP 运作过程中的股权融资活动分为初始股权融资和再融资（见图 7-1），前者实则是确定项目公司初始股东和资本金筹措有关的融资活动，而后者是对应项目公司设立且完成资本金筹措后的再融资需求，且主要采取股权转让形式的融资活动。

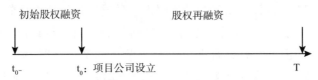

图 7-1　PPP 股权初始融资与再融资阶段划分

不同融资阶段的 PPP 股权投资则在尽职调查对象和内容方面的侧重会有差异。在初始股权融资和再融资阶段，PPP 股权投资标的分别为拟建项目、已实施项目。两种不同的项目融资阶段，股权投资的尽职调查对象和关注重点不同（见表 7-1）。

表 7-1　　PPP 股权投资尽职调查项目阶段类型、重点对象与内容

项目类型	调查对象	调查内容
拟建项目 （初始融资）	项目	基本情况：区域经济发展状况、项目的类型与内容、投资建设规模、经营属性、潜在的市场（使用）需求情况和可能遇到的风险等。 合作条件：交易结构、付费机制、合理利润率、贴现率、调价机制、合作年限、退出机制、考核激励机制、风险分担机制等
	政府	财政收支情况、当地 PPP 实施与支付总体情况、管理部门情况、代表政府出资企业的基本情况等
	潜在社会资本方	经营范围、经营业绩、财务状况、专业技术能力、管理团队稳定性、投资偏好、资金实力、运营能力、项目诉求等

项目类型	调查对象	调查内容
已实施项目 (再融资)	项目 (项目公司)	项目的基本情况、项目公司股权结构、融资结构、历史投资和运营状况、收益与成本情况、整合与衔接的可能性、后续可融资性、退出机制、融资诉求等
	政府	财政收支情况、当地 PPP 实施与支付总体情况、管理部门情况、代表政府出资企业的基本情况、当前项目购买服务或补贴的支付情况、股权融资相关利益诉求等
	社会资本方	经营范围、经营业绩、财务状况、专业技术能力、管理团队稳定性、投资偏好、资金实力、运营能力、参与当前项目的能力表现、股权转让的诉求等

（1）调查对象不同。初始融资中，尽职调查对象应该是包括政府在内的拟建项目主要发起人，以及由潜在社会资本合作方构成联合体，而对于再融资的已实施项目，尽职调查对象则主要是项目公司及其股东。

（2）内容关注重点不同。初始融资项目调查的重点内容关注应在于拟建项目的基本情况和合作条件两个方面。项目的基本情况包括项目所在区域经济发展状况、项目的类型与内容、投资建设规模、经营属性、运作模式、潜在的市场（使用）需求情况等一般不为发起合作洽谈而改变的基础性条件。合作条件方面则是政府与潜在社会资本（或联合体）进行洽谈初步达成的合作条件，包括交易结构、付费机制、合理利润率、贷款利率、贴现率、调价机制、合作年限、退出机制、考核激励机制、风险分担机制等 PPP 项目实施要素。

有再融资需求的已实施项目，股权投资尽职调查过程中对项目的关注重点不仅是其初始条件，而且应该是在此基础上的进展过程状况，以及股权投资进入项目公司的合作条件。

（3）对项目实施主体能力的关注不同。由于在初始融资阶段，拟建项目洽谈中的潜在社会资本方还不能确定是招标后设立的项目公司股东，因此尽职调查关注重点仅是潜在社会资本方的企业状况和经营能力。项目进入执行阶段，项目公司作为实施主体，是股权投资尽职调查的主要对象。因此，关注项目运营能力和业绩的调查重点应转移到项目公司及其主要股东在当前项目上的业绩表现与融资需求，不再是潜在社会资本方的基本情况和历史业绩。同样，对于政府方面的尽职调查内容也应突破基本情况的范围，着重观察分析其在当前项目上的合作与支付情况，以及其对于项目公司股权融资导致的项目实施情况可能变化方面的诉求考虑。

7.1.3　PPP 股权投资价值发现

1. PPP 股权投资价值增长本质

PPP 项目价值是公共部门和私人部门通过激励、风险和报酬的合理安排，实现财务、行政和公共利益等方面的价值。PPP 项目融资的目标是为了实现 PPP 模式的价值，而有效的 PPP 项目融资应该能够多角度地实现融资目标，实现政府、社会资本、公共产品使用者各自效用最大化，包括经济效益和社会效益两类目标。显然，股权投资者属于 PPP 项目的社会资本方，其价值目标是经济效益角度的，即要实现投资收益最大化。股权投资收益与价值来源主要由两个方面构成：项目经营利润分配、股权转让获得价格差额。但是，在投资环节，尽职调查者所关注的是以项目公司经营业绩为主要考虑因素的内在价值，而非市场价格。

再从 PPP 项目运作角度看，项目价值创造驱动过程实则是"为一个产品（服务）提供的一切增值和非增值活动按次序的组合"，是一个项目价值创作驱动过程。因此，PPP 股权投资尽职调查中应该关注项目资源基础、项目主体的运作能力，以及分析和识别最终体现资源和能力水平的运作活动业绩表现，包括增值和非增值活动。

对投资者而言，股权投资的内在价值来源于从被投资项目成长中获得的收益，最终归为企业成长和经营能力提升，即股权投资的风险收益机制与项目公司成长规律具有一致性。关于 PPP 项目股权投资价值的分析应基于投资收益机制与项目公司成长规律的统一角度梳理价值创造的驱动要素。

2. PPP 项目增值活动和股权投资价值来源

项目公司股权内在价值是关于某个折现率的自由现金流折现值，投资价值大小主要取决于每年度的自由现金流、资金成本、项目经营年限和到期余值。其中，项目经营年限通常在项目前期的方案和协议中已经确定，因此不再是导致价值动态变化的影响因素。虽然目前规定要求政府对于项目投资不采取任何形式的兜底，但合同中对于项目方式的设置却可以是多样的，并且各项目公司在经营过程中所积累的各种无形价值大小也不尽相同，因此需要考虑余值对于投资价值的不确定性影响。

据此，结合 PPP 项目运作和项目公司发展周期两个方面的特点，分析项目各阶段的增值活动和价值来源（见表 7 - 2）。

表 7 - 2 　　　　　　　　PPP 项目运作增值活动与股权投资价值来源

阶段	初始融资	再融资		
	前期阶段	建设阶段	运营阶段	移交阶段
PPP 项目运作增值活动	项目发起、方案论证、社会资本方招标、协议谈判、项目公司设立与出资	融资活动、工程设计与施工、公司内部管理	产品供给、公司内部管理、维修、融资	运维、更新、并购与重组、清算
项目公司价值来源	成本控制：前期成本、融资成本	成本控制：建设投资成本、融资成本、管理费用等	收入增加：运营收费、补贴；成本控制：管理费用、供给成本、融资成本	收入增加：运营收费、补贴、余值；成本控制：供给成本、管理费用、维修成本、清算费用、融资成本

（1）项目前期阶段，项目运作的主要活动内容为：项目筛选、实施方案设计与论证、项目审批、联合体组建、合作谈判、社会资本招投标、项目公司组建与出资等基础性的准备工作。显然，该阶段只有成本支出而并不产生实际收入。但各项工作决定了项目实施条件，因此其效率能对后续阶段的项目收益与投资价值增加具有极为重要的影响作用，因而对未来项目公司价值的影响就在于对各种活动的成本控制方面。

（2）项目建设阶段，项目运作的主要增值活动是融资和投资建设，同时项目公司已开始管理运作，各种活动效率决定项目价值创造和增长程度。因此，此阶段的项目公司价值来源主要仍是对融资成本（包括融资费用和资金成本）、建设投资成本、管理费用的有效控制方面。

（3）项目运营阶段，项目运作的增值活动主要是产品供给、设施维护、公司内部管理、再融资等方面。收益来源主要是运营收入和成本控制两个方面。其中，运营收入主要来自为政府或使用者提供产品的收费，此外也可能包括政府给予项目公司的收费缺口补助。成本控制方面则主要包括产品供给成本、维修成本、融资成本等。

（4）项目移交阶段，项目运营业务仍未完全终止，但此时主要的增值活动在于清算和移交，同时也有可能需要进行必要的维修、寻求并购和重组等活动。项目公司在此期间的收入则主要包括收费、补贴、公司余值。有效地进行供给成本、管理费用、清算费用、维修成本、融资成本等方面的成本控制，是该阶段项目公司的另一类价值增长来源。

3. 各阶段尽职调查的投资价值关注点

根据项目增值活动和收益来源结构特点，不同项目或同一项目的不同运作阶段，投资者对于投资价值变化的关注重点应不同。股权投资尽职调查过程中，应该要针对 PPP 各运作阶段的主要增值活动功能，以及项目收益分布特点和价值增长规律，重点关注和分析项目运作的条件和能力，如图 7-2 所示。

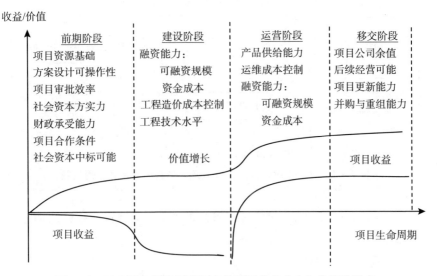

图 7-2　PPP 股权投资尽职调查的项目收益分布与价值关注点

7.1.4　PPP 股权投资的风险识别

1. PPP 股权投资价值的影响因素及作用机制

投资风险是指因未来的不确定性而导致的可能损失。股权投资过程中，PPP 项目尽职调查的意义和目的之一在于发现投资风险，以规避或降低投资风险，最终提高投资成功率。实现尽职调查的"风险发现"机制功能首先应该是 PPP 项目风险种类的可区分、识别。

股权投资者所关注的是外部环境和项目公司内部经营条件的变化对于经营业绩和价值的影响。关于投资增值机制是基于 PPP 项目运作和项目公司业绩成长两个不同逻辑的统一过程。因此，投资价值涉及影响 PPP 项目可持续运作和项目公司业绩成长两大方面的因素，即运作条件类影响因素和经营业绩类影响因素。尽职调查中，对于投资风险的关注和分析应以项目运作过程为基础，并且以各种因素变化对于项目经营绩效和股权价值产生的可能影响作为风险判断依据。从宏观到微观层面，影响企业经营绩效的因素主要有宏观环境（指宏观经济、政治、法律、自然环境）、区域环境（产业发展、营商环境）、项目内部运作与经营能力共三个不同层次类型，如图7－3所示。

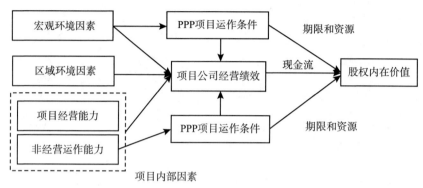

图7－3 PPP 股权投资内在价值三大影响因素及其作用机制

这些因素通过影响项目的运作条件和项目公司经营业绩，从而改变项目运作现金流、期限、无形价值积累而影响所投资股权的内在价值。

2. 宏观环境类因素

（1）宏观经济因素主要是指宏观经济运行周期性波动等规律性因素、经济政策（货币政策、财政政策）的变化导致的投资风险，主要通过两种途径对项目公司经营绩效和股权价值产生影响：

①在项目发起阶段，宏观经济总量及增长率、利率、汇率、通货膨胀、税率的变化给 PPP 项目运作的资金成本、合理利润、补贴等合作条件设置方面带来不利的影响，使项目公司经营利润，甚至可能导致契约无法正常履行、合作期限改变或项目终止，造成价值损失。

②在项目实质运作阶段，宏观经济周期波动和经济政策的变不利变化还会影响项目公司经营绩效，使之成本增加、利润降低，导致价值损失。

（2）政治因素：国际关系变化等政治事件发生或与 PPP 项目及股权投资有关的国家层面的政策变化等因素影响项目正常运作，导致项目公司经营业绩下降和投资损失。

（3）法律因素：法律规范不完善、法律变更、实施主体的合规性行为等导致投资风险的因素。法律因素相对经济因素则主要在 PPP 合作条件设置、变更和终止方面影响项目运作，导致价值损失的风险。

（4）自然环境因素：自然灾害等自然环境变化、不可抗事件的发生导致项目投资可能损失的因素。

3. 区域环境类因素

（1）产业发展因素：项目所在区域经济和产业发展处在不同的阶段，行业内竞争结构和竞争程度、产品需求等方面发生变化，由此对项目的经营效益产生影响，从而影响投资的收益。再者，包括项目补贴在内的产业政策变化直接影响项目成本和收益，而产业内技术更新迭代则可能会让项目为了保持竞争效率而增加成本投入，并且两者都还会影响产业发展周期的变化，进而影响项目公司经营业绩。此外，社会习惯改变消费和投资等经济行为方式，同时也会影响当地的营商环境。因此，产业发展类风险主要包括行业竞争风险、产业环境风险、产品需求变化风险等。

（2）营商环境因素：项目所在地政府方面的政策变更、政府信用问题、政府审批效率、寻租性腐败等政府行为特点为主要内容的营商环境因素影响项目正常运作，导致项目公司经营业绩下降和投资损失。

4. 项目类因素

项目自身在项目非经营运作活动和项目公司经营两方面的能力也是导致业绩下降、投资损失的风险因素。前者包括：项目咨询设计、社会资本招投标、工程的勘察设计、工程造价、工程质量、环保达标、施工进度、社会资本方履约情况等项目运作过程中非经营活动方面的影响因素。这些非经营性运作活动从前期 PPP 合作条件设计和谈判过程和工程建设活动等角度增加成本、降低收益，甚至可能导致项目无法正常运作等风险。后者则是经营管理、技术开发与采用能力、财务状况、融资能力、设备使用及残值情况等项目公司经营业绩方面的影响因素。

以上三个层次的风险因素中，宏观经济、政治、法律、自然环境、行业发展因素变化在项目参与方可以控制的范围之外，会对所有项目都会产生一定程度的影响，因此属于外部风险，而项目内部因素则仅对个别项目作为微观主体在项目运作和经营方面产生影响，其导致的投资风险属于内部风险。外部因素中，宏观环境因素对所有项目投资的影响相同，因此属于系统性风险，区域环境因素则仅对在于其范围内的项目投资有相同的影响作用，因此属于局部的系统性风险，而个别项目内部因素导致是非系统性风险。

5. 各阶段 PPP 股权投资风险关注点和风险认定

系统性风险对于不同项目运作和投资都会产生影响，但于区域环境、项目内部因素对于不同项目投资的影响却不同，因此在投资尽职调查中应重点关注项目的个别风险。并且，项目在不同阶段的实施内容各有侧重，而各种风险事件对于项目投资的影响效果因项目阶段而异，即：尽职调查中对于 PPP 项目运作和投资的潜在风险点进行考察和识别必须要有阶段上的侧重，如表 7 – 3 所示。

表 7 – 3　　　　　　　各阶段 PPP 股权投资的一般风险关注重点

前期阶段	建设阶段	运营阶段	移交阶段
宏观环境类风险	融资风险	宏观环境类风险	供给不达标风险
审批延误风险	利率风险	产业发展类风险	残值风险
咨询设计风险	工程勘察设计风险	供给不达标风险	产业发展类风险
不中标风险	造价超支风险	运营成本超支风险	更新成本风险
社会资本信用风险	工程质量风险	管理技术风险	融资风险
政府信用风险	社会资本信用风险	政府信用风险	社会资本信用风险
寻租性腐败风险	自然环境风险 管理技术风险	财务风险 融资风险	政府信用风险

7.1.5　风险定量分析

风险识别过程仅是完成了对 PPP 股权投资中各种风险的定性分析，而科学、完整的股权投资风险管理决策更应该要对风险进行综合性的定量分析，即：风险评估，包括风险估计和风险评价两部分内容，以确定风险和损失程度的大小。

1. 风险估计

风险估计是指对各种风险导致可能损失的评估，包括风险发生的可能性和造成收益减少或成本增加两个方面的预测和量化分析。若某项目在 j 阶段的第 i 种风险概率为 $p_i(0 \leqslant p_i \leqslant 1)$，导致最大损失为 c_i，则潜在损失为：

$$L_i = p_i \times c_i \quad (i = 1, 2, \cdots, m) \tag{7.1}$$

那么，各种已识别风险对该阶段投资现金流的影响为：

$$\Delta F_j = \sum_{i=1}^{m} p_i \times c_i \tag{7.2}$$

式（7.2）中，风险概率和最大损失以及由此计算得到的潜在损失都是对于未来不确定情况的预测。在理论分析和实践操作中，关于风险概率和损失的估值技术和方法不尽相同。由于现实中难以获得较为全面而准确的分析数据，因此，可以在尽职调查的风险识别基础上，通过投资机构的风控委员会讨论或凭借外部专家专业知识和经验，并根据宏观环境、区域环境的发展状况、变化规律，以及项目运作主体及合作方的历史情况和业绩表现进行风险因素的影响分析和预测。其中，个别风险因素发生的概率（P_i）应该根据其所在项目实施阶段、未来时间点的不确定性程度进行估计，而由此造成投资价值的损失（C_i）可根据影响机制的作用关系建立模型，并进行风险敏感度分析。

2. 初始融资项目的风险价值量度

风险价值评估是对投资整体风险的量化分析和综合评价，其方法包括风险价值度量、风险收益定价等。不同运作阶段的股权投资在风险价值评估方面有不同的方法适用性。在初始融资项目的风险价值评估中引入与置信度有关的风险价值度量方法，可以在缺少实际运作数据情况下根据实施方案测算进行风险价值评估，而再融资项目则可以根据实施情况调整原现金流测算数据并进行估值。

风险价值度（value at risk，VaR）是一种对投资活动提供一个单一风险度量，能够体现项目的整体风险，表示为一个关于时间展期、置信区间两个变量的函数，能够将风险转化为易于理解的在一定概率保证程度下的损失的最大可能数量。其原理是假设投资价值变化在给定展望期内服从正态分布，可估计在给定概率下某个时间段的最大可能损失，计算公式为：

$$VaR = V_0 \times \alpha \times \sigma \times \sqrt{T} \tag{7.3}$$

其中，V_0 为初始投资价值，即实施方案中的初始资本金投入。α 为置信度、给定最大损失的概率，反映了投资者的风险偏好，因此可以根据投资机构的风险管理规定要求确定置信度，或者由风控委员会组织专业人员针对具体项目方案的信度或风险度进行讨论确定。值得注意，过低的置信水平会高估个别风险事情发生的概率，使得风险价值量度失去意义，但过高的执行水平则会影响准确度，因此要合理设定置信水平。σ 表示投资损失（收益）变化情况，可以根据实施方案中项目投资净现金流分布情况计算方差来表示，而此处收益应为损失的负值。T 为时间展期或周期，此处即为自项目公司设立开始至项目移交的实质运作全过程。

由于投资发生项目前期阶段，实施方案中的各种前期费用已被计入项目建设投资成本内，因此要考虑两种情况（见图7-4）：一种是社会资本联合体能中标，则仅需评估项目。

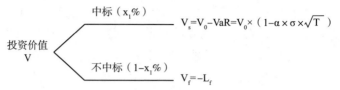

图 7-4　考虑中标不确定性的前期阶段投资风险价值度量

公司设立后的投资价值，即初始投资价值减去 α 置信水平下的最大损失：

$$V_s = V_0 - VaR = V_0 \times (1 - \alpha \times \sigma \times \sqrt{T}) \qquad (7.4)$$

另一种是在其不中标的情况下，项目的风险价值度就是某个预测概率下的损失成本（L_f），即：该股权投资风险价值为前期阶段的风险价值 $V_f = -L_f$。

可知，前期阶段投资价值 V 实则是一个关于中标概率 x% 的期望值：

$$E(V) = V_s \times x\% + V_f \times (1 - x\%)$$
$$= V_0 \times (1 - \alpha \times \sigma \times \sqrt{T}) \times x\% - L_f \times (1 - x\%) \qquad (7.5)$$

7.2　PPP 股权投资估值

具有公允性的股权价值是确定投资价格的依据，因此项目公司股权价值评估是 PPP 股权投资交易活动的基础。从内在价值的角度看，企业价值由企业的未来获利能力决定，是企业在未来各个时期产生的净现金流量的折现值之和，因而 PPP 项目公司估值则是对其未来预期现金流的折现值——内在价值的评估。PPP 项目股权投资的直接对象是项目公司而非项目本身，因而估值的对象应该是项目公司，并且由于公司价值包括了股权价值与净债务价值，因此最终是对项目公司股权进行价值评估。

广义的私募股权投资是指对涵盖企业首次公开发行上市前各阶段各个时期的权益投资。由于 PPP 合作期限较长，项目融资需求存在于项目全生命周期，而在项目前期筹建和中期融资置换等方面的资金压力尤为凸显，对融资问题的解决途径研究和分析极其重要，因此，PPP 项目公司股权投资应界定于广义角度的私募股权投资范畴。同时，由于项目公司是经过社会资本方招投标之后设立的，此前的各种费用支出应该计入投资成本，但支付活动本身不能被看成是正式的股权投资，甚至不是一般经营企业创业早期获得的天使投资，从而此处仅能将 PPP 股权投资定义为从项目公司筹建开始至项目期限终止这一过程中的私募股权投资活动。其中，投融资双方达成投资合作的实质就是投资价格的确定，而具有公允性的股权价值是确定投资价格的合理依据，因此项目公司股权价值评估是 PPP 股权投资交易活动的基础。以及，公共产品体现的是多元利益主体价值关系，该关系中的 PPP 项目公司及其股东的价值目标主要就是实现公司利润最大化。

7.2.1　公司估值理论与模型

费雪在 1906 年《资本与收入的性质》一书中分析了企业价值的来源，并提出了现金流折现模型（郭朝乐，2015）。折现现金流量的概念和股利贴现模型是威廉姆斯于 1938 年提出，内在价值论随之诞生。莫迪利安尼和米勒（Modigliani and Miller，1958；1961）指出，均衡状态下的企业市场价值应等于按某个折现率对预期收益进行折现的资本化价值，该折现率应与投资企业的风险程度相适合。

公司估值的方法包括绝对估值法、相对估值法两大类。其中，采取绝对估值法所得评估结果是以合理贴现率对企业股权未来预期现金流进行贴现获得的现值，比较常见有自由现金流贴现模型（discounted free cash flow model，DFCFM）、股利贴现模型（discounted dividend model，DDM）、剩余收入贴现模型（discounted residual income model，DRIM）。相对估值法则属于乘数估值方法：公司价值就等于价值驱动因素与乘数之积，其核心理念是：在运行状况良好的金融市场上，投资者对未来获利预期相同的资产应该支付相同的价格，换而言之，投资者不会对相同质量的资产支付同样的价格。这种估值方法根据价值驱动因素的不同而分为：市盈率、市净率、市值收入比、企业价值与息税折旧及摊销前利润（EBITDA）之比，等等。

其他非上市企业有较显著的不同，PPP 项目公司有明确的合作经营期限，以及在运作过程中能产生较为稳定的现金流，基于未来预期现金与折现率对其内在价值进行评估是较为合理的方式选择。由于相对估值法并不以未来预期现金流和折现率为估值基础，因此无法反映企业的内在价值。并且，相对估值方法各自都存在着缺陷（陈一博，2009）。

作为较为经典、常用的绝对估值法之一，威廉姆斯于 1938 年给出的股利贴现模型（DDM）为：

$$P = \sum_{n=1}^{+\infty} \frac{D_n}{(1+k)^n} \tag{7.6}$$

其中，P 为公司股票价格；D_n 为公司 n 期股利；k 为权益资本的必要报酬率，即贴现率，通常由资本资产定价模型（capital asset pricing model，CAPM）可以确定；$+\infty$ 表示上市公司股票没有到期期限。

该公式说明：

（1）投资者对项目公司股权投资的预期价格是所有未来预期发放股利的现值总和。

（2）式中贴现率为公司股东权益资产的必要报酬率，公司股权价值与必要报酬率成反比。

（3）既定风险下，公司股权价值与股利增长呈正向关系。

股利贴现模型在应用中存在着如下若干方面的限制：

（1）没有股利发放历史、未来股利发放政策不明确、股利发放不稳定的企业，其股利现金流不可预测性高，项目公司价值评估没有合理现金流依据。

（2）若项目公司的股利发放与收益没有直接关系，则股利同样不能作为项目公司价值评估的合理现金依据。

（3）项目公司属于非上市企业，难以通过资本资产定价模型（CAPM）对股东权益资产的必要报酬率进行估计，因此导致公司股权估值有较大的难度。

再分析另一个绝对估值法——自由现金流贴现模型。自由现金流的概念是美国学者拉巴波特（Alfred Rappaport）于 20 世纪 80 年代提出的：企业自由现金流（free cash flow to firm，FCFF）是指与企业的所有资本来源相匹配的自由现金流。科普兰（Copeland，1990）则给出了最初始的企业自由现金流量计算公式：

$$企业自由现金流量 =（税后净利润 + 利息费用 + 非现金支出）$$
$$- 营运资本追加 - 资本性支出$$

由于企业自由现金流属于债权人和股东，那么，企业自由现金流扣除了属于债权人的相关部分之后就应该是属于股东自由现金流，即：

$$股东自由现金流量 = 公司自由现金流 - 扣税后利息 + 净借贷$$

因此，股东自由现金流又称为股权自由现金流，是股东能够自由支配的现金流（陈一博，2010），由企业经营所产生，扣除各项财务义务后留存的自由现金流，也是公司可以提供给股东的最大现金流（卢银飞，2016）。自由现金流贴现模型是将公司未来自由现金流以某个贴现率进行贴现的现值，以此评估公司和股权价值的模型。公式为：

$$V = \sum_{n=1}^{+\infty} \frac{FCF_n}{(1 + r)^n} \tag{7.7}$$

其中，V 为公司股权价值；FCF_n 为在对不同主体进行估值时，公司自由现金流或股东的自由现金流；r 为折现率或必要报酬率，公司价值评估时，折现率为公司的平均加权资本成本，否则就是股权权益资产必要报酬率。

由于公司资产等于股东权益价值与净债务之和，可见公司价值与股权价值虽有关联但不能等同，因此公司股权价值评估应以股东自由现金流和权益资本的必要报酬率为计算基础。据此，对公司股权价值进行评估时的自由现金流贴现公式为：

$$V = \sum_{n=1}^{+\infty} \frac{FCFE_n}{(1 + k)^n} \tag{7.8}$$

其中，V 为公司股权价值；$FCFE_n$ 为第 n 期股东自由现金流；k 为股东权益资本必要回报率，或权益资本成本。

相比股利贴现模型，股权自由现金流贴现模型避免了红利贴现法过于受分红政策影响的缺点（陈一博，2010），未来红利不一定是公司估值要关注的核心要素（卢银飞，2016）。自由现金流贴现模型的优点在于分析了"一个公司的整体情况"并同时考虑了资金风险和时间价值、估值结果接近股权的内在价值、自由现金流预测值能充分反映公司经营战略、预测期完全覆盖市场短期情况和行业周期变化对估值的影响，但其存在模型结构复杂和数据计算工作量大、对于公司未来发展及市场走势的假设较敏感、无法在短期投资估值方面应用等明显的缺陷（吴晓求，2014）。

总体上，PPP 项目公司通常是非上市企业，有着较为稳定的现金流，并且较长的项目生命周期显然更符合长期预测假设要求，因此在 PPP 私募股权投资活动中采取自由现金流贴现模型进行估值在适用性角度上看应优于股利贴现模型。

一个明显的问题是，与一般企业不同，PPP 项目公司作为"特殊项目载体"，在具体项目上是有明确经营期限的，因此一般情况下，在项目运营期满时项目公司的"特殊使命"就结束了（钱津，2000），项目公司必须根据合同约定有偿或无偿地将有关资产、人员、文档和知识产权等移交给政府或政府指定代表机构。[①] 可知，除了与项目相关的各种资产或生产要素都应

---

　　① 建设—拥有—运营（BOO）等产权私有化模式下的项目则可能不涉及移交问题，具体参见《关于印发政府和社会资本合作模式操作指南（试行）的通知》（财金〔2014〕113 号）第六章项目移交的内容。

被移交，而属于公司且与项目无直接关系的公司资产，以及项目移交后原项目公司本身的处置问题都没有正式制度上的强制要求，则需要通过合同事前约定或事后再谈判予以解决。值得注意的是，项目运营期结束，项目公司在功能上就是个"壳公司"，不再是"项目专门载体"，一种可能就是项目公司以及没有存续的必要，应按 PPP 合同规定和股东决议要求解散，或者是项目公司随项目一并移交给政府或其代表，而让社会资本方退出。当然，若没有公司解散或移交方面的强制性要求，则会有另一种可能：因其还有存续意义和必要，从而就会具有相应的企业及股权价值，该价值与原承载项目的经营收入无直接关系，因此持有价值或处置所得与项目运营期的自由现金流无关。并且，假设项目公司的股东也可以在此期间根据自身意愿进行股权转让，于是项目公司股东的自由现金流贴现模型公式可以表达为：

$$V = \sum_{n=1}^{N} \frac{FCFE_n}{(1+k)^n} + \frac{V_T}{(1+k)^N} \qquad (7.9)$$

其中，其他变量表示符号与以上相同；n 表示公司股权的持有期数；V_T 为股权持有到期时的转让或清算价值，即为项目公司在项目生命周期 T 结束时的余值。

余值 V_T 怎么确定呢？由于项目所有权或项目资产不属于项目公司，项目移交主要是指项目公司对项目经营权及相关资料的移交，但属于项目公司自身所有资产不应移交，那么移交阶段项目公司的股权余值判定可能情况为：

（1）若项目无偿移交，且社会资本方按 PPP 合同约定从项目公司无偿退出，则属于社会资本方股东的公司余值为 0。

（2）若项目有偿移交，[①] 且社会资本方有偿退出项目公司，则属于股东的公司余值可以评估的基础应该是其资产的账面价值。

（3）若项目移交后，项目公司可以仍然存续且社会资本方不退出，但当时未有确定可以经营的项目（以合同为依据），那么根据其账面价值确定股权余值则更为合理。

（4）若项目移交后，项目公司可以仍然存续且社会资本方不退出，以及有确定可以经营的其他项目，则属于股东的公司余值可以依据可能的股东自由现金流进行折现、评估。

————————————

① 这里不是指项目资产回购，而是指其他属于项目公司的资产或生产资料等有偿转让。

　　但是，项目公司股权投融资活动发生时间并非都在项目移交环节上，甚至很可能在项目公司运作的早中期而不临近移交时间，那么往往事先无法较全面获得其未来账面资产和后续可承接项目的确定信息，因此以上几种方式难以进行准确的价值判定。可以通过如同 PPP 项目现金流预估方式对项目公司资产的残值进行预测，预测所得残值即为余值。此外，若项目公司终止"特殊载体"使命，并且确定能够以一般企业存续经营，并且未来还没有较确定的项目或业务现金流，此时市盈率法也是一个较为适宜的估值方式选择。市盈率法实则是基于企业盈利能力反映其价值大小的理念，即单位股权价格与其净收益之比。其中，企业每单位股权净收益可以是历史数据，以此计算得到的是静态市盈率，若缺乏历史数据则可以根据预期值计算得到动态市盈率。[①] 再者，项目公司一般是非上市公司，没有可供参考的股票交易价格数据，因此需要通过选择相同行业内的平均市盈率或其他方式确定一个较合理的项目公司市盈率，从而获得既定净收益水平下的理论价值，即预估的股权余值 V_T。

　　可见，PPP 项目公司通常为非上市企业，相对于一般经营企业有着明确的经营期限和较为稳定的现金流预期，并且较长的项目经营周期显然也需要进行长期的风险收益预测，因此自由现金流贴现模型对 PPP 股权投资估值有较好的适用性，但在估值过程中仍需要结合多种方式进行对比和补充。

7.2.2　股权估值折现率的确定

　　从经营者的角度进行决策分析时用到的折现率一般为行业基准折现率或项目的加权平均资本成本，而政府部门投资决策时所使用的社会折现率与投资者的必要报酬率有着明显差异（孙燕芳，2014）。与此不同，本书所分析的项目公司股权投资估值的折现率是股权投资者的必要报酬率或股权投资收益率，因而确定估值折现率则属于资产定价范畴，是对投资风险与收益关系的确定问题。值得注意的是，折现率是投资项目公司股权的必要回报率，与 PPP 项目经营的"合理利润率"不同，两者是不能将相混淆的概念。前者因投资者投资阶段不同而变化，后者是 PPP 合同规定的项目经营获得合理回报的总体水平，是一个固定值，因此相互不能替代使用。

　　在 20 世纪 50 年代之前，资产定价的核心问题是确定现金流，但这种定

---

① 吴晓求. 证券投资学 ［M］. 北京：中国人民大学出版社，2014：244 – 245.

价方式过于简单，无法解决投资风险度量和风险溢价问题。马科维茨（Harry M. Markowitz，1952）发表的《现代资产组合理论》中关于收益与风险的关系分析，标志着人们对风险认识的突破性进展，为资产定价理论的发展奠定了基础。威廉·夏普（William Sharpe，1964）在马科维茨等研究的基础上提出资本资产定价理论（CAPM），将单一资产或资产组合的收益分为无风险收益率和风险溢价两个方面，其中无风险收益率是表示对投资者资金的时间价值，风险溢价则是对资产价格波动导致的风险补偿。

在使用自由现金流贴现模型对在公司股权价值评估时，运营年限、未来预期现金流量和折现率为三大要素，其中确定折现率为影响估值的关键环节。根据李春琳（2009）关于确定折现率的原则和方法的介绍和分析，确定折现率的方法大概有四种：无风险报酬率与风险报酬率相加法、行业平均收益率法、资金利润法、加权平均成本法。其中，无风险报酬率与风险报酬率相加法实质上就是将股权资本的必要报酬率表示为无风险收益率与风险收益率，以及通货膨胀率之和，这与资本资产定价理论的思想更为一致。若据此确定折现率，无风险收益率是能够确定获得的收益率（兹维·博迪等，2016)①，为不存在投资风险与通货膨胀情况下的平均市场利率（李春琳，2009），而通货膨胀率也可以通过对物价指数的观察分析获得预测值，可见估计风险收益率是确定贴现率的关键。

关于风险收益率的确定，李春琳（2009）介绍了两种常用的方法：一种是将风险累加法，即根据被评估资产的情况，分析对未来收益的风险影响因素和收益获得的其他外部因素进行分析，科学地测算其风险报酬率；另一种就是使用资本资产定价模型（CAPM）对风险报酬率进行估计与测算，即在证券市场上，某一证券的收益率为无风险收益率（r_f）与风险溢价之和，r_m 表示市场平均收益率、β 代表特定市场风险的系数，公式表示为：

$$r = r_f + \beta \times (r_m - r_f) \tag{7.10}$$

后者在证券市场的定价中较为常用，但李春琳（2009）认为当前我国证券市场发展时间短、管理政策多变、财务信息失真等因素导致"运用资本资产定价模型的条件不成熟"。李建良（2008）也认为，市场信息匮乏、流动性不足导致该理论模型在风险投资的定价方面无法适用。但是使用风险累加法确定风险报酬率时涉及的各种计值内容和比率数值应评估师的主

---

① ［美］兹维·博迪（Zvi Bodie），亚历克斯·凯恩（Alex Kane），艾伦·J. 马科斯（Alan J. Marcus）. 投资学精要（第九版）［M］. 北京：中国人民大学出版社，2016：125.

观判断而异，因此评估结果差异也较大（李春琳，2009）。那么，该如何更准确地估计投资收益与风险度呢？可以肯定的是，CAPM 是威廉·F. 夏普（William F. Sharp）等于 1964 年基于马科维茨（1952）的现代投资组合理论发展而来，两者都是对投资风险的定价方法且原理相同，但后者是对资产组合总体风险度的定价方法，无须在系统性风险方面过多考虑单个证券（资产）与市场组合之间的相关性问题，因此计算相对简单。与一般经营企业不同，PPP 项目的可研报告和实施方案中，项目成本和收入的分布情况是经过预测论证而确定，项目实施涉及的各种风险因素也得到了充分考虑并进行了防范和分担机制设计，使得 PPP 项目股权投资的风险收益分布规则性及可观测程度上远高于对一般经营企业的风险投资，因此可以根据现代投资组合理论的方法对投资总风险进行确定。

图 7-1 只是给出了各阶段项目收益分布的大概状况，根据现代组合投资理论，有效组合为既定收益预期下风险最小或既定风险下预期收益最大、落在资本市场线（CML）的风险资产组合（见图 7-5），即：在资本市场上，某一资产组合的收益率为无风险收益率与风险溢价之和，其风险溢价是通过资本市场线（CML）将资产组合与市场组合（M）之间的总风险度对比求得，公式表示为：

$$r_p = r_f + \frac{\sigma_p}{\sigma_M} \times (r_m - r_f) \tag{7.11}$$

其中，r_p、σ_p 分别为资产组合期望收益率和标准差；r_f 为无风险利率；r_m、σ_M 分别表示市场资产组合平均收益率和标准差。

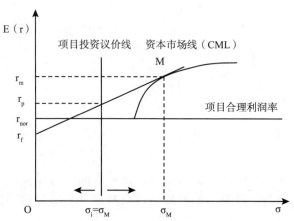

图 7-5　资本市场线与 PPP 股权投资风险溢价比确定

相比之下，式（7.10）和式（7.11）所表示的资产定价模型基于不同的风险角度考虑，夏普的 CAPM 仅考虑系统性风险，而后者考虑资产的总风险度。尽管如此，夏普（1966）在对基金业绩评价的模型中采用投资组合的超额收益与总风险之比作为测度[①]：

$$SR = \frac{r_m - r_f}{\sigma_p}$$

可见，在无法判断非系统性风险是否完全被消除或无从获悉系统性风险大小的情形下，根据总风险评价投资收益的方式计算更便利。

不同时间的投资活动面临不同程度的未来收益不确定性，即投资风险和收益与项目投资时机的选择有重要关系，因而选择进入时机是股权投资过程中的关键决策之一。决策中涉及的项目收益测算和时机选择的必要前提是要对项目全生命周期进行单位区间的划分，使之成为可供投资选择的区间集，如图 7－6 所示。

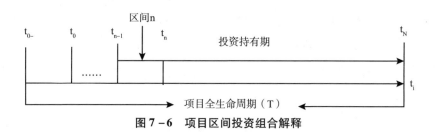

图 7－6　项目区间投资组合解释

图 7－6 中，t_i 为按顺序排列的区间起点时间（$i = 0, 1, 2, \cdots, N$），当 $i = n-1$ 时，t_{n-1} 则表示第 n 个单位区间的起点时间。其中，t_{0-} 表示项目公司成立以前的前期阶段起始时间；t_0 表示 PPP 合同生效并确定成立项目公司的时间，即：正式股权投资定义角度的 PPP 项目公司经营开始时间。项目生命周期（T）按年度划分被为 N 个长度为 Δt 的单位区间，即

$$\Delta t = \frac{T}{N} \tag{7.12}$$

若投资者可以选择在项目全生命周期中的任何区间（暂且假设在区间起点进入）投资进入并持有项目公司股权直到项目终止，由于投资进入的选择区间及相应的投资持有期限不同，投资者面临的投资风险和预期收益也因此不同。再若把投资区间看成是投资持有一种有风险的投资产品，则

---

① 即威廉·F. 夏普于 1966 年在《共同基金业绩》中提出的夏普测度。

选择投资区间实则就是对投资进入时机和风险资产的选择。

根据投资组合原理，CML 上所有资产组合的风险报酬与其所承担风险之间的比率既定不变。PPP 项目投资金额、融资成本和经营利润等指标必须要经过事先测算和公共论证，对项目投资总体风险评估与预期收益率确定是一个的公共议价过程（图 7-4 中以项目投资议价线表示），并最终通过招投标为合作各方所接受，由此测算得来的股权投资收益率通常具有较高的社会公允性，因此能够较准确地反映市场上投资风险报酬的总体水平，即：项目股权投资应与市场上某个有效组合的风险溢价比相等，表达式为：

$$\frac{k^* - r_f}{\sigma^*} = \frac{r_p - r_f}{\sigma_p} = \frac{r_M - r_f}{\sigma_M} \tag{7.13}$$

其中，k^* 为项目股权投资收益率，且 $k^* = r_p$。

同理，PPP 项目包含所有投资区间，而投资者在某一时间仅有唯一的投资选择。显然，不同时间的投资风险和收益可能会发生变化，但合理的风险溢价比都应该是相同的，于是有：

$$\frac{k_i - r_f}{\sigma_i} = \frac{k^* - r_f}{\sigma^*} \tag{7.14}$$

其中，k_i、σ_i 分别表示 t_i 时间的项目投资收益率和以标准差所代表的投资风险。

PPP 项目股权投资收益率（k^*）可以通过项目公司各期股权投资收益（R_i）现值与投资额现值（C^*）相等时的内部收益率计算公式求得：

$$C^* = \sum_{i=1}^{N} \frac{R_i}{(1 + k^*)^i} \tag{7.15}$$

此时，k^* 也就是各期投资收益净现金流（F_i）（税后经营利润与股权投资、还本付息之间的现金流量之差）现值为 0 时的股权投资必要报酬率，即：

$$\sum_{i=1}^{N} \frac{F_i}{(1 + k^*)^i} = 0 \tag{7.16}$$

以及，项目全生命周期内（T）内投资收益的平均净现金流（$\bar{F}_T$）为：

$$\bar{F}_T = \frac{1}{N} \sum_{i=1}^{N} F_i \tag{7.17}$$

且用标准差 σ^* 表示项目一般风险度：

$$\sigma^* = \sqrt{\frac{\sum_{i=1}^{N} (F_i - \bar{F}_T)^2}{N}} \tag{7.18}$$

　　由于方案中经合理测算的项目投资收益能够代表市场风险溢价比总体水平，因此可以作为项目投资的预测依据。但是，这种风险价格的均衡在整个项目经营过程中并非实时存在的。一方面，从项目公司经营利润和投资现金流分布特点看，由于 PPP 项目投资集中在建设期，此时通常依赖债务性融资满足该期间的绝大部分资金需求，并在此后运营期内分期还本付息，导致现金流分布与投资收益率变化特点呈现为：以建设期为主的前端运作过程中，项目利润低甚至亏损，但投资收益率高；而以运营期为主的中后期内项目实现盈利甚至利润较高，但投资收益率低。尽管项目公司在不同阶段的经营风险外在特征与对投资回报规律相符，但引致方案中投资收益率变化的原因主要是投融资安排，而非经营活动本身，因此计划中不同时期的投资风险溢价比具有人为操作上的易变性，即这种静态的风险价格均衡是有限稳定的。另一方面，尽管 PPP 项目经过了前期各种公共程序上的论证，项目公司的业务量、收费方式及数量、投资与运营成本等都有较全面、准确的测算，以及合理利润的设定使得项目预期收益相对固定，但投资活动不仅满足了项目持续运作的资金需求、改变其资本结构，并且确实也有可能为项目带入资金以外的其他资源，从而改变项目运作效率。因此，投资活动与经营过程可能会导致项目实施中的实际收益与方案测算值不一致，并影响项目未实施阶段的预期收益。

　　从融资效率角度分析，项目融资活动产生的效率包括了决定融资成本方面的交易效率、融入资金的使用效率，以及融资导致内部资本结构、资源结构和运作机制等方面的适应性变化和调整所产生的效率，即融资效率变化会改变项目经营成本和效益，使项目实际收益与计划值之间出现差异。其中，融资交易、资金使用配置导致的资本结构变化对于项目运作的效率影响迅速且具有短期性，而资金使用经营及融资导致的内外部资源结构变化、运作机制调整所产生的适应性效率，其产生和发挥影响作用的过程是缓慢而长期的。无论短期或长期上的效率改变都必然导致实际收益与方案测算值不一致，并影响预期。

　　再从投资预期角度分析：项目初始投资者根据实施方案测定收益进行投资决策，在此后的经营过程中，资本结构、经营效率等内外部因素的变化导致了同期内实际收益与原测算值的不一致；同时，市场上的投资者会根据项目实施情况进行预期调整，从而导致收益预期偏离原测算值。收益预期偏差的产生是既知方案测定风险收益水平下投资增加或减少的主要动因，因此收益预期的调整同时也是市场上实现风险价格重新均衡的尝试，即：预期调整后的风险溢价比理论上应等同于初始投资时的水平。

基于以上分析，收益预期调整的依据主要就是融资成本、经营利润和资本结构的变化。据此，假设投资决策发生在 t_n（第 $n+1$ 个区间的期初）时间，那么项目全生命周期被分为投资前后两个部分，时间长度分别为 T_1、T_2，即 $T = T_1 + T_2$。其中，T_1 内原测算投资净现金流（F_{i+1}）的均值为：

$$\bar{F}_{T_1} = \frac{1}{n} \sum_{i=0}^{n} F_{i+1} \tag{7.19}$$

T_1 内实际均值为：

$$\bar{F}'_{T_1} = \frac{1}{n} \sum_{i=0}^{n} \bar{F}'_{i+1} \tag{7.20}$$

两者的差值为：

$$\Delta \bar{F}_{T_1} = \bar{F}'_{T_1} - \bar{F}_{T_1} \tag{7.21}$$

由于，净利润变化的原因包括两个部分：税后经营利润、债务额及扣税后利息支付额的变化，因此有

$$\Delta \bar{F}_{T_1} = \Delta \bar{E}_{BIT_1} \times (1 - t_r) + \Delta \bar{D}_{T_1} \times [1 + (1 - t_r) \times r_d] \tag{7.22}$$

其中，$\Delta \bar{E}_{BIT_1}$ 表示 T_1 内息税前收益的平均变化量，$\Delta \bar{E}_{BIT_1} \times (1 - t_r)$ 则表示税后经营利润的平均增量；$\Delta \bar{D}_{T_1}$ 表示该期间实际债务资本相对于测算值的平均变化量；t_r 表示企业所得税税率；r_d 表示债务资本成本，即利率。

债务规模的改变实则就是股权资本对债务资本的置换，因此两者的变化量应当相等。此外，债务置换还包括了以更低成本的债务资本对现有债务的置换。显然，$\Delta \bar{F}_{T_1}$、$\Delta \bar{E}_{BIT_1}$ 可以通过已知数据进行计算获得，则：

$$\Delta \bar{D}_{T_1} = \frac{\Delta \bar{F}_{T_1} - \Delta \bar{E}_{BIT_1} \times (1 - t_r)}{1 + (1 - t_r) \times r_d} \tag{7.23}$$

可将 T_1 内实际经营利润相对于原测算值的单位区间平均变化表示为：

$$\pi_{T_1} = \frac{\Delta \bar{E}_{BIT_1} \times (1 - t_r)}{n} \tag{7.24}$$

显然，若该比值大于 0，实际利润平均水平相对于原计划有所提高，则比值越大，实际经营效益提升越大。因此，可以将 π_{T_1} 看作是 T_1 内每个单位区间的均值增长贡献率。

T_2 内投资净现金流是投资之后的预测值，以 F'_j 表示，$j = n+1$，$n+2$，…，N。根据前文分析结论，投资活动会对项目未来的经营状况产生影响，在不确定投资规模和退出时间的情形下，选择不同的时间投资项目，使投资者面临不同的未来收益不确定性，即不同程度的风险，而风险收益

预期与持有时间长度呈正向变化关系。据此，F_j' 值一方面受 T_1 内实际经营利润与原测算利润的平均变化程度影响，另一方面与 T_2 内各预测区间到投资决策时点 t_n 的时间距离有关，即时间距离越短，预测偏离越小。于是，将 T_2 内的时间影响因子看成是

$$\tau_j = j - n \tag{7.25}$$

需要指出的是，该影响因子 τ_j 恒大于 0，表示其对原测算值变化的影响是正向的，且依区间顺序递增。仅从投资预期的角度分析，其依据是：首先，因为项目经营过程中所使用资金的时间价值在累积；其次，项目投资和经营的效率应当随投资导致的资源结构和各种运作机制的适应性变化而递增的；最后，较长时间的投资持有往往对应更大的风险，因此从风险回报的合理性也能符合收益递增规律。

据此，实际运作效率变化对第 j 个区间经营利润增量的影响为：

$$\Delta\pi_j = \pi_{T_1} \times \tau_j$$
$$= \frac{\Delta\bar{E}_{BIT_1} \times (1 - t_r)}{n} \times (j - n) \tag{7.26}$$

此处，$\Delta\bar{E}_{BIT_1}$ 体现了项目公司实际经营方面的盈利能力变化，而 $\frac{j-n}{n}$ 反映的是盈利能力变化对后续经营的效率影响与所在投资决策时间位置的关系。

由于经营过程中项目投资的价格均衡可能发生变化，即风险溢价比可能不再等于初始状态的测算值，因此要对 T_2 内原测算投资净现金流（F_j）与目标净现金流（F_j'）之间作平均差值（$\Delta\bar{F}_j$）的调整，即：

$$\Delta\bar{F}_j = F_j' - F_j \tag{7.27}$$

并且，根据以上各式可得：

$$\Delta\bar{F}_j = \Delta\pi_j + \Delta\bar{D}_{T_1} \times [1 + (1 - t_r) \times r_d]$$
$$= \frac{\Delta\bar{E}_{BIT_1} \times (1 - t_r)}{n} \times (j - n) + \Delta\bar{D}_{T_1} \times [1 + (1 - t_r) \times r_d] \tag{7.28}$$

据此可求得 F_j'。并且，T_2 内调整后预测收益的平均值 $\bar{F}_{T_2}'$、标准差 σ_{T_2}' 都发生了变化，计算公式分别为：

$$\bar{F}_{T_2}' = \frac{1}{N-n} \sum_{j=n+1}^{N} F_j' = \frac{1}{N-n} \sum_{j=n+1}^{N} (F_j + \Delta\bar{F}_j) \tag{7.29}$$

$$\sigma_{T_2}' = \sqrt{\frac{\sum_{j=n+1}^{N} (F_j' - \bar{F}_{T_2}')}{N-n}} \tag{7.30}$$

已知，当 i = n，即 t_n 时的投资风险 $\sigma_i = \sigma'_{T_2}$，那么，在不考虑通货膨胀率等因素变动的前提下，项目股权投资预期收益率为：

$$k_i = r_f + \frac{\sigma_i}{\sigma^*} \times (k^* - r_f)$$

$$= r_f + \frac{\sigma'_{T_2}}{\sigma^*} \times (k^* - r_f) \tag{7.31}$$

若考虑该通货膨胀率变化等因素的影响需要进行相应的调价，则求得调整后预期收益率 k'_i，k_i 或 k'_i 即为自由现金流贴现模型进行 PPP 股权投资估值所要求的折现率。

7.2.3　举例分析

云南省某文化旅游区建设 PPP 项目是一个准经营性项目，采取"使用者付费 + 可行性缺口补助"的付费机制，即：项目成本支出和合理利润主要是通过依靠旅游业务运营收入，低于合理利润的差额部分由政府补足，同时对项目公司进行绩效考核，政府方出资代表和社会资本按照项目资本金实缴比例对超额收益进行分配。该项目实施方案于 2017 年 6 月制订，其中所设定的其他条件主要包括：

（1）总投资规模 164174 万元，其中项目公司负责投资部分为151259.20 万元，其中项目资本金（项目公司的实缴注册资本金，也就是初始股权投资额）为负责投资金额的 30%，即：45377.85 万元，且政府代表方与社会资本方的出资比例为 1:9。投资现金流分布如表 7 - 4 所示。

表 7 - 4　　　　　　　　　　　项目投资分期情况　　　　　　　　　单位：亿元

投资	总额	第 1 年	第 2 年	第 3 年	第 4 年	第 5 年	第 6 年
负责投资	151259.20	41802.77	32019.97	34691.55	21372.61	16029.46	5343.15
资本金投入	45377.85	12540.83	9605.99	10407.46	6411.78	4808.84	1602.95

（2）采取 BOT（建设—运营—移交）的运作方式，政府与社会资本方的合作期为 30 年，其中项目整体建设期为 6 年。

（3）运营期结束项目无偿移交，项目公司清算时的资产处置所得53253.63 万元计入当期收益由股东分配，双方按出资比例（1:9）对剩余的所有者权益进行分配。

（4）贷款利率取基准利率 4.9% 的 1.2 倍，即 5.88%。

（5）项目运营合理利润率上限为 6%，超额利润可由项目公司股东按股权比例进行分享。

（6）自 PPP 合同生效日起 5 年后，经实施机构事先书面同意，项目公司股东可以转让项目公司股份。

经测算的项目资本金投资或初始股权投资净现金流①、股权自由现金流分布具体如表 7-5 所示。

表 7-5　　　　　项目股权投资净现金流和股东自由现金流测算　　　　单位：万元

合作年份	投资净现金流测算值	股东自由现金流测算值	合作年份	投资净现金流测算值	股东自由现金流测算值
第 1 年	-13591.23	28142.49	第 16 年	3441.89	-3534.04
第 2 年	-11059.29	20883.80	第 17 年	3271.95	-2584.31
第 3 年	-11032.83	23481.75	第 18 年	4439.59	-1416.66
第 4 年	-4735.60	13594.96	第 19 年	5692.84	-163.41
第 5 年	-3092.44	9933.57	第 20 年	7042.55	1186.3
第 6 年	151.47	2548.31	第 21 年	8484.35	2628.09
第 7 年	768.99	-4761.14	第 22 年	8251.14	2394.89
第 8 年	1885.41	-3672.16	第 23 年	8822.62	2966.36
第 9 年	1925.50	-3597.94	第 24 年	10089.85	4233.59
第 10 年	1969.42	-4376.91	第 25 年	11455.37	5599.11
第 11 年	2017.67	-4705.78	第 26 年	12927.30	7071.05
第 12 年	2064.65	-4790.60	第 27 年	14513.75	8657.49
第 13 年	2122.50	-4781.88	第 28 年	16223.45	10367.20
第 14 年	2185.86	-4772.69	第 29 年	18065.86	12155.50
第 15 年	2463.62	-4547.09	第 30 年	20051.13	14194.87

---

① 与项目资本金投资有的现金流入（收入）与流出（支出）的差额，用以表示各期投资净收益。

根据上述信息，并将无风险利率（r_f）取值为当时 7 年期国债利率 3.48%，分别对该项目初始（t_0）和第 10 年合作期初（t_{10}）的股权投资进行估值。

投资估值一：对于 t_0 时的项目初始股权投资估值。

（1）本例中，项目股权投资活动仅有项目公司的资本金投入，因此，项目股权投资收益率（k^*）等于 t_0 时的项目初始股权投资收益率（k_0），即项目公司资本金内部收益率。根据表 7 – 5 中的资本金投资收益净现金流分布，以内部收益率计算公式求得 $k^* = k_0 = 7\%$。

（2）由于项目初期不需要考虑调价问题，同时项目公司到期清算所得已计入当期收入，因此也无须考虑项目公司余值问题，那么根据式（7.31），该投资的股权估值为：

$$V_{t0}^e = \frac{28142.49}{1+7\%} + \frac{20883.8}{(1+7\%)^2} + \cdots + \frac{14194.87}{(1+7\%)^{30}} = 84010.09$$

投资估值二：假设项目已经实施了 10 年，求 t_{10} 时的股权投资预期收益率，并进行股权估值。

（1）求得项目前 10 年（T_1）内方案测算的投资净现金流平均值为 $\bar{F}_{T_1} = -9605.83$，该均值为负的可能原因是：项目投资集中于该期间，同时项目公司尚未实现盈利。

（2）调整 T_2 内投资净现金流和股东自由现金流预测值。

首先，求 t_{10} 前 T_1 内实际息税前收益相对于方案值的平均变化量 $\Delta\bar{E}_{BIT_1}$。由于此处项目实施进度仅是假设，因此无从获取该期间其净利润的实际值，并考虑到借助虚拟数据举例分析尽管会影响结果的精确度，但对于估值过程的解释应该仍然是有效的。其次，假设项目公司 T_1 期间实现了原实施计划所得税后经营利润平均增长 $[\Delta\bar{E}_{BIT_1} \times (1 - t_r)]$ 为 10% 的经营目标，并假设原方案中债务资本安排不变，那么：

$$\Delta\bar{F}_{T_1} = \Delta\bar{E}_{BIT_1} \times (1 - t_r) = 175.54$$

$$\pi_{T_1} = \frac{175.54}{10} \approx 17.55$$

且已知 $\tau_j = j - 10 (j = 11, 12, \cdots, 30)$，则 t_{10} 开始的 T_2 内，调整后投资净现金流：

$$F_j' = \pi_{T_1} \times \tau_j + F_j$$
$$= 17.55 \times (j - 10) + F_j$$

净利润调整后的投资净现金流和股东自由现金流预测值如表 7 – 6 所示。

表 7 - 6   调整后投资净现金流与股东自由现金流预测值   单位：万元

合作年份	净现金流调整预测值	股东自由现金流调整预测值	合作年份	净利润调整预测值	股东自由现金流调整预测值
第 11 年	2035.22	− 4688.23	第 21 年	8501.90	2645.64
第 12 年	2082.20	− 4773.05	第 22 年	8268.69	2412.44
第 13 年	2140.05	− 4764.33	第 23 年	8840.17	2983.91
第 14 年	2203.41	− 4755.14	第 24 年	10107.40	4251.14
第 15 年	2481.17	− 4529.54	第 25 年	11472.92	5616.66
第 16 年	3459.44	− 3516.49	第 26 年	12944.85	7088.60
第 17 年	3289.50	− 2566.76	第 27 年	14531.30	8675.04
第 18 年	4457.14	− 1399.11	第 28 年	16241.00	10384.75
第 19 年	5710.39	− 145.86	第 29 年	18083.41	12173.05
第 20 年	7060.10	1203.85	第 30 年	20068.68	14212.42

（3）计算风险溢价比。

根据表 7 - 6 中数据，计算得到项目方案测算股权投资净现金流的均值和标准差：

$$\overline{F}_T = \frac{1}{30}\sum_{i=1}^{30} F_i = 4227.25$$

并根据式（7.18）计算表示投资风险的税后净收益现金流的标准差：

$$\sigma^* = \sqrt{\frac{\sum_{i=1}^{30}(F_i - \overline{F}_T)}{30}} = 8104.25$$

以及，T_2 内投资净现金流调整预测值的均值和标准差分别为：

$$\overline{F}'_{T_2} = \frac{1}{20}\sum_{j=11}^{30} F'_j = 8198.95$$

$$\sigma'_{T_2} = \sqrt{\frac{\sum_{j=11}^{30}(R'_j - \overline{R}'_{T_2})}{20}} = 5756.33$$

则标准差比为：

$$\frac{\sigma'_{T_2}}{\sigma^*} = \frac{5756.33}{8104.25} = 0.71$$

再根据已知无风险利率取值 $r_f = 3.48\%$，求得调整后的 t_{10} 时股权投资收益率：

$$k'_{10} = r_f + \frac{\sigma'_{T_2}}{\sigma^*} \times (k^* - r_f) = 5.98\%$$

可见 $k'_{10} < k_0$，主要是由于 t_0 时项目公司处于较早期，其未来经营状况具有更高的不确定性，导致经营效益及投资收益的波动性更大，投资风险也要大于 t_{10} 时刻，因此股权投资者应当获得更高的回报。

$$V^e_{t10} = \sum_{j=11}^{30} \frac{FCFE_j}{(1 + k'_{10})^j} = 2087.32$$

该价值几乎是初始股权投资或者项目股权投资总价值的 1/40，但此时项目公司刚刚经历了以建设期为主的经营亏损（净利润为负）阶段，还有剩余 20 年账面利润值较大的运营期，显然股权价值相对于其盈利能力是过低的。从投资收益来源与股东自由现金流构成角度看，导致股权价值过低的原因主要是：一方面，项目投资规模大、负债率高，运营期内较大金额的本金偿还很大程度上减少了当期的股东自由现金流；另一方面，相应的利息支付是项目公司财务成本的增加和净利润的减少，同样也减少了当期股东自由现金流。此外，忽视了通货膨胀率等收费价格影响因素的变化，导致项目公司实际经营收入偏低，并且使实际投资收益率低于名义值，换而言之，实际利润偏低和名义上的投资收益率偏高，导致估值结果小于实际价值，即：项目公司股权的内在价值被低估。

股权价值低使得项目缺乏投资吸引力，而股权的内在价值被低估则会导致投融资定价不合理，损害股东利益。据此，从融资角度看，项目公司在经营过程中应当积极考虑引入具有资金、管理和技术等方面优势资源的股权投资，适度降低债务融资比率，从而不仅优化资本结构，以此减少财务成本和还本支出对股东自由现金流的反向影响，并且能够提高经营效率和盈利能力。同时，应当充分发挥项目收费价格调整机制的作用，使利润和投资收益估计水平更接近真实情况，从而有更合理、准确的估值结果。

值得注意，尽管项目公司的资本金增加和股权投资的引入会改变原测算的各项现金流量大小分布，但由于实施方案测算数值比投资预期调整有更大的社会公允性，因此仍应以方案测算数值为风险溢价比的计算依据，即由此计算得到的项目股权投资收益率（k^*）及资本金内部收益率（k_0）及投资风险（σ^* 或 σ_0）不被投资计划数值替代，除非方案被重新论证和修改。

例如，若在本例项目的实际运作中，项目公司股东在方案计划基础上将资本金投入增加到建设投资额的 50%，即 75629.6 万元，建设期每年实际增加出资 5041.96 万元，并且在项目实施 6 年后，又以增资扩股的方式引入股权投资 15000 万元。那么：

（1）对于 t_0 时的股权投资，方案测定的 k^* 与 k_0 不变，且计划增加资本金投资的预期收益率（k_0'）仍应根据与 k^*（或 k_0）之间的风险溢价比关系求得；

（2）对于 t_{10} 时的股权投资，求其预期收益率和进行股权估值时应根据实际投资和经营状况的变化而调整投资收益现金流和股东自由现金流，但方案中测算的 k^*（或 k_0）、σ^*（或 σ_0）仍是计算风险溢价比的依据。

据此，对 t_{10} 投资净现金流预期产生影响因素包括：前 10 年的盈利能力平均变化仍为：

$$\Delta \pi_j = \pi_{T_1} \times \tau_j = 17.55 \times (j - 10)$$

以及，资本金投入增加导致后续 27 年内每期还本付息平均减少

$$\Delta \overline{D}_1 \times [1 + (1 - t_r) \times r_d] = \frac{75629.60 - 45377.85}{27} \times (1 + 75\% \times 5.88\%)$$
$$= 1169.85$$

t_7 时引入股权投资导致后续 24 年内每期还本付息又平均减少

$$\Delta \overline{D}_1 \times [1 + (1 - t_r) \times r_d] = \frac{15000}{24} \times (1 + 75\% \times 5.88\%) = 3915.38$$

可知，增加资本金和引入股权投资对 T_2 内每期还本付息平均减少为 5085.22 万元，根据式（7.27）再次调整 T_2 内的投资净现金流和股东自由现金流，如表 7 - 7 所示。

表 7 - 7   **T_2 内二次调整后现金流预测值**   单位：万元

合作年份	投资净现金流二次调整值	股东自由现金流二次调整值	合作年份	投资净现金流二次调整值	股东自由现金流二次调整值
第 11 年	7120.44	396.99	第 21 年	13587.12	7730.86
第 12 年	7167.42	312.17	第 22 年	13353.91	7497.66
第 13 年	7225.27	320.89	第 23 年	13925.39	8069.13
第 14 年	7288.63	330.08	第 24 年	15192.62	9336.36
第 15 年	7566.39	555.68	第 25 年	16558.14	10701.88
第 16 年	8544.66	1568.73	第 26 年	18030.07	12173.82
第 17 年	8374.72	2518.46	第 27 年	19616.52	13760.26
第 18 年	9542.36	3686.11	第 28 年	21326.22	15469.97
第 19 年	10795.61	4939.36	第 29 年	23168.63	17258.27
第 20 年	12145.32	6289.07	第 30 年	25153.9	19297.64

计算得到标准差 $\sigma''_{T_2} = 5756.33$，则股权投资收益率为：

$$k''_{10} = r_f + \frac{\sigma''_{T_2}}{\sigma^*} \times (k^* - r_f) = 5.98\%$$

显然，由于本例中现金流是基于平均增加值进行二次调整的，因此并未改变其波动性，即风险溢价比没变，仍为 5.98%，但以此进行估值得到结果为 60509.21 万元，比二次调整前的估值提高了 58399.49 万元，足见以股权投资置换债务资本对于股权价值提升的重要性。

7.2.4　PPP 股权投资估值分析中的关键问题

总结以上分析，估值结果对于 PPP 股权投资决策的参考价值和指导意义上显然是重要的，但估值方法及模型的选择并非唯一，且估值本身是一个定性分析和定量分析相结合的过程，因此在方法选择、变量设计、数据处理上必然存在不同程度的主观性，以及复杂的计算过程中也难免出现操作失当，从而影响估值结果的合理性和精准度。据此，在总结前文分析基础上梳理 PPP 项目股权投资估值过程中应予以重视的几个问题：

（1）估值中涉及的项目经营利润、股东自由现金流预期等关键数据并非实际值，而是在 PPP 实施方案中测算得到并在 PPP 合同中确定的，因此估值时应当首先要分析 PPP 实施方案与合同条款的可执行程度。

（2）在无风险收益率选取和通货膨胀率估计等方面具有较大的主观性，同样也对估值的合理性与精确度产生影响，因此要根据合同中约定的调价机制进行相关参数的调整。

（3）对于项目全生命周期内投资进入时间的选择，由于以上分析中是基于投资选择时间点为单位区间期初的假设，因此在实践当中应根据其在单位区间中所处位置按比例进行相关折算调整。

（4）项目合作到期时项目公司的股权余值是项目公司股权价值两个构成部分之一，因此要根据 PPP 合同等文件事先约定，选择适宜的方式对股权余值进行评估并折算为投资时间上的现值。

此外，估值不仅对 PPP 股权投资本身有重要的定价作用，同时估值结果及项目公司盈利能力和资本结构等关键影响要素的变化也应足以对项目公司的经营决策产生影响和指导作用。最后，投融资主体的有限理性、信息不对称、契约缔结成本等因素往往会导致投资协议的事前不完全，并且项目公司实际经营状况会发生相对变动，信息不对称情况下的"隐藏行动"

和"隐藏信息"则会影响协议的正常执行。因此，估值活动本身仅是对公司股权价值的初步确定，应该通过在协议中设置相关机制进行事后的估值调整和补充，从而提高项目公司股权估值活动及内在价值本身的合理性，确保投资协议的正常执行。

7.3　估值调整：再谈判与对赌

7.3.1　PPP 契约完全性及其成因

经济学领域存在两种契约理论：完全契约理论与不完全契约理论。郜敬浩（2005）认为，完全契约是指缔约双方都能完全预见契约期内可能发生的重要事件，愿意遵守双方所签订的契约条款，当缔约双方对契约条款产生争议时，第三方比如说法院能够强制其执行；不完全契约又称为"完整的不完全契约"，其中，"完整"是指合约当事人各方都知道合约条款不完全，同时也知道需要协调不同的激励约束机制来填补"合约的缺口"、纠正扭曲的合约条款和更有效地适应意外的干扰。

两者根本区别在于：完全契约在事前规定了各种可能状态下契约当事人的权利和责任，而不完全契约则不能规定各种可能状态下的契约当事人权责，因而当事人需要通过再谈判解决该问题，相较之下，前者的重心在于契约事后的监督，而后者的重心则在于对再谈判权利等契约事前权利进行机制设计或支付安排（杨瑞龙、聂辉华，2006），如图 7 - 7 所示。

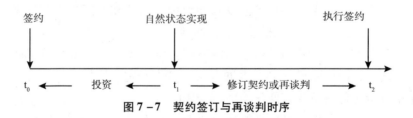

图 7 - 7　契约签订与再谈判时序

PPP 项目投资大、建设周期长、涉及利益相关者众多，内部契约结构复杂（罗剑，2016）。PPP 项目投融资运作中大体上存在三类契约关系（见图 7 - 8）：第一类为项目发起时，政府与社会资本主体间的合作契约；第二类为项目公司与运营商等分包代理之间委托契约；第三类为投资者与项目公司之间的投资契约，其中，投资者有可能是通过基金进行对项目公司进行间接投资，因此还有可能存在另一层投资委托契约关系：投资者与基金管理人之间的委托代理关系。

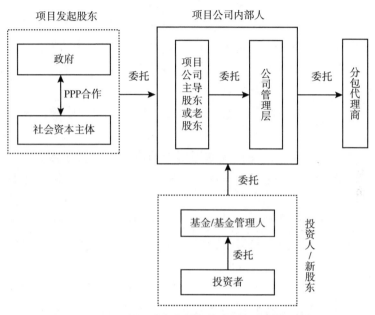

图 7 – 8　PPP 项目融资中的契约类型及委托代理关系

根据杨瑞龙和聂华辉（2006）关于完全契约与不完全契约的区分条件，本书所述的 PPP 项目第一类契约关系问题分析应属于完全契约理论范畴，重心在于再谈判权利等契约事前权利进行机制设计或支付安排；而其他两类契约关系问题（包括投资者与基金管理人之间的契约）分析则涉及不完全契约理论范畴，重心是在对事前规定了各种可能状态下契约当事人的权利和责任的监督。可见，PPP 项目股权投融资活动涉及两个契约，一个是项目前期确定政企合作关系——PPP 合同，另一个是股权投资活动中当事人订立的合同。且前者确定了整个 PPP 项目运作期限、合理利润、融资成本等基础性条件，从而对后者在当事人权责事前规定与履行方面有着决定性影响。

尽管信息在确定契约条件和履行契约时有着关键作用，但导致委托代理问题和事前不能缔约或不能完全缔约的原因却不尽相同。发生完全契约事后委托代理问题的主要原因是契约双方的信息不对称。而导致契约不完全的原因主要在于三个方面的成本（Tirole，2008）：一是由于某种程度的有限理性，使得当事人不能完全预见可能的状态，即存在预见成本；二是在可以完全预见的假设前提下，双方也很难以各自都满意的语言表述，因此缔约成本很高；三是双方可观察的契约信息不能被司法机构等第三方证实，这是证实成本。郜敬浩（2005）将契约不完全的原因总结为五个方面：

（1）有限理性与机会主义行为的存在，导致缔约双方无法在合约中为各种或然事件确定相应的对策以及计算出合约事后的效用结果。

（2）交易成本的存在，阻止了缔约双方在事前明确合同所有条款，并且又阻止他们在事后"最完美地履行契约"。

（3）信息不对称情况下，当事人"隐藏行动"和"隐藏信息"导致契约不完全。

（4）外部性的存在，使得契约当事人的成本收益与社会上不匹配，从而导致其追求契约条款完全和契约完美实施的激励不足，从而导致契约不完全。

（5）外部环境的不确定性与人类语言的模糊性，缔约各方也很难就这些计划达成协议，因为他们很难找到一种共同的语言来描述各种情况和行为，且司法机构等第三方也很难进行证实。

赖丹馨和费方域（2009）指出，PPP 关系通过签订合同建立基本的合作框架，但由于合作关系的长期性以及环境的不确定性，导致 PPP 合同具有天然的不完全性。周海宝（2017）认为，PPP 项目建设周期冗长且合同双方有限理性决定了 PPP 合同的不完全性，主要原因是项目周期影响了合同的设计、合同中风险分担失衡、契约当事人的信息不对称。张硕宇等（2017）认为，在不完全契约条件下，政企双方无法考虑所有风险事件，也就无法对意外事件发生后的责权利明确契约。在前文分析投资估值问题时提到，项目股权投资估值的合理性与精确度很大程度上是取决于投资契约中对投资合作条件的设定。更重要的是，PPP 合同规定的合作条件是投资价格确定的基础，可见，造成 PPP 契约不完全的原因同样会影响投资契约当事人权责的事前完全性和事后再谈判成本。据此，导致 PPP 股权投资契约不完全的原因即是：项目合作周期长、环境不确定性高的前提下，合作双方的非理性导致预见成本、缔结契约成本和证实成本。

7.3.2　非完全契约下的效率问题与再谈判权

关于契约不完全可能导致的经济效率问题，根据蒋士成和费方域

（2008）的观点，当事人签订长期合同的目的通常是期望通过对各方权责的预先规定来应对未来的不确定性，尤其是对未来交易所需要的一些早期投资，投资激励的恰当保障则至关重要。事前关系专用性投资的激励问题被称为事前效率问题，与之对应的事后效率问题是指当状态实现之后不能无成本的再谈判时会导致无效率或低效率问题。

杨瑞龙和聂华辉（2006），蒋士成和费方域（2008）指出，若事前的合同不完全，那么投资者在事后就有可能被其他当事人"敲竹杠"或攫取"可占用性准租金"。蒋士成和费方域（2008）还认为，事后无效率比事前无效率的来源更多，主要包括：关于事后"适应性决策权威"的配置与决策收益不匹配导致的成本；事后讨价还价过程所耗费时间、精力等成本；事后再谈判过程中，信息不对称导致有效交易机会丧失的成本与有信息优势方的无效率行动选择带来效率损失，以及寻租、影响或说服成本等。由于契约不完全，在事前在对政府和社会资本方的风险分担机制、利益分配模式不合理、政府补偿机制等合同条件设计不合理，导致项目事后落地实施难度大，且 PPP 项目运行中短期化、机会主义倾向较严重，违背了 PPP 强调的全生命周期合作与风险共担等特性，直接导致项目运营效率低，出现各种不规范、风险较大等问题、乱象（吉富星，2018）。

杨瑞龙和聂华辉（2006）对关于解决契约不完全导致"敲竹杠""无效率"问题解决方面的前人研究进行了多视角的总结分析，分析中涉及的问题解决途径主要有五种：

（1）法律干预：通过国家立法或司法程序来弥补不完全契约导致的无效率。

（2）赔偿：契约不完全下的不可预见或然性，可能导致事后成本高于价值，违约有时候是对双方而言是帕累托改进，违约方因此要向对方支付赔偿，包括：期望损失赔偿（契约关系内的机会收益）和信任损失赔偿（机会收益和专用型投资）。

（3）治理结构选择：以最小化交易费用为宗旨，通过市场、企业或科层、混合形式（抵押、互惠、特许经营等）和官僚组织等多种治理结构来解决不完全契约下的"敲竹杠"问题，并且，契约不完全程度越高，就越应该选择更低激励强度、更少适应性、更多行政控制、更多官僚主义特征的治理结构。

（4）产权或剩余控制权配置：把所有权安排给投资重要或者不可或缺的一方，确保在次优条件下实现总剩余最大化，即设计最优所有权结构。

（5）履约：利用机制设计的思想，通过一种简单的选择性契约或者再谈判设计，实现社会最优的专用性投资水平。

基于此，解决 PPP 合同不完全导致的效率问题，要在事前设计恰当的投资激励保障机制，以及对事前的权利（包括再谈判权利）进行机制设计或制度安排：

（1）加强对项目的经营性和 PPP 模式适用性的论证，转变合同设计理念，以合同订立与管理为核心，提高合同的恰当性、完备性，确保当事人风险分担与收益分配的均衡与激励性，并设计合理的收益结构，包括适当的投资回收期、基准收益率水平、退出机制、绩效监控与考核机制、关联付费机制等，且在政府补偿前提下，设计合理的运营期延长机制、调价机制、补贴方式与额度调整机制等，以降低契约事后再谈判成本，提高契约效率。

（2）加强全过程的信息公开透明、完整披露力度，形成有效的全生命周期绩效监管体系，包括：在项目落地前，应当将项目的前期资料（如可行性研究报告）、实施方案、合同主要条款和采购信息等核心内容分阶段、适时公开，让社会公众充分知情并参与到沟通与决策之中，防止不完全契约导致的投机行为。

（3）通过完善法律法规体系，规定项目中政府和社会资本方的权利和义务，弥补签订契约时信息表达不准确以及难以观察而导致的契约不完全问题，并积极引入第三方干预和赔偿手段，以法律干预手段弥补 PPP 合同不完全性导致的效率损失。

7.3.3　完全契约下的委托代理问题与对赌协议

PPP 项目投资和项目运作分包委托契约中涉及信息不对称导致的委托代理问题，其后果可能是存在委托人与代理人之间的利益冲突时，代理人对委托人的利益损害：一种情况是在投融资活动形成的委托代理关系中，内部人（项目公司及其治理者）对政府、社会资本主体股东及其他投资者，以及基金投资者与基金管理人之间的利益侵害问题；另一种情况是项目运营等环节的委托代理过程中，代理分包商对项目公司的利益冲突问题。两种情况最终都致使契约不能得到"完美的履行"，造成 PPP 项目运作的事后非效率。第一种委托代理问题中，除了债务性融资涉及的项目公司与债权人之间委托代理关系此处不做分析，股东与项目公司、投资者与项目公司内部人、基金投资者与基金管理人之间委托代理问题是 PPP 项目股权投资契约的事前设计与事后实施所应考虑和分析的重要内容。委托代理问题导致 PPP 项目股权投资的非效率具体表现为契约履行过程中发生的各种逆向选择行为和道德风险。

据此，本书认为，除了应该采取必要措施降低双方的信息不对称程度之外，还可以通过以下三种方式或途径减少 PPP 项目投资活动中的委托代理问题带来的非效率影响：

（1）事前合理设计激励约束相容机制，使之既然激励代理人努力完成业绩目标，同时又能对其进行有效的约束，实现委托与代理双方的各自期望效用最大化。

（2）在契约事后对代理人进行有效监督，股东和外部投资者可以适度地参与项目公司运营管理，以此降低监督成本，更有效地解决委托代理问题，同时还可以为项目运营提供知识、管理技术和经验等要素资源，提高项目运营绩效。

（3）在事前契约中设计和实施对赌机制，在契约事后根据代理人的实际努力程度和业绩表现对其进行激励目标偏差的合理调整，使得委托代理双方的风险分担、利益分配等机制的合理化改进更有利于项目契约效率目标的实现。

前文关于联合投资关系中的激励和约束机制问题分析中提到估值调整机制（VAM），指出对赌协议是投融资双方为了实现各自利益目标，根据契约约定条件的实现情况，分别行使估值调整权利，以弥补投资估值的偏差所导致自身价值的损失，从而保护委托人的投资利益，激励代理人创造更大的效益（孙艳军，2011），实际上是一种"金融契约"和用于"确保投资方利益，解决道德风险问题的激励机制"（张波等，2009），是一种带有附带条件的价值评估方式、一种期权形式（叶柏阳和杨园园，2010）。朱友干（2016）认为，PPP 项目投资的对赌协议是投融资双方对预期目标的实现程度进行的约定，从项目未来业绩以及契约双方的权责角度设计对赌条款，从而控制项目运行过程中的潜在风险。

根据以上观点，理解对赌协议的重点是契约当事人双方在于业绩目标与实现条件、赔偿方式、担保主体和内容等方面的达成共识：

首先，对赌协议的在于根据契约事后项目实际盈利目标的达成情况，进行投融资双方的利益分配调整：融资方作为代理人以其超目标业绩表现向委托人——投资方要求获得奖励，即对项目投资价值低估的补偿；反之，融资方则必须满足投资方的股权比例重新确定或投资款返还的要求，这是对高估项目价值带给投资方损失的弥补。

其次，对赌的判断条件是代理人对财务和非财务目标业绩的达成度，而进行目标业绩对赌的"筹码"就是重新设计股权比例或返还投资款，股份和资金方面的补偿就是向对方进行对赌结果赔偿的方式，即投资估值的调整方式。

此外，为了确保对赌协议关于对赌结果赔偿的约定在事后能够得以"完美履行"，融资方通常需要向投资方提供某种形式的担保，在私募股权投融资协议中，通常是融资企业的原股东而非企业自身，为投资方提供以自身所持股权等资产或权属为担保物的承诺和担保，即承担赔偿责任的是企业原股东。因此，真正意义上的对赌协议主体关系应该是融资企业的原股东与投资方（或新股东）。

从 PPP 项目股权投资角度看，委托代理关系包括五个方面：一是政府和社会资本主体作为项目公司股东与经营管理层之间；二是项目公司老股东及经营管理层作为内部人与外部投资者（新股东）之间；三是项目公司与运营代理商之间的项目运营委托与代理关系；四是投资者与基金及管理人之间的委托代理；五是政府作为项目公司的小股东与大股东社会资本主体之间也存在委托代理关系。但是在理论上，这些委托代理关系中不是任何一项都直接涉及股权投资的估值调整问题，因此并非所有主体都直接需要单独参与对赌，而此处的对赌协议主要针对解决：

（1）政府作为小股东与大股东社会资本主体之间的委托代理问题。

（2）投资者或投资基金作为新股东与内部人——项目公司老股东及公司管理层之间的委托代理问题。

此外，PPP 项目运作中，除了与项目公司及其管理者，政府与社会资本合作关系中也存在委托代理问题：政府作为项目公司的小股东，属于投资者或委托方，因此也可以与在项目公司经营管理决策上具有实质影响力的主要股东——社会资本主体在 PPP 合同中设计对赌条款，以延长或缩短特许运营期限，以及特许经营期内的股权和利润的重新分割、补贴方式与额度的变化等条件作为"筹码"进行业绩对赌，但必须规避"明股实债""变相担保""回购兜底"等不规范做法导致的法律风险。

对赌协议（估值调整机制）确立与实施的过程中（见图 7-9），上述 PPP 项目投融资涉及的五种委托代理关系中，委托人根据协议中约定的项目风险收益、业绩目标等条件提出对赌要求方案，这是对赌过程的起点；而代理方对此可能的态度是接受或者拒绝，因此双方确定对赌协议中的激励与约束方面的关键条款可能需要经历一个"讨价还价"的博弈过程；双方博弈均衡意味着对赌协议可以在约定时间开始实施，在激励约束相容机制作用下，内部人在此过程中进行不同程度的努力工作以实现对赌协议的绩效目标；代理人的努力程度表现为协议规定各阶段的项目运营或投资业绩，其对于绩效目标的达成度是对赌协议中对代理方业绩考核的依据；根据绩效目标的达成度情况执行契约：约定估值不变或调整估值。

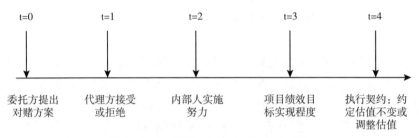

图 7 - 9　信息不对称下的对赌协议时序

资料来源：借鉴张波、费一文和黄培清（2009）在《"对赌协议"的经济学研究》一文中关于道德风险下的"对赌协议"时序的图文描述。

7.4　本 章 小 结

尽职调查、价值评估、契约的谈判与签订是私募股权投资运作流程中与投资决策相关的重要环节，其工作内容基本与项目有关，真正体现了投资活动的"项目导向"。PPP 股权投资价值的确定是一个动态过程，包括了契约事前的尽职调查、价值初定、谈判与缔约，以及事后再谈判和估值调整。本章将 PPP 项目股权投资的价值确定过程分为三个连续的部分进行分析：

（1）尽职调查是对通过初步筛选的项目再进行详细的审查，目的是摸清被调查项目的风险和收益情况，实则是对投资项目评估的基础性工作。PPP 股权投资尽职调查是基于对项目融资需求的了解，从项目的"两评一案"及合同着手分析股权投资的风险收益，以此为投资估值提供基础信息。

（2）投资估值则是确定模型并使用模型对基础信息进行技术性处理和计算的操作环节，重点在于根据经收集与分析处理后的项目风险与收益信息确定股东现金流和折现率，并初步评定项目公司的股权价值，该价值仅能作为投融资双方合同谈判的一个初步依据，并非最终接受条件。本书基于资本资产定价理论，参照资本市场线（CML）的推导过程，构建资产组合代表项目全生命周期中的具体投资，从而对其进行投资风险收益率的确定，并以现金流贴现模型对 PPP 股权投资进行估值。但由于 PPP 项目公司价值包括与项目生命周期内正常经营有直接关系的价值，或"项目特殊载体公司"的价值，以及运营期满作为与本项目"非载体"关系的企业价值，即项目公司的余值。因此，现金流贴现模型仅是对前者情形下进行了股权估值，后者则需要根据 PPP 合同等文件事先规定的情况，从股权投资活动与项目移交之间的时间距离上选择适宜的方式对项目公司的股权余值进行评估。

（3）契约谈判和缔结过程中，契约完全性以及契约事前谈判和事后执行的效率取决于投融资双方作为当事人对信息掌握程度和激励机制的设计等因素。当事人必须通过事前约定再谈判或设定其他机制以调整契约事后的风险收益分配和投资价值，必要的应采取措施降低信息不对称程度，通过对赌协议的方式进行估值调整。

第 8 章　PPP 股权投资退出

股权投资者需要通过退出实现其投资收益，并通过分配投资收益完成资本的循环（刘曼红，2004），当私募股权资本所投资企业达到预定条件时，投资者将投资的资本及时收回的过程，就是私募股权投资退出（彭海城，2012）。由于私募股权投资的增值是通过退出得以实现的，并且还关系到基金再筹资与投资的效率问题，因此被勒纳和冈珀斯（2004）等看成是私募股权投资过程中最为重要的环节。其中，退出时机和方式、退出后股权或现金的分配问题是决策重点（刘景红，2004）。

8.1　PPP 股权投资退出方式选择

从现有理论研究与实践操作情况看，私募股权投资退出方式包括首次公开发行股票（IPO）、兼并与收购、回购、股权转让等投资成功退出，以及冲销或破产清算等投资失败退出。其中，"转让"作为投资退出的核心功能，是通过不同退出方式的企业股权转让或控制权转移，使得股权投资增值或再融资可以借由多种途径得以实现，而各种方式或途径又有各自不同的特点：

（1）IPO 是企业首次在市场上公开发行股票，使投资者能够在市场上出售股票获得高回报，但由于企业公开上市的门槛较高，并且单个项目公司的经营期是限定的，因此单独上市的可能性较小。此外，IPO 对原投资股东在退出方面有"锁定期"的规定，因此退出难度较大，时间选择上也较不可控。

（2）回购则与投资企业获得股权过程恰好相逆，是指企业原股东或管理层按投资协议约定时间和价格从投资者手里买回其投资并持有的股权，使股权投资得以退出保障，由此，原股东或管理层回购约定下的股权投资却具有明显的债权债务关系——"明股实债"的特征，若投资者可以选择股权被回购退出，那么这种投资实质上就是"股转债"。

（3）股权转让也是一种股权购买和销售的退出方式，但与回购不同，该方式下的股权购买者或有偿受让方可以是企业股东或者是与企业并无股权关系的外部投资者，因此并无投资协议对企业原股东关于"买回"股权的事先约定，而且企业股东可以依据法律法规享有股权购买或受让的优先权等。

（4）兼并与收购，或简称为"并购"，是指企业通过有偿方式购买另一企业的股份或资产，获得被并购企业股权或控制权，其本质是企业股权或控制权的转移（王媛，2015），实则就是具有较强战略目的性的股权转让。

（5）冲销主要是指在企业经营失败的情况下投资者股份数量的按比例缩减或者是仅回购股权投资者持有部分股权的行为，但投资者仍继续持有企业股份（李姚矿等，2002），该行为使投资者被迫退出了部分数量的所持有股权，有利于企业股权单位价格的提高，但显然不会使其实现增值退出的目标。

（6）破产清算是指当企业因某种原因而不得不终止经营，为终结企业现有的各种经济关系而对企业进行的清查、估价、变现、清理债权、分配剩余财产的行为，但在私募股权投资领域，是指投资失败时或者达到协议约定的清算条件时，投资者通过该方式实现投资退出。

PPP 项目通常有一个事先确定的经营周期，该周期自然结束时应移交清算，即契约事先约定退出时间而并无事后选择，兼具契约式和强迫式两种退出方式特点。除了协议规定的 PPP 项目生命周期自然结束时的移交清算，以上各种投资方式理论上均应适用于 PPP 项目公司的股权投资退出，但项目公司具有项目运作的专门性、协议约定的运作期限、资产特许经营及特殊的产权关系等方面特点，难以作为一个单独的主体进行 IPO，但比一般企业有较高的专门产业项目运营能力和相对稳定的现金流，因此可以作为并购的选择标的和财务投资对象，可见项目公司正常经营状态下 PPP 股权投资较为现实的退出方式就是并购和股权转让，以及不涉及"政府兜底"和"明股实债"等问题的股权回购，即由非政府股东按协议约定对投资者退出股权进行回购，使其得以投资退出。同时，也不排除项目公司无法继续运营或投资失败情况下，投资者被迫通过冲销甚至是破产清算的退出可能。

8.2　PPP 股权投资退出时机决策

8.2.1　PPP 退出时机决策本质

股权投资退出的时机选择则是退出决策的另一个重点。现有研究大多是基于退出成本与收益比较，以均衡状态确定最佳退出时间。伯纳德·布莱克（B. S. Black，1998）认为，风险投资家在资本增值不大于投资成本时选择退出可以实现收益最大化。

卡明和麦金塔什（Cumming and Macintosh，2001，2002）指出，退出时机选择是信息不对称条件下的投资收益与机会成本比较，而风险资本的边际收益与边际成本相等的均衡点即是投资退出的最佳时机。冯宗宪等（2010）则认为，风险投资退出时机决策涉及多方利益的均衡分析，并因此把持有股权和退出看成是一种期权，使用布莱克－斯科尔斯的欧式期权定价公式对退出价值进行分析和确定最佳退出时间。基于投资价值增长角度，蔡神元和杨开发（2011）对产业投资基金退出时机选择的影响因素分为产业投资基金、被投资企业、外部环境三个方面，并构建模糊综合评价模型进行案例分析。关于 PPP 股权投资退出时机决策方面的研究稀少，刘蕾和张邓斓（2018）根据卡明（Cumming）等的研究，以预期边际收益增加值不大于预期边际成本为一般决策条件，并分别构建模型分析理想经济状态和信息不对称情形下的 PPP 政府投资基金退出的最优时机选择。

总之，现有研究主要基于退出者单一利益均衡角度，忽视了退出导致的股权价值变化，并且缺少对股权转让意向价格、再投资机会预期作为机会成本的考虑，同时也因缺少契约完全性对于退出时机选择与谈判影响的考虑，以至于对退出时机决策分析不全面。卡明和麦金塔什（2002）的研究观点是，最佳退出时机选择应满足考虑信息不对称和机会成本时的均衡条件。持有股权的机会成本实则是股权转让退出与再投资于市场的最大价值回报。由于成功的退出是通过股权转让交易而实现，且转让价格决定了退出者可再投资规模和再投资价值回报大小的要素之一，因此受让者的意向性报价是评估机会成本不可或缺的参考条件。显然，退出时机理性选择的前提条件是退出者所持有股权价值小于机会成本。

退出者的利益目标是选择最佳退出时机实现投资收益的最大化（冯宗宪等，2010）。非均衡状态下，退出者期望放弃持有股权所得最大价值回报，能够实现自身从投资项目至退出的持有期间收益最大化。同时，退出机制作为实现投资收益的一种保障和吸引投资的激励措施，可由契约事先设定或通过事后谈判确定退出时间，因此投资退出时机决策是契约主体实现各自利益最大化目标的多方均衡过程。潜在受让者的利益目标是既定股权价值下价格支付最低。项目公司则希望退出至少不能对项目正常运作、现有资本结构和资金成本等方面产生不利影响。因此，最佳时机的投资退出应是一个至少不会导致其他人利益损失的帕累托改进。

8.2.2 退出时机决策基本模型

股权的内在价值是对项目公司股东自由现金流关于某个贴现率的折现值（吴晓求，2014）。由于 PPP 项目公司在现金流分布和期限上比一般经营企业更为明确，因此较适合以自由现金流贴现模型[①]对股权价值进行分析。若将项目生命周期（T）分为 N 个单位区间 Δt，$t_i(i = 0, 1, 2, \cdots, N-1)$ 为单位区间起点时间，即 $\Delta t = \dfrac{T}{N}$、$\Delta t = t_{i+1} - t_i$，且以 $n = i + 1(1 \leq n \leq N)$ 表示区间序数，则 t_i 时点的项目公司股权估值模型表示为：

$$V_{ti}^e = \sum_n^N \frac{FCFE_n}{(1 + k_{ti}^e)^n} \qquad (8.1)$$

其中，V_{ti}^e 为项目公司股权价值；$FCFE_n$ 为属于股东的自由现金流量[②]；k_{ti}^e 表示项目公司股东必要报酬率，为折现率。

股权投资的本金及其必要报酬率是确定受让价格的基础。若项目公司资本金（初始股权资本）为 C_0^e，退出者持股比例为 ω_1，则其本金为 $\omega_1 \times C_0^e$。股权转让谈判中，受让者提出的本金必要报酬率为 k_p^e，则退出时点 t_i 上的受让价格 P_{ti}^e 是 $\omega_1 \times C_0^e$ 关于 k_p^e 的复利终值：

$$P_{ti}^e = \omega_1 \times C_0^e \times (1 + k_p^e)^{n-1} \qquad (8.2)$$

同时，退出者对资金再投资于市场的收益率预期 r_{ti}^m，获得未来（$t_i - T$）期

①　参见曹启立《PPP 股权投资估值：理论分析与应用举例》一文。文中分析并采用现金流估值模型并根据 PPP 项目公司的股东自由现金流和股权资本必要回报率进行股权估值。

②　扣除企业经营费用、税收、再投资支出和净债务支出后剩余归属于股东的自由现金流量。各区间的股东自由现金流可根据 PPP 项目实施方案与项目公司实际现金流情况进行测算。

间市场投资价值 FV_{T-ti}^m 是退出资金 P_{ti}^e 基于收益率 r_{ti}^m 的复利终值，即：

$$FV_t^m = P_{ti}^e \times (1 + r_{ti}^m)^{N-n+1}$$

在决策分析中，退出者需要通过比较转让价格与市场投资价值的大小而确定机会成本，因此要计算 FV_{T-ti}^m 在 t_i 时点的现值 V_{ti}^m，此时，退出者放弃股权、再投资于市场的资本成本为持有该股权的必要报酬率，即折现率应取 k_{ti}^e，其表达式为：

$$
\begin{aligned}
V_{ti}^m &= \frac{P_{ti}^e \times (1 + r_{ti}^m)^{N-n+1}}{(1 + k_{ti}^e)^{N-n+1}} \\
&= P_{ti}^e \times \left(\frac{1 + r_{ti}^m}{1 + k_{ti}^e} \right)^{N-n+1}
\end{aligned}
\tag{8.3}
$$

在连续复利[①]假设下，若每年计息频次为 m，将年利率 r_t 可转化成连续复利，并用 j 去除 r_t，则可将 $(1 + r_t)^n$ 转化成 $\left(1 + \dfrac{r_t}{m}\right)^{m \times n}$，且当 m 增加时，$\left(1 + \dfrac{r_t}{m}\right)^{m \times n}$ 接近 $e^{n \times r_t}$。据此，自由现金流贴现模型可化作：

$$V_{ti} = \sum_n^N FCFE_t \times e^{-n \times r_t} \tag{8.4}$$

且将式（8.3）改成：

$$
\begin{aligned}
V_{ti}^m &= P_{ti}^e \times e^{(N-n+1) \times (r_{ti}^m - k_{ti}^e)} \\
&= \omega_1 \times C_0^e \times e^{(n-1) \times k_P^e + (N-n+1) \times (r_{ti}^m - k_{ti}^e)}
\end{aligned}
\tag{8.5}
$$

退出者持有期收益由项目公司派发的股息或红利（dividend）、股权转让与投资本金之间的差价两部分收入构成，而持有期收益率就是该期间获得收益对于投资本金与持有时间的比率。若退出者投资本金为 P_{tj}^I，且获得最大价值回报为 P_{ti}^e 与 V_{ti}^m 中的较大者 $\max(P_{ti}^e, V_{ti}^m)$，则获得价差收入 $\Delta V_t^p = \max(P_{ti}^e, V_{ti}^m) - P_{tj}^I \geq 0$，但是，股利派发取决于项目公司的盈利状况，具有较高的不确定性。股东自由现金流作为满足企业所有资金需求之后可分配给股东的剩余现金流量（Jensen，1986），即股东可获得最大的股利分配，而现金流的分配则意味着股权价值的"兑现"和减少，且现金流分配的折现值理论上应等于因其所导致的股权价值减少。于是，退出者在持有期内所获得股利收入的价值大小可表示为：$\omega_1 \times (V_{tj}^e - V_{ti}^e)$，其中 V_{tj}^e 为退出者在

---

① 详见特里沙·J. 沃特沙姆，基思·帕拉莫尔. 金融数量方法［M］. 上海：上海人民出版社，2004：3 - 8。极端情况下，可以认为计息频率无穷大以至于支付的利息被不间断地增加到本金中，因此导致本金呈指数增长。

t_j 时点投资项目的股权价值。

退出者在时点 t_j（$j = 0$，1，$\cdots$，$N - 1$）投资项目到 t_i 退出的持有期收益率为：

$$r_t = \frac{\max(P_{ti}^e, V_{ti}^m) - P_{tj}^I + \omega_1 \times (V_{tj}^e - V_{ti}^e)}{P_{tj}^I \times (i - j)}, \quad i > j \geqslant 0 \qquad (8.6)$$

由于，退出时机决策条件是获得持有期收益率 r_t 最大，因此，不考虑其他限制条件下的决策基本模型为：

$$\max(r_t) = \max\left[\frac{\max(P_{ti}^e, V_{ti}^m) - P_{tj}^I + \omega_1 \times (V_{tj}^e - V_{ti}^e)}{P_{tj}^I \times (i - j)}\right], \quad i > j \geqslant 0 \qquad (8.7)$$

8.2.3　完美假设下的 PPP 股权投资退出时机决策分析

根据罗斯（Stephen A. Ross，1976）的套利定价理论，在完全竞争和有效市场假设下，投资者完全理性、信息完全对称且无交易成本，处于均衡状态的市场上不存在无风险套利，而尚未到达非均衡状态的市场则存在套利机会，且最终因为套利者的投资活动而靠近新的均衡。基于该完美假设，非均衡状态下的项目公司股东必定转让全部持有股权，或再投资于市场，且外部投资者也同样会通过"低价买进、高价卖出"获得最大差价。但投资者的套利行为增加势必导致投资价差消失，使得 $V_{ti}^e = P_{ti}^e = V_{ti}^m$、$\Delta V_t^e = 0$，即形成价格均衡（见图 8 - 1）。显然，项目公司股东必要报酬率、股权受让者必要报酬率、退出者再投资于市场的预期收益率应该都相等：$k_{ti}^e = k_p^e = r_{ti}^m$。

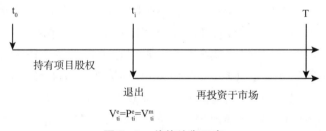

图 8 - 1　价格均衡示意

据此，以 t_0 时间为决策起点（见图 8 - 2），基于无风险收益率（r_f）之上的各曲线分别表示随时间（t）变化的资金成本和收益预期（r）。由于投资风险取决于未来的不确定性程度，因此投资风险大小与投资期限长度有关，显然，越早期的项目投资风险越大，从而不同时间的股东必要回报率 k_{ti}^e 理论上应随着项目生命周期发展而递减，而股权价值及股东必要报酬率是股权转让谈判和报价基础，受让者必要报酬率 k_p^e 也应保持递减的变化趋势，并且与 k_{ti}^e 在均衡状态下完全一致。相反，由于投资持股期限越长，投资不确定性越高、风险收益越大，因此退出者再投资于市场的预期收益率 r_{ti}^m 应随时间长度递增。

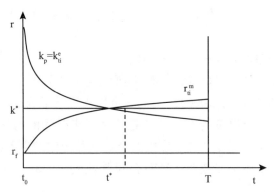

图 8 - 2　完美假设下的价格均衡与退出时机

若无须考虑退出对项目运作效率的影响，则从项目运作开始（t_0）到该项目生命周期结束（T 时间），项目股权投资的平均收益率 k^* 保持不变。并且，也仅在完全竞争和有效的投资市场环境下，收益率作为价格对资金配置是完全有效的，项目效益才完全可能不受投资退出影响，且均衡状态下的市场上投资收益率都相等，即 $k^* = r_{ti}^m$。据此，可求得最佳退出时机 $t_i = t^*$，此时有：

$$r_t = \frac{\omega_1 \times V_{tj}^e - P_{tj}^I}{P_{tj}^I \times (i - j)}, \ i > j \geqslant 0 \qquad (8.8)$$

其中，V_{tj}^e 既定时，r_t 取决于退出者在 t_j 时点投资进入价格 P_{tj}^e，且投资进入距离 $t_i = t^*$ 时点越近获得退出收益越大。

显然，价格均衡的假设条件在现实当中几乎不成立：一是存在市场不完全竞争和信息不对称，投资者并不都能获得最大收益的投资机会；二是由于决策能力差异，投资者未能一致地对项目股权价值和市场机会成本作出完全一致的理性预期；三是投资者投资进入或退出项目存在税收等方面的交易成本，并影响项目运作和投资收益预期等。由此，这些因素影响了退出者对于股权价值、转让价格和再投资价值的预期理性，使价值回报预期与项目股权估值之间存在差额。同理，受让者报价可能不同于投资价值，包括出现高于股权价值和低于其他项目投资价值的情形，且进一步影响退出者的价值回报预期，导致决策条件偏离价格均衡状态。同时，价格非均衡导致的套利行为可能会使退出影响项目公司经营业绩，导致股东价值损失。于此，价格非均衡状态下的退出时机决策还应考虑价值损失大小及其补偿方式确定问题。

8.2.4　引入价值损失补偿的退出时机决策模型构建

1. 契约完全性与退出价值损失补偿分析

现实中的契约是不完全的，一旦脱离完美市场假设，契约则可能无法达成（杨瑞龙和聂辉华，2006）。契约完全性程度是影响退出博弈均衡的另一重要因素，对退出决策的影响首先是关于退出时间的事先确定与否。其次，由于不同时间退出资本的可替代性会对项目运作产生不同程度的影响，因而投资退出决策还会涉及对于项目公司其他股东的利益变化以及理论上的价值损失补偿问题。

显然，若投资协议已有规定，投资者可以自由选择项目存续期剩余时间内退出，则股东之间则应无须进行再谈判，也不涉及退出补偿支付；但若投资协议中没有对此作出详尽的规定，则应通过再谈判确定退出时间的补偿支付。由于，投资退出影响项目公司融资结构和经营效率，并可能降低股权资本必要回报率和股权价值总体水平，但对影响过程和程度的准确估计是极为困难的，因此有必要通过观察和分析项目投资的风险收益预期变化而设定一个相对宽松的条件区域作为契约谈判基础，以帮助解决契约事先设置"投资锁定期"、不完全契约的事后"敲竹杠"和谈判成本等问题。

可以尝试通过估计和比较退出时点上的股权投资收益预期与项目公司股权资本平均回报水平的变化关系确定这一可谈判区域。图 8 – 3 中的 L_1、L_2 一对平行线均表示项目公司股权资本平均回报率 k^* 线性下降至无风险收益率（r_f）的趋势，即仅与经营时间有关的自然下降趋势，而对应于时间 t^{**} 上，L_2 与项目股权投资收益预期曲线 K 的交点表示此时 k_t 与 k^* 的变化率相同，且 k_t 下降开始比 k^* 平缓，说明此后股权资本增减而导致的风险影响低于项目公司自身总体风险水平的变化。此外，价格均衡假设下，k_t 与 r^* 相等（图 8 – 3 中时间 t^*），退出者未获得高于项目公司平均水平的股权投资回报，因此理论上不存在内部股权价值转移的争议。据此，可将时间区域（$t^{**}-t^{*}$）视作时机确定的内部谈判基础范围，并将项目全生命周期从价值补偿必要性角度分为三个时间区域：

（1）应补偿区域（t_0-t^{**}），理论上必须进行项目公司价值损失补偿的区域。

（2）可谈判区域（$t^{**}-t^{*}$），项目公司与退出者可以通过协商和谈判确定是否进行价值损失补偿，并在该区域确定一个补偿豁免的时间起点或临界点 τ 作为谈判基础，因此谈判双方应该关注项目经营业绩较稳定、投资收益变化较小的时点。

（3）应豁免区域（$t^{*}-T$），即理论上该时间区域退出不会导致行价值损失，因此不必进行补偿问题的讨论且无须给予补偿。

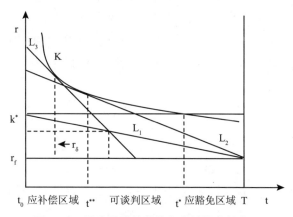

图 8-3　退出导致的价值损失补偿支付责任

实践中，即使在应补偿区域，也并非都涉及补偿支付的问题。但从另一角度看，PPP 项目运作是基于良好的合作伙伴信任关系，补偿支付谈判显然增加了投资退出的交易成本，会削弱信任基础，从而影响潜项目投资积极性。因此，价值损失补偿方面应考虑尽量避免过早退出对项目运作效率及利益相关者价值的影响，而对于在项目较后期阶段，尤其是在股权必要报酬率降至股权资本平均回报率以下的时间区域内，若对项目运营业绩不产生重大影响的投资退出，则无须进行以补偿支付为重点内容的再谈判，并且应该确保退出的便捷性。

2. 价值损失补偿计算

投资退出是实现投资增值的环节，也是风险转移和溢价"兑现"的过程。鉴于对退出后项目经营效率影响过程及程度的准确估计是极其复杂而困难的，因此可以基于风险收益均衡原则，从风险转移和风险溢价支付角度评价退出导致价值损失补偿大小。在某个退出（图 8 – 3 中 L₃ 与 K 相切）时点 t_i（$0 < t_i < t^*$）上，退出者风险溢价（投资收益率 k 超出无风险收益率 r_f 部分，$k_{ti}^e - r_f$）支付包括项目公司和股权受让者所得两个部分，分别对应两者各自承担退出转移的风险度。由此，可将与退出有关的风险转移看成是项目公司内部风险转移和交易者之间的外部风险转移两部分构成。按照股权资本平均回报率自然下降为线性的假设，该时点的项目公司一般风险溢价水平应为 $\dfrac{T - t_i}{T} \times (k^* - r_f)$，即退出者的内部风险溢价支付。

根据马科维茨（1952）的资产组合理论，市场上各种有效投资之间的风险收益均衡，即单位风险溢价应相等，该原则同样适用于单一项目不同阶段的风险溢价比较（曹启立，2019）。据此，若以股权投资收益标准差 σ_{ti} 表示 t_i 时点股权投资风险度，并以股权投资收益率标准差均值 σ^* 表示项目公司股权投资平均风险度，则满足风险收益均衡的条件为：

$$\frac{k_{ti}^e - r_f}{\sigma_{ti}} = \frac{k^* - r_f}{\sigma^*} \tag{8.9}$$

于是有：

$$\frac{\Delta(k_{ti}^e - r_f)}{\Delta t} \geqslant \frac{k_{ti}^e - r_f}{T} = \frac{\sigma_t}{\sigma^*} \times \frac{k^* - r_f}{T}$$

可知，时点 t_i 股权投资风险溢价变化率至少是项目公司平均风险溢价变化率的 $\dfrac{\sigma_{ti}}{\sigma^*}$ 倍。变化率倍差可能导致退出的内部风险转移"超量"，因此退出者需要向项目公司支付超额的风险溢价 r_δ（图 8 – 3 中箭头所指虚线部分），从而其余部分为内部风险溢价正常支付：

$$\frac{T - t_i}{T} \times (k^* - r_f) - r_\delta$$

且内部风险转移"超量"至少是正常转移的 $\dfrac{\sigma_{ti}}{\sigma^*}$ 倍，取其最小倍数，则可列出内部溢价支付等式：

$$\frac{T - t_i}{T} \times k^* - \frac{t_i}{T} \times r_f = \left(1 + \frac{\sigma^*}{\sigma_t}\right) \times r_\delta \tag{8.10}$$

已知 $\Delta t = \dfrac{T}{N}$、$n = i + 1$，将式（8.10）变换为

$$r_\delta = \frac{\sigma_{ti}}{\sigma_{ti} + \sigma^*} \times \left(\frac{T - t_i}{T} \times k^* - \frac{t_i}{T} \times r_f \right)$$

$$= \frac{\sigma_{ti}}{\sigma_{ti} + \sigma^*} \times \left(\frac{N - n + 1}{N} \times k^* - \frac{n - 1}{N} \times r_f \right) \qquad (8.11)$$

若使 $r_\delta = 0$，则有 $t_i = \frac{k^* \times T}{k^* + r_f}$，该时点即为价值损失应补偿和可谈判区域的分界点 t^{**}。

显然，内部风险转移"超量"加大股东风险，股权资本必要报酬率理论上应上升为 $k_{ti}^e + r_\delta$，因此导致项目公司股权内在价值减少，即：退出者获得内部转移价值超额。若以 V_δ、$V_{ti}^{e'}$ 分别表示内部转移价值超额、转移后的项目公司股权实际价值，则

$$V_\delta = V_{ti}^e - V_{ti}^{e'}$$

$$= \sum_n^N FCFE_n \times e^{-n \times k_{ti}^e} - \sum_n^N FCFE_n \times e^{-n \times (k_{ti}^e + r_\delta)} \qquad (8.12)$$

若项目公司其余股东持有股权比例为 ω_2，由此可计算应支付的价值补偿

$$C_h = \omega_2 \times V_\delta$$

$$= \varpi_2 \times \left[\sum_n^N FCFE_n \times e^{-n \times k_{ti}^e} - \sum_n^N FCFE_n \times e^{-n \times (k_{ti}^e + r_\delta)} \right] \qquad (8.13)$$

3. 引入价值损失补偿的退出时机决策模型

从价格均衡和契约完全性角度，退出决策时价值损失补偿支付考虑包括以下四种状态：

（1）完全契约与价格均衡：无论契约事先是否规定了"投资锁定期"，退出决策不涉及价值损失补偿考虑，且选择任意时间退出效用相同。

（2）完全契约与价格非均衡：因契约事先对"投资锁定期"及其解除方式进行很完整的规定，则获得股权价差收益的退出者在决策时应据此考虑价值损失补偿支付。

（3）非完全契约与价格均衡：契约事先没有对"投资锁定期"相关问题进行较完整的规定，则应根据退出均衡点的时间位置确定价值损失补偿支付。

（4）非完全契约与价格非均衡：契约事先没有对"投资锁定期"相关问题进行较完整的规定，因此退出需要进行谈判。

据此，价格非均衡下的 r_t 计算包括两种情况：契约非完全且应补偿区域退出、契约规定或应豁免补偿区域退出。其中，考虑补偿支付（C_h）情况下的持有期收益率收益为：

$$r_t = \frac{\max(P_{ti}^e, V_{ti}^m) - P_{tj}^e + \omega_1 \times (V_{tj}^e - V_{ti}^e) - C_h}{P_{tj}^e \times (i-j)}$$

$$= \frac{P_{ti}^e - P_{tj}^e + \omega_1 \times V_{tj}^e - V_{ti}^e + \omega_2 \times V_{ti}^{e\prime}}{P_{tj}^e \times (i-j)}, \quad i > j \geqslant 0 \qquad (8.14)$$

并且，当 $r_{ti}^m > k_{ti}^e$ 时，

$$r_t = \frac{P_{ti}^e - P_{tj}^e + \omega_1 \times (V_{tj}^e - V_{ti}^e)}{P_{tj}^e \times (i-j)}, \quad \text{或 } r_t = \frac{P_{ti}^e - P_{tj}^e + \omega_1 \times V_{tj}^e - V_{ti}^e + \omega_2 \times V_{ti}^{e\prime}}{P_{tj}^e \times (i-j)}$$

$$(8.15)$$

反之，当 $k_p^e > k_{ti}^e > r_{ti}^m$ 时，

$$r_t = \frac{V_{ti}^m - P_{tj}^e + \omega_1 \times (V_{tj}^e - V_{ti}^e)}{P_{tj}^e \times (i-j)}, \quad \text{或 } r_t = \frac{V_{ti}^m - P_{tj}^e + \omega_1 \times V_{tj}^e - V_{ti}^e + \omega_2 \times V_{ti}^{e\prime}}{P_{tj}^e \times (i-j)}$$

$$(8.16)$$

由此展开计算，求解各状态下符合 $\max(r_t)$ 条件的 t_i 即为最佳退出时机。

8.3 退出时机决策实例分析

8.3.1 案例描述与数据处理

根据本书第 7 章所分析的项目估值案例描述，将项目的主要实施条件归纳，如表 8 - 1 所示，项目资本金投资（初始股权投资）净现金流、股东自由现金流测算数据见表 7 - 5 "项目股权投资净现金流和股东自由现金流测算"。

表 8 - 1　　　　　　　　　　　　案例项目主要实施条件

主要条件	描述
投资规模	总投资规模 164174 万元，其中项目公司负责投资部分为 151260 万元，项目资本金为负责投资金额的 30%，即 45377.85 万元
初始股权比例	政府代表方与社会资本股东的出资比例为 1∶9

续表

主要条件	描述
运作方式及期限	采取 BOT（建设—运营—移交）的运作方式，合作期为 30 年，其中项目整体建设期为 6 年
合理利润率	上限为 6%，超出部分由股东分享
贷款利率	5.88%
无风险利率	取值为项目发起当时 7 年期国债利率 3.48%
投资锁定	自 PPP 合同生效日起 5 年后，经实施机构事先书面同意，项目公司股东可以转让股份

由于 PPP 实施方案一般仅是一个项目发起阶段关于项目投资建设和运营的总体运作计划，不涉及对项目公司经营过程效率分析、利润分配具体计划和股权投融资安排，从而不仅无法从方案中获知股权投资收益率预期分布，并且导致根据方案中资本金投资净现金流和股东权益数据测算所得股东权益必要回报率无法较真实地反映股东权益存量与投资收益之间的动态变化关系，最终使股东权益必要回报率的测算值分布与投资风险收益变化规律不相符。

据此，可以选择在实施方案基础上进行利润分配和股权投融资计划，以合理调整股东权益与净利润的变化关系，或者可以根据风险溢价均衡原则，通过比较与初始股权投资收益率（资本金必要回报率）之间的单位风险溢价大小关系计算各年初时点（t_i，$i = 0$，…，29）的股权投资收益率估计值。

鉴于后者可操作性高、成本低，于是采取后者，并首先通过内部收益率（IRR）公式计算资本金投资收益率 k_{t0}；其次，计算项目周期中各合作年初时点（$t_0 - t_{29}$）的股权投资风险度预期（资本金投资净现金流标准差）；最后，根据风险溢价比等式求得除 k_0 之外所有时点的股权投资收益率如表 8 - 2 所示。

表 8 - 2 中的风险度数据大小总体上依时序递减（见图 8 - 4），符合投资不确定性与未来时间长度的正向相关规律，基于此计算所得股权投资收益率在 k_{t0}（7%）至 r_f（3.48%）之间总体递减，尽管在项目运营后期至移交阶段下降异常快，但较大程度上支持风险收益预期递减的变化趋势假设（如前文各图例中曲线 K）。

表 8 – 2 股权投资收益率、风险度测算值的时序分布 单位：万元

年初时点 (t_i)	收益率 (k_t^e)	风险度 (σ_t)	股权价值 (V_t^e)	年初时点 (t_i)	收益率 (k_t^e)	风险度 (σ_t)	股权价值 (V_t^e)
t_0	7.00%	8104.25	72969.70	t_{15}	5.95%	5677.45	12292.00
t_1	6.81%	7666.38	47113.90	t_{16}	5.98%	5767.43	13587.30
t_2	6.64%	7281.02	29166.02	t_{17}	6.03%	5868.57	14366.98
t_3	6.50%	6946.49	10034.21	t_{18}	6.07%	5966.34	14712.67
t_4	6.37%	6661.17	– 360.12	t_{19}	6.11%	6054.08	14619.06
t_5	6.27%	6423.45	– 7548.93	t_{20}	6.14%	6119.14	14149.61
t_6	6.19%	6231.67	– 9237.06	t_{21}	6.15%	6139.21	13363.63
t_7	6.12%	6084.12	– 6021.39	t_{22}	6.12%	6068.58	12817.78
t_8	6.08%	5979.08	– 3679.19	t_{23}	6.00%	5805.39	12442.75
t_9	6.03%	5875.69	– 1479.73	t_{24}	5.84%	5429.87	11887.01
t_{10}	5.96%	5713.50	1094.48	t_{25}	5.45%	4530.28	11689.17
t_{11}	5.92%	5609.94	3674.05	t_{26}	5.12%	3775.17	10840.49
t_{12}	5.90%	5563.92	6127.57	t_{27}	4.12%	1469.51	11344.59
t_{13}	5.90%	5573.12	8397.18	t_{28}	4.26%	1790.35	7686.11
t_{14}	5.93%	5635.30	10442.93	t_{29}	3.48%	0	5086.73

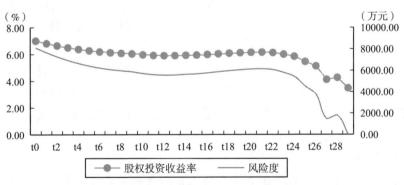

图 8 – 4 案例项目股权投资收益率、风险度变化趋势观察

根据表 8 – 3 中项目股权投资收益率数据计算得到其 $k^* = 5.88\%$，并求得表示股权投资平均风险度的标准差均值 $\sigma^* = 5527.02$。k^* 数值上恰好与项目方案给定的贷款利率相等，并接近作为项目运营考核基准的合理利润

率（6%），但 k^* 仅是一个股权投资决策参考要素，与贷款利率、合理利润率等方案指标之间不存在完全必然或有硬性约束的大小关系。

表 8 - 3　　　　　　　　　价格非均衡状态下的决策分析安排

内容	情形一	情形二	情形三
情形解释	不考虑补偿、决策起点为项目初始时点 t_0	考虑补偿且区分支付责任、决策起点为项目初始时点 t_0	考虑补偿且区分支付责任、决策起点为项目周期中 t_j 时点
计算模型	模型一	模型一、模型二	模型一、模型二
计算条件	计算（1） $r_t^m > k_t^e$；$j = 0$；$r_t^m = 7.58\%$、$k_p^e = 5.39\%$、$P_{tj}^e = \omega_1 \times C_0^e$ 计算（2） $r_t^m < k_t^e$；$j = 0$；$r_t^m = 5.39\%$、$k_p^e = 7.58\%$、$P_{tj}^e = \omega_1 \times C_0^e$	计算（3） 计算（4）	计算（5） $r_t^m > k_t^e$，$r_t^m = 7.58\%$，$j = 6$，$k_p^I = 7.0\%$ 计算（6） $r_t^m > k_t^e$，$r_t^m = 7.58\%$，$j = 15$，$k_p^I = 7.0\%$
变量值	$\omega_1 = 10\%$、$\omega_2 = 90\%$；$N = 30$；$k^* = 5.88\%$、$\sigma^* = 5527.02$；$C_0^e = 45377.85$；$r_f = 3.48\%$；$P_{t6}^I = 6364.49$、$P_{t15}^I = 11700.85$；$FCFE_n$、k_t^e、σ_t 值见表 8 - 4、表 8 - 5		
结果表示	$r_t(1)$、$r_t(2)$	$r_t(3)$、$r_t(4)$	$r_t(5)$、$r_t(6)$

8.3.2　决策过程分析

1. 求价格均衡且契约完全假设下最佳退出时机 $t_i = t^*$

假设在 t_0 时点进行决策分析，此时已知 $k^* = 5.88\%$，表 8 - 2 中数值与之最为接近的股权投资收益率在 t_{12}、t_{13} 两个时点（收益率都为 5.9%），但从 K 作为连续曲线看，t^* 应是 t_{23}（6%）与 t_{24}（5.84%）之间某个收益率等于 k^* 的时点，即由此确定 t^* 和退出时机 t 为项目合作期的第 23 年到第 24 年之间，并可以假设该年内 k_t^e 为平均变化而估计 t^*、t 应为第 23 年的 9 月。

2. 确定退出补偿豁免临界时点 τ 值、计算超额风险溢价 r_δ、价值补偿 $V_{ti}^{e\prime}$

根据式（8.10），计算 $r_\delta = 0$ 时的价值损失应补偿区域边界：

$$t^{**} = \frac{30k^*}{k^* + r_f} \cong 18.85$$

且年数 $n = i + 1$，即约在项目合作期第 19 年的 10 月之后开始由谈判确定价值补偿金额。既知 t^{**}、t^*，该项目投资退出导致的价值损失补偿必要性区域划分如图 8 - 5 所示。

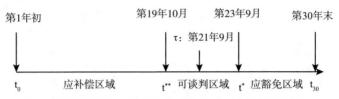

图 8 - 5 案例项目股权投资价值损失补偿必要性区域标示

鉴于投资收益净现金流能反映项目公司经营利润与投融资效率，本例确定可谈判区域内股权投资净现金流均值点为 τ。据此，计算表 8 - 3 中第 18 年初至第 23 年末的净现金流均值为 7658.70，大小介于第 20 年的 7042.55 和第 22 年的 8251.14 之间，再基于此 3 年期间均值线性变化假设，可估计 τ 约在项目合作期的第 21 年 9 月（见图 8 - 5）。于是，第 19 年 10 月至第 21 年 9 月之间的投资退出，可以通过谈判确定补偿。

3. 计算持有期收益率 r_t

价格非均衡状态下的决策分析涉及价值补偿与否两种情形的计算，其中，模型一为无补偿计算式：

$$r_t = \left[\frac{\max(P_{ti}^e, \ V_t^m) - P_{tj}^I + \omega_1 \times (V_{tj}^e - V_{ti}^e)}{P_{tj}^I \times (i - j)} \right], \ i > j \geqslant 0$$

模型二为有补偿计算式：

$$r_t = \left[\frac{\max(P_{ti}^e, \ V_t^m) - P_{tj}^I + \omega_1 \times V_{tj}^e - V_{ti}^e + \omega_2 \times V_{ti}^{e'}}{P_{tj}^I \times (i - j)} \right], \ i > j \geqslant 0$$

在此基础上，设计价格非均衡状态下三种决策情形，且根据退出者投资股权时点 t_j、预期收益率 k_t^e、V_t^m 的大小关系将三种情形各自进行两个计算（总共 6 个计算），如表 8 - 3 所示。其中，前 4 个计算分别对应不考虑补偿、区分补偿支付责任情形，后两个计算则分别用以在区分补偿支付责任情形下分析于第 6 年、第 15 年投资项目的股东的退出时机决策。为使分析更为简单，此处计算中不考虑 τ 位置及补偿谈判的影响。

本书使用计算机程序语言 Python 编写模型程序，并将已知条件值代入模型得到各情形的计算结果。其中，情形一、情形二、情形三的 r_t 计算结果分别如表 8 - 4 至表 8 - 6 所示。

表 8 - 4　　　　　　　无损失补偿退出的持有期收益率计算结果　　　　单位：%

n	$r_t(3)$	$r_t(4)$	n	$r_t(3)$	$r_t(4)$
1	- 129.84	1.37	16	19.33	20.40
2	- 22.71	33.04	17	19.90	21.68
3	8.62	37.98	18	20.70	21.85
4	27.23	41.25	19	20.56	21.06
5	32.28	39.52	20	19.32	22.61
6	33.79	37.33	21	23.83	23.17
7	31.54	34.17	22	24.97	23.82
8	27.16	30.57	23	26.10	24.52
9	24.46	28.10	24	26.14	25.26
10	22.53	26.26	25	27.25	26.10
11	20.99	24.78	26	26.49	26.97
12	19.93	23.65	27	30.25	27.98
13	19.29	19.29	28	30.27	28.95
14	19.01	22.23	29	31.50	30.32
15	19.04	21.86	30	31.69	31.69

可以发现，两种情况下项目前期与后期年份的持有期收益率总体都较高，而中间较长时间内较低，如图 8 - 6 所示。计算（1）中，t_0 时投资项目的股东，其最佳退出时间应在项目生命周期的第 5 年，在该年内退出的持有期收益率为 33.79%，因此该股东可选择"投资锁定期"在该年末结束时退出。而根据计算（2）结果，退出者的最大持有期收益率为第 4 年的41.25%，但按契约规定只可优先选择在第 5 年末"投资锁定期"结束时退出，持有期收益率为 37%。

根据表 8 - 5 数据，r_t 数值分布仍为前期和后期高、中间年份相对较低（见图 8 - 7），且不难找到两组数据各自的 r_t 最大值：计算（3）中第 6 年的 39.72%、计算（4）中第 4 年的 49.20%。据此，前者的第 6 年末即为其最佳退出时间，而后者的次优退出时间选择应在第 5 年末。

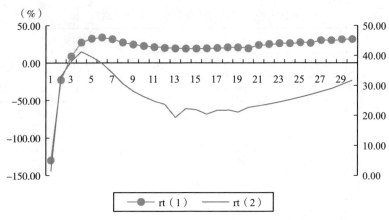

图 8-6 无损失补偿的各退出年度持有期收益率变化趋势

表 8-5		考虑损失补偿的退出者持有期收益率		单位：%		
n		$r_t(3)$	$r_t(4)$	n	$r_t(3)$	$r_t(4)$
应补偿区域	1	-110.83	20.37	应补偿区域		
				16	17.76	20.10
	2	-10.67	45.07	17	17.55	19.33
	3	18.14	47.50	18	17.53	18.69
	4	35.18	49.20	19	17.69	18.22
	5	39.19	46.42	可谈判区域	20	19.32	22.61
	6	39.72	43.26	21	23.83	23.17
	7	36.59	39.21	22	24.97	23.82
	8	31.42	34.83	23	26.10	24.52
	9	27.87	31.51	应豁免区域	24	26.14	25.26
	10	25.25	28.97	25	27.25	26.10
	11	23.13	26.93	26	26.49	26.97
	12	21.41	25.13	27	30.25	27.98
	13	20.06	23.59	28	30.27	28.95
	14	19.03	22.25	29	31.50	30.32
	15	18.24	21.06	30	31.69	31.69

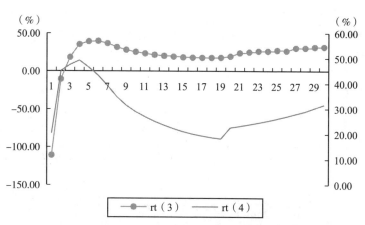

图 8 - 7　引入损失补偿的各退出年度持有期收益率变化趋势

表 8 - 6 中结果显示，计算（5）中的 r_t 数值分布为投资后开始 2 年持有期收益率较高，此后下降较大，但从第 20 年又开始保持每年 1% 增长的态势（见图 8 - 8）。两组数据中 r_t 最大值分别为 27.38%、17.11%，时间分别对应计算（5）中第 7 年、计算（6）中第 29 年，该两年年末分别为两个计算求解的最佳退出时机。

表 8 - 6　　　　　**"锁定期"后的退出者持有期收益率**　　　　单位：%

n		$r_t(5)$	$r_t(6)$	n		$r_t(5)$	$r_t(6)$
	7	27.38	—		20	12.04	4.93
	8	11.99	—	可谈判区域	21	13.43	13.23
	9	7.87	—		22	14.78	14.05
	10	6.20	—		23	16.05	14.77
	11	5.24	—		24	17.26	15.42
	12	4.66	—		25	18.42	16.01
应补偿区域	13	4.39	—		26	19.44	16.47
	14	4.34	—		27	20.34	16.84
	15	4.43	—	应豁免区域	28	20.41	16.46
	16	4.74	-4.45		29	21.57	17.11
	17	5.23	0.54		30	21.77	16.94
	18	5.82	2.58				
	19	6.50	3.93				

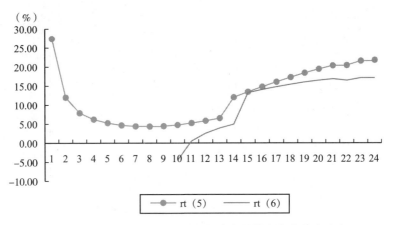

图 8 – 8　第 6 年和第 15 年股权投资者的持有期收益率分布

8.3.3　总结与启示

从以上三种情形的决策分析计算结果看，整个项目生命周期的投资退出最佳时间集中于建设期末、运营期初的几个年度，而运营期投资者的最佳退出时间则在项目生命周期末尾年份，由此发现问题和得到启示：

（1）由于股东自由现金流 $FCFE_n$、股权投资收益率几乎决定了股权估值的大小，上述分析得到的持有期收益率预期与股东自由现金流数值分布情况有较密切关系，且与现实情况基本吻合：项目公司在建设期和运营期初期年份的现金流主要由投融资活动产生，而并非来自经营活动，因此的确应该在契约事先合理设置"投资锁定期"，以避免股东在该期间的过早退出而影响项目运作。

（2）比较有无补偿的两种情形计算结果可知，情形二中 r_t 的中前期年份数值变化稍显平缓，显然可证明实行损失补偿对于缩小该期间持有期收益率预期差距有一定的作用，从而说明进行损失补偿支付责任划分、提高不完全契约事后谈判效率的必要性，并且可以在谈判中设置有弹性的补偿责任边界 τ，使各方责任和收益预期可灵活调节。

（3）案例项目运营期前半部分的股东自由现金流 $FCFE_n$、运营期初附近年份的股权价值 V_t^e 为负数，说明这些年份项目公司经营收入缺少、还本付息的债务性资本支出规模大，若通过引入股权投资则可以置换到期债务、降低债务比，以减少债务性资本支出和增加股权价值。但此时持有期收益率低、缺乏股权出让退出的意愿，且根据情形三的分析结果，"投资锁定期"之后投资进入的股东选择在项目周期末退出才能实现收益最大化，显然长久的期限会对投资积极性产生不利影响，从而导致股权投资进出流动性缺乏。据此，一方面，应努力提高股东回报率 k_u^e，从而增加股权投资预期；另一方面，可通过提高信息对称性和降低交易成本等方式改进交易条件，提高投融资各方的价格预期理性程度、缩小价差，使项目全生命周期内投资进出时机选择更合理。

8.4　本章小结

　　退出是 PPP 股权投资过程的最后一个环节，也是投资者获得投资收益的实现环节，该环节着重关注两个方面：退出方式与退出时机。退出方式被归纳为了：竞价式转让、契约式转让、强迫式转让三种类型。其中，IPO 作为投资成功的退出方式被归为竞价式转让，而股权回购与转让被看成是契约式转让，此外，投资失败情形下的破产清算则属于强迫式转让。三种退出方式有一个共同特征，即"转让"是核心功能，实现了企业股权转让或控制权转移，使得股权投资增值或再融资得以实现。由于 PPP 项目通常有一个明确运作周期，因此 PPP 项目公司还有一种到期必须无偿移交项目及其资产的退出方式，具有企业清算的特征，同样属于强迫式转让，但项目移交后，项目公司作为企业仍有可能存续，因此与破产清算又不完全相同。

　　投资退出涉及的另一重要问题就是时机的选择。PPP 股权投资退出时机决策不是一个单一利益目标选择问题，而是涉及退出者、项目公司利益相关者、潜在受让者复杂的询价和谈判过程，即是投资进入和退出过程的多元利益均衡。其中，退出者决策的投资收益最大化目标实则就是在退出时点上实现投资持有期收益率最大化。通常，市场条件非完美导致了项目公司股权价值、股权转让价格、退出者再投资价值不相等，即决策条件处在价格非均衡状态，且退出可能影响项目运作、导致股东价值损失。从而，本书根据项目股权投资收益率的自然变化过程，将项目全生命周期中的价值损失补偿支付责任划为应补偿、可谈判、应豁免三个区域，以其据此作为解决完全契约下价值补偿支付责任的事先规定和不完全契约下的事后谈判问题的理论性依据。总之，退出时机决策就在于考虑价格非均衡、不完全契约条件的同时，引入价值损失补偿支付，实现退出收益最大化。

　　然而，投资决策并无绝对适用的模型与方法，且决策分析所基于的项目方案数据、实施条件和经营业绩也极少能完美符合理论分析要求，因此需要决策分析者根据自身价值目标、信息条件、交易谈判意见等灵活地处理投资进出这一动态博弈过程中的现实困难，使决策结果尽可能趋于最优。

第9章 PPP股权流转体系

9.1 PPP股权流转机制

各种方式下，实现投资退出功能最终归因于股权转让在企业股权或控制权的转移变化上发挥了作用，因此股权投资退出本质上是企业股权的流动与转移。严格定义上，PPP投资形成的项目资产是公共产品的基础内容，因此资产所有权通常应属于公共部门。与此不同，项目公司股权属于全体股东，因而理论上股东对其有进行转让等相关处置的权利，即导致了股权的流动和转移。企业股权流转在企业股权或控制权的转移变化上发挥了作用，从而既使投资者获得投资进入的机会，也为其实现了投资退出的功能目的。广义上，股权流转是相关处置活动改变了企业股份权属状态，因而包括股权形成、转让、合并、质押、冲减等多种方式。再从狭义（企业股权投融资）角度看，股权流转活动本质上是股权交易行为，其中权属转移或让渡是流转机制发生作用的前提，即股权转让应是主要的流转方式。PPP项目公司及其股东同样可以通过股权流转以实现包括融资和增值退出等特定目的，并影响项目运作。

基于效率视角，PPP股权流转机制受PPP运行的价值目标驱动，转而通过提升效率实现价值目标。从价值目标实现过程看，完整的PPP股权流转机制逻辑上应是以公共产品需求为起点，继而发起项目并存在公共产品供给上的资金及其他资源缺口，而股权资本在其效益目标的驱动下为项目提供了资本金，从而改变公共产品供给效率、产生经济和社会效益。并且，长期的项目运作过程中需要持续产生公共产品供给效率，因此又可能会引发再融资需求，从而通过多轮投融资与效率之间的作用循环，最终实现社会公众、公共部门、社会资本的多元效益最大化，如图9-1所示。

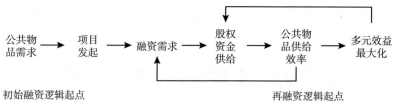

图 9 - 1　基于效率视角的 PPP 股权流转机制逻辑

　　根据上述逻辑不难得知，PPP 股权流转机制对于项目运作效率的积极影响主要是通过作为投融资主体的项目公司和投资者，以及 PPP 运行的行业和市场环境而产生作用。因此，对于 PPP 股权流转机制的功能分析可以从以上三个角度分别进行概括，如图 9 - 2 所示。

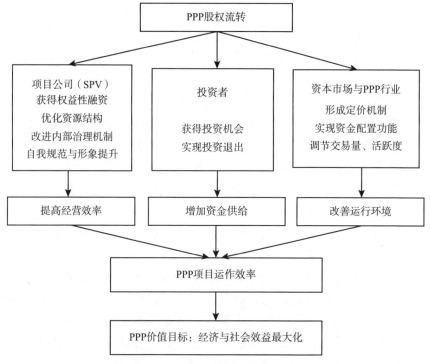

图 9 - 2　PPP 股权流转机制的功能概括

1. 项目公司角度

　　（1）获得股权融资。PPP 项目融资分为项目公司设立时的资本金出资，属于初始的股权性融资，则此后项目运作过程中的股权转让融资活动就可以称为股权再融资。初始融资时的股权流转可能会受到相关文件规定的限制，而后者更明显地表现为市场交易的特征，因此两者在操作程序上存有差异。但是，从其中任何一个角度看，项目公司股权流转都能够为项目筹集可长期使用的权益性资金，一方面缓解项目各运作阶段的资金缺口问题，使项目公司得以可持续经营；另一方面通过股权融资置换债务资本，降低项目公司的负债比，对其资本结构起到优化作用。

（2）优化资源结构。股权流转不仅为项目公司引入资金，投资者作为新股东与项目公司其他利益相关者建立起一种较长期的利益共享、风险共担关系，因此更有动力为项目引入资金以外的资源，包括管理、技术和后续的融资帮助，以此满足项目长期运作过程中资源补充、吐故纳新的需求，促进资源结构的不断优化。[①] 不仅如此，股东之间还有可能建立起超出单个项目范围的战略合作关系，通过股权并购等形式实现项目公司经营的战略目的。

（3）促进内部治理机制改进。在合理的风险收益分配机制下，投资者获得投资收益与其所承担的风险相匹配。高风险收益的业绩目标对投资者有较大的激励作用，使其不仅为项目引入各种资源，并且出于提升项目业绩的考虑而参与经营，以及对项目公司的实际经营管理者等代理人加强监督，通过采取业绩考核等各种激励措施促使其提高工作努力程度，从而有效地降低了委托代理关系下的交易成本，即改进项目运作效率。

（4）有利于项目公司自我规范与提升形象。在我国，企业可以通过多层次的市场体系进行股权流转。入市融资迫使项目公司必须进行规范化运作，改善自身的经营状况，对外部传递良好的信息，如此才能进入市场且能引起更多客户和投资者对其的关注，更大程度上起到了对外部的展示作用，有利于企业形象推广效果的提升。

2. 投资者角度

（1）获得投资机会。从投资角度看，PPP 股权流转使投资者以产业投资或财务投资的方式投资项目，从而获得被投资项目公司的股权甚至控制权，以项目经营效益提高及股权增值获得较为长期的投资收益。据此，投资者可以有更多的投资机会选择，将资产进行更有效的配置。

---

① 刘曼红. 风险投资探析 [J]. 金融研究，1998（10）：39 – 46.

（2）实现投资退出。PPP 项目公司的初始股东及其他投资者需要通过退出实现其投资收益，并通过分配投资收益完成资本的循环，投资退出也就成为股权投资过程中最为重要的环节，而股权转让则是投资退出的主要方式。在特定时间，投资者通过转让自身持有的股权，实现投资增值退出，或及时制止可能发生的损失，以及避免损失的扩大。

3. 资本市场与 PPP 行业角度

（1）形成市场定价机制。项目公司股东或投资者单方面对于企业股权估值大多具有较强的主观性和理论性，信息不对称、预期的有限理性等因素限制了估值的精准度，使其与市场上实际价格存在一定程度的偏差。股权流转中交易双方的价格谈判调整了各自的预期，以此确定的价格能较为真实地反映市场上的供求关系，能更好地体现项目公司股权的真正价值。股权流转中的价格竞争，形成了资本市场的合理定价机制，并为 PPP 项目运作和行业发展提供理性的价值导向。

（2）实现市场资金配置功能。股权流转是交易双方在价格机制的引导下进行交易选择的过程。投资者作为资金的供给方势必尽可能选择经营业绩好、有较大潜力的项目作为股权投资标的，即高质量的项目在资本市场中更受青睐、定价更高，反之则相反。从而，股权流转机制实现了资本市场的资金配置功能，并有助于优化 PPP 行业的项目淘汰机制。

（3）调节市场交易量和行业投资活跃度。股权流转为资本市场所提供的投融资交易标的丰富了市场上的交易内容，并以此吸引更多资金进入市场，有助于增加市场上的交易量。同理，PPP 项目投融资双方通过股权流转实现了各自的目的，既能够解决项目融资问题，帮助项目成功落地，同时也提供了投资退出渠道，促使行业内的资金流动形成较好的增值循环，最终使 PPP 行业获得并保持一个较为合理的投资活跃度。

从功能分析上看，股权流转实际上是转让双方价格关系的确定过程，就是实现股权投融资功能的交易过程。再从 PPP 流转或交易角度分析，PPP 项目流转与 PPP 股权流转应不能等同，因为项目流转可以是项目公司股权流转，或者是项目运营权的流转，而 PPP 股权流转则是本书研究的项目公司股权流转，与此相关的流转机制即是 PPP 项目公司的股权流通和转让交易的方式、过程与关系。尽管 PPP 项目公司与普通企业之间有所区别，但股权流转机制所具备的上述功能同样能够产生作用。

9.2　我国股权流转机制建设现状

9.2.1　我国 PPP 发展历程及信息平台建设概述

自从 1984 年深圳沙角 B 电厂项目成功实施开始，我国 PPP 模式发展了 30 余年，学术界将该发展过程进行了大致的阶段划分，其中，程哲等 (2018) 根据经济发展和政策演变等时代背景下的 PPP 数据，将该过程划分为 4 个阶段：探索崛起阶段 (1984～2002 年)、稳定推广阶段 (2003～2008 年)、波动发展阶段 (2009～2013 年)、新跃进阶段 (2014 年至今)；陈志敏等 (2015) 将 PPP 在中国的发展阶段概括为探索、试点、推广、调整与规制五个阶段。总的来看，我国 PPP 模式在此期间经历了探索、试点、推广、调整和新一轮推广五个阶段：

第一阶段——探索阶段 (1984～1992 年)：在改革开放的背景下，在广东沿海地区吸引外资参与国内的电力、交通等基础设施的投资建设，主要采取 BOT 的运作模式，属于自发性较强、"摸着石头过河"的发展时期。

第二阶段——试点阶段 (1993～2002 年)：1992 年，党的十四大确立了社会主义市场经济体制改革目标，以及分税制改革导致"事权"与"财权"的不匹配，使得政府开始积极尝试在基础设施投资建设中引入民营资本，进行投融资市场化改革的"小范围"试点，且当时的来宾 B 电厂、成都第六水厂、泉州刺桐大桥、广东电白高速公路等五个试点项目都是采取 BOT 的方式进行运作。本阶段的社会资本方仍然是以外资为主，但国内民营资本进入 PPP 领域有所增加，其中，泉州刺桐大桥几乎完全为民营资本投资。但是，此阶段的 PPP 项目总体上具有前期策划与招商阶段周期长、成本高、技术壁垒强等不利于 PPP 推广的特征 (程哲等，2018)。

第三阶段——推广阶段 (2003～2007 年)：2002 年，党的十六大进一步强调了市场机制在社会主义市场经济发展的中作用，并且 2003 年党的十六届三中全会又提出按"非禁即入"的原则，允许"非公有资本"进入基础设施、公用事业及其他行业和领域。在此基础上，原建设部先后出台了《关于加快市政公用行业市场化进程的意见》《市政公用事业特许经营管理办法》等文件，为规范和促进我国基础设施投资建设 PPP 发展奠定了基础。

同时，随着中国经济的快速发展，基础设施"瓶颈"和建设资金缺口问题激发了政府寻求民营资本合作的内在需求，在试点阶段所积累经验的基础上，政府加大了推广力度，PPP 也因此面临较好的发展机遇。

此阶段，北京等地实施的项目多数集中在能源、交通、市政公用事业方面，并且采取特许经营的项目运作模式，其中，北京国家体育场（鸟巢）和北京地铁四号线等项目都属于较典型的 PPP 案例。根据程哲等（2018）的总结分析，此阶段的 PPP 社会资本方主要力量由试点阶段的外资转变到国内企业（包括国有企业和民营企业），并且，不仅在公用事业投资建设中普遍采用招投标等市场竞争机制，以规范 PPP 项目运作和提升公共项目的实施效率，还形成了相对成熟的运作流程、实施模式和工作模板，降低了项目的前期成本，使 PPP 更易于推广。

第四阶段——调整阶段（2008～2012 年）：2008 年爆发的金融危机对全球经济发展产生巨大影响，世界各国为应对金融危机而各自寻求对策，我国政府则推出了"四万亿"经济刺激计划。为了进行配套实施，地方政府成立了各种投融资平台承接"宽松货币政策下的天量信贷资金"，在大量财政资金和信贷资金的冲击下，处于为数较多的项目前期阶段 PPP 模式被政府直接投资所取代，PPP 项目中的社会资本投资被挤占、退出，出现了民营资本在基础设施领域投资的"玻璃门""弹簧门"现象（陈志敏等，2015）。此阶段，政府信用支持下的国有企业在 PPP 模式中占据了主导地位，但同时 PPP 项目融资中采用了企业债、信托等融资方式或工具，说明 PPP 融资方式的多元化和金融市场的成熟度在提高。总体而言，这是我国 PPP 发展过程中的一个"下行调整"的阶段。

第五阶段——新一轮推广阶段（2013 年至今）："四万亿"经济刺激计划虽然在一定程度上提振了市场信心，帮助中国渡过了金融危机的难关，但也留下了许多后遗症，如地方政府债务膨胀、产能过剩加重、货币存量过高等问题。从 2013 年底开始，为了进一步解决地方政府债务问题和转变经济发展方式，国务院及其部委先后密集出台了一系列政策文件大力推进 PPP 模式，其中，财政部分别于 2014 年 9 月和 11 月发布《关于推广运用政府和社会资本合作模式有关问题的通》《关于印发政府和社会资本合作模式操作指南（试行）的通知》；国家发改委于 2014 年《关于开展政府和社会资本合作的指导意见文件》，后又于 2015 年 4 月与财政部共同发布了《基础设施和公用事业特许经营管理办法》；国务院办公厅于 2015 年 5 月发布的《关于在公共服务领域推广政府和社会资本合作模式指导意见的通知》等，这都是在对指导和促进国内 PPP 规范发展方面的核心文件。同时，大量试点项目也在全国范围内推出。

为了对 2013 年以来全国所有 PPP 项目进行线上监管和进展信息及时跟踪了解，以及促进项目数据分析和案例分享，2015 年 3 月，财政部按照国务院精神要求，组织搭建了全国 PPP 综合信息平台。

并且，在 2016 年全国两会召开之际，财政部 PPP 中心授权《中国经济周刊》独家对外公开发布该平台数据，符丽丽（2016）在基础上分析国内 PPP 发展现状时提到，2013 年至 2016 年 2 月，全国各地已有 7110 个 PPP 项目纳入综合信息平台，项目总投资金额达 8.3 万亿元，其中，新建项目 6250 个，占比 88%，总投资金额 7.57 万亿元，占比 91%。此后 3 年时间内，国内 PPP 在平稳地推进：根据该平台发布数据信息[①]，截至 2018 年 6 月，全国政府和社会资本合作（PPP）综合信息平台项目管理库累计项目数 7749 个、投资额 11.9 万亿元。4 批示范项目共计 1009 个，投资额 2.3 万亿元。储备清单项目 4800 个，投资额 5.4 万亿元。其中，从项目数量上看，市政工程、交通运输、生态建设和环境保护占前 3 位，三者之和占总数的 61.2%；而是市政工程、交通运输、城镇综合开发在投资额方面为前 3 名，三者共占总投资额的 72.6%。

PPP 在全国范围内大力推进的同时，也出现了两方面问题：一方面，PPP 项目在市场上受关注度较高，但落地较难、签约率偏低，出现了"叫好不叫座"的"质疑"。另一方面，PPP 项目实施中出现了各种乱象。截至 2017 年 12 月 31 日，PPP 项目落地率仅为 38.24%（龙小燕，2018）。同时，按照三种回报机制统计，管理库中可行性缺口补助类项目最多，其次是政府付费类项目，使用者付费项目最低，其数量和投资规模分别占总量的 18.5% 和 14.7%。且根据 2018 年第二季度统计数据，使用者付费类项目数量和投资额都在减少，而可行性缺口补助类项目的数量和投资额都在增加，政府付费类项目数量还有新增，但投资额减少。就如孙洁（2018）所言："四年以来，在 PPP 的推广方面取得了巨大的成绩，但 PPP 健康发展方面也出现了不同形式的问题：'明股实债'、固定回报和保底承诺、简单拉长还款期限、随意设定还款标准、运营与建设两张皮、政府隐性担保等。"

之前，陈志敏等（2015）就对国内 PPP 发展中所遇问题进行了较为全

---

① 参见财政部 PPP 中心."中国 PPP 大数据"之全国 PPP 综合信息平台项目管理库 2018 年二季度季报［J］.中国经济周刊，2018（31）：52 - 55.

面的总结，并且认为主要原因在于：一是对社会资本方而言，较多项目的吸引力不足，收益预期较好的项目又难以获得；二是在"稳增长"压力下，政府"重融资、轻管理"导致了"明股实债"、高估项目收入来源从而隐藏政府债务风险、项目"半途而废"等问题；三是体制机制不健全等因素致使 PPP 合同的不完全问题无法得以很好的解决，从而导致 PPP 运行的交易成本较高甚至发生"寻租"等腐败行为，这些低效率问题出现在项目生命周期中的各个阶段。

在前文关于契约非完全性的效率与再谈判权问题分析中已有提到，吉富星（2018）对契约不完全引起的 PPP 实施低效率问题做了总结：在事前在对政府和社会资本方的风险分担机制、利益分配模式不合理、政府补偿机制等合同条件设计不合理，导致项目事后落地实施难度大，且 PPP 项目运行中短期化、机会主义倾向较严重，违背了 PPP 强调的全生命周期合作与风险共担等特性，直接导致项目运营效率低，出现各种不规范、风险较大等问题、乱象。

自 2014 年开始至 2019 年 8 月末，累计进入管理库项目 9182 个、投资额 13.9 万亿元；累计落地项目 5969 个、投资额 9.1 万亿元，落地率 65.0%，其中政府付费和可行性缺口补助两类项目投资额分别约为 2.8 万亿元和 5.7 万亿元，使用者付费类项目约为 0.5 万亿元；累计开工项目 3533 个、投资额 5.3 万亿元，开工率 59.2%。此外，同时期尚未进入管理库的累计储备清单项目 3012 个、投资额 3.4 万亿元。①

近年来，PPP 项目发起数量和规模增长率都有较大幅度的下降。学界与业界认为，此前 PPP 备受关注，但"热潮"现已转为"遇冷"。造成本阶段 PPP 发展热潮回落或"遇冷"的原因有多方面：

（1）对 PPP 的理性认识增强。在本阶段发展之初几年，社会各界在 PPP 关系内涵及功能的理解上并未形成较好的共识，且存在片面观点，以为 PPP 仅是政府为公共设施建设而采取的融资方式，从而忽视了设施和产业方面的运营作为项目主要收入来源的重要性，导致"重融资、轻管理"和"重建设、轻运营"等短期行为，出现项目缺乏运营能力、"半途而废"的现象。② 此后，随着社会各界对 PPP 认识的理性增强，项目发起、投资方面必定变得较为谨慎，即会影响 PPP 推行的规模和速度，出现发展热潮降温

---

① 数据引自：财政部 PPP 中心的"全国 PPP 综合信息平台项目管理库"2019 年 8 月报。
② 孙洁，刘彦斌. 当前我国 PPP 管理的规范与创新 [J]. 党政研究，2018（2）：112 - 116.

或"遇冷"。

（2）项目缺乏投资吸引力。项目投资规模大、期限长，且退出机制不完善，需要社会资本方有较大资金实力及投资风险承受能力，并且对社会资本方而言，较多项目的吸引力不足，收益预期较好的项目又难以获得，由此缺乏较强的投资意愿。

（3）对项目收入和风险评估不合理。在PPP关系中，政府掌握着项目资源，单方发起项目或与社会资本方主要代表共同发起项目时作为内部人比其他投资者具有信息优势，可能会因自身利益而通过影响前期论证和方案编制，高估项目收入来源、隐藏政府债务风险，导致项目难以正常实施。

（4）PPP合同设计不完善。契约中风险分担机制、利益分配模式、政府补偿机制设计不合理，出现项目落地实施难度大、运营效率低等问题，以及契约的不完全问题无法得以较好的事后解决，从而导致了较高的交易成本，使PPP无法可持续运行。

（5）政府的PPP支出压力增大。当前由于政府付费和可行性缺口补助类项目投资额大、占总体比重高，并且后者还保持较大的增长，同时使用者付费类项目却并无明显增长，由此对于PPP支出上的财政承受能力会因近几年存量项目规模快速增加而被大幅削弱，即推行PPP模式的空间受挤压，导致项目实施的客观条件不足，且政府迫于财政支出的绩效压力和社会资本方对政府债务风险的顾虑造成主观上也缺乏动力，出现PPP项目"遇冷"现象。

（6）项目前期程序较繁杂。PPP运作的前期论证、方案制作和申报入库的程序相对繁杂、过程耗时较长，的确也会导致PPP模式在一些场合"遇冷"，从而被流程简化的BOT或EPCO（工程施工总承包＋运营）等非标准化的政企合作（PPP）模式所替代。

此外，对PPP投资者而言，PPP项目信息披露的重要性是毋庸置疑的，及时获得权威平台或机构发布的项目信息是前提。当前，全国PPP综合信息平台的搭建的确为规范推进PPP工作提供了技术支撑，实现了项目权威信息的统一发布，在一定程度上保障了项目信息的可信度和时效性，也为潜在的PPP合作方提供了可靠的备选项目信息渠道，可较大幅度降低其收集和分析信息的相关成本。并且，财政部于2017年1月发布了《政府和社会资本合作（PPP）综合信息平台信息公开管理暂行办法》（财金〔2017〕1号），要求"各地PPP项目参与主体真实、完整、准确、及时地提供在PPP综合信息平台上公开的项目信息，并对违反规定且拒不改正的项目从项目库中清退"。并于当年 11 月 16 日发布了《关于规范政府和社会资本合作（PPP）综合信息平台项目库管理的通知》（财办金〔2017〕92 号）要求清退违反规定的项目。此后，截至 2018 年第二季度末，综合信息平台共清退管理库项目 2016 个，涉及投资额为 21509 亿元。[①]

但当前管理库中有关项目信息披露仍然并非全面而且动态的，多数项目仅是入库时填报的基本信息，各省级项目库中显示的项目信息详尽程度有较大差异，甚至个别项目的基本信息尚不完整，以及有"图文不相符"等情况。从 PPP 投资者角度，全面和及时了解项目的实施进展和项目公司股权调整情况是投资决策的基础，反之信息不对称或不完全也会增加投融资合作的交易成本，从而提高 PPP 项目全生命周期内的融资难度，降低 PPP 项目融资效率。尤其，PPP 项目储备清单上的项目尚都处于"孵化"状态，合作意向信息的真实、准确、及时发布必然会对项目成功落地实施产生极大的积极影响。

9.2.2　建立与完善我国 PPP 股权流转体系的必要性

尽管近年来数据显示 PPP 发展热潮已过，但自新冠肺炎疫情以来国内 PPP 发起和落地项目数量和涉及投资规模仍然可观，其中，仅 2021 年上半年新增入库项目 308 个，涉及投资金额 5726 亿元，至 2021 年 8 月，全国累计在库项目 10126 个、投资金额 15.7 万亿元，由此可见 PPP 在公共产品供给方面的重要作用和 PPP 模式运用的巨大需求。不管以何种标准判定当前我国 PPP 发展是否正处于理性状态，存量项目的初始融资和融资置换是影响项目能否落地和已落地项目正常实施的关键因素，融资效率能否持续改进较大程度上决定了 PPP 发展前景。

此前，业内认为应该通过完善制度环境，甚至对 PPP 立法，以解决 PPP 发展中体制机制的效率问题。但通过 PPP 立法等途径改善制度环境是一个自上而下的过程，不仅要权衡伴随制度设计产生的交易成本，更需要考虑怎样在制度环境改变的同时诱致各种配套制度的变迁，以产生较高的适应性效率（罗必良，2005）。因此，在这个长期的过程中主动地进行各种运作机制的完善与创新设计，并以此与制度环境改进形成相互促进的作用，才是

---

① 根据中国经济周刊发布的《"中国 PPP 大数据"之全国 PPP 综合信息平台项目管理库》2018 年第一季度季报、第二季度季报提供的数据整理。

当前较为理性的做法。PPP 模式本身就是一种项目投融资方式（Yescombe，2007），要完善 PPP 投融资机制，必须要完善 PPP 股权流转机制。流转机制的正常运行必须依托于一个功能健全的市场体系。PPP 股权流转体系就是一个以市场的交易设施功能为基础，并在信息交互、中介服务和监督管理等方面支持 PPP 股权流转机制运行的系统性载体。建立与完善 PPP 股权流转体系对于解决当前我国 PPP 发展中存量项目的运作效率问题和改进运行环境方面的现实意义在于：

1. 有助于提升项目融资效率

现阶段我国 PPP 项目融资方式或工具大体上有股权融资、债务融资、其他融资三大类，具体可细分为 10 余个种类，主要包括股权投资、银行贷款、各类债券、资产证券化，以及各类资管计划等。由于项目公司或社会资本方缺乏项目资产、盈利年限不足等条件限制，因此难以通过发行债券、资产证券化等方式进行融资，同时其他融资方式下的资金可用期限和规模等方面也有各种不足。银行贷款作为目前最主要的融资方式，对借款人也有严格的资质条件审查，所以也很难满足项目资本金以外的全部融资需求。再者大规模债务下还本付息压力大、财务风险高，迫使项目公司无法专注于长期经营，从而进行逆向选择、采取短期行为，甚至导致道德风险。相比之下，股权融资能够为 PPP 项目获得可长期使用的权益性资金，并以此优化项目公司的资本结构。一个完善的股权流转体系包括多渠道的股权融资，为项目融资提供便利，有助于降低其融资交易成本和提高资金使用效率。

2. 有助于促进项目价值预期的合理化

PPP 项目的收入现金流和风险预期是经项目实施方案作出评估，并以此指导 PPP 合同条款设计，即是对项目及项目公司的价值作了初始评估。但因项目实际运作过程中各估值因素是动态变化的，显然会改变估值大小。股权流转体系中的交易活动所确定的股权价格能够较好地反映市场供求关系和项目真实价值，对行业内项目收入来源预期和交易定价都能起到参考和指导作用，使 PPP 项目在全生命周期中的价值评估更合理、运作持续性更强。

3. 有助于融资项目的优胜劣汰

股权流转为投资者提供了投资机会。在价格机制作用下，资金流向运作情况较好、预期回报较高的 PPP 项目，使之能获得较大规模、较低成本的融资，支持其进一步提升经营业绩；反之，投资者对于运作情况差、预期回报低的项目缺乏投资兴趣，即项目难以获得融资，从而实现市场上资金的优化配置。在此基础上，投资者可以选择优质 PPP 项目作为投资组合中构成内容，或构建专门的 PPP 项目投资组合进行资产配置，实现投资项目的风险分层管理和资金配置优化。资金优化配置对项目运作主体形成业绩奖励和淘汰威胁两个方面的激励，促使其改进经营、提高效率。

4. 有助于项目运作机制改进

PPP 项目运作中出现低效率问题，不仅归因于信息不对称、内外部监督不够，同时也因为项目主体缺少自律上的内在激励等各种运作机制不完善。股权流转体系的构建完善能从改进项目监督机制、激励机制、风险收益分担机制等方面，提高其运作效率：

（1）首先，促使项目主体作为融资方，为了融资条件而努力提高项目运作的规范化程度；其次，投资者会根据投资协议对融资方进行监督、考核，并引入管理和技术以促进项目规范运作；最后，通过股权交易市场融资的 PPP 项目公司在信息披露等运作规范化方面会有明显的提高，从而减少信息不对称导致的委托代理和道德风险问题。

（2）股权流转能够为项目公司带来长期可用资金和其他资源，也为投资者提供了退出渠道，对股东和员工、外部合作方都会产生激励。在激励机制作用下，这些利益相关者会更强调项目运营的长期绩效，不再片面注重项目工程利润等短期性盈利，当前的"重建设、轻运营"等短视现象则能够因此得以改变。

（3）股权流转体系构建和完善，使风险收益机制激励作用能得以较好发挥，投资者为了获得更大的投资收益而主动承担适度的风险，从而改变各种付费机制下的 PPP 项目投融资供求情况，促使一些非经营性且政府付费类项目进行适当的付费机制调整（和宏明等，2004）[①] 以吸引投资，并且会普遍提高项目公司的风险管理能力和运营绩效重视程度，从根本上提升项目运作效率。

5. 有助于改善 PPP 运行和发展环境

股权流转体系构建和运行能降低信息不对称程度，提高人们对于 PPP 的理性认识，从而降低交易成本、增加市场交易量。在价格机制的作用下，市场上投资流动性和行业活跃度趋于合理、稳定，即能为 PPP 运行和发展提供更为理性的环境，并对 PPP 运作效率的提升产生积极影响。

---

① 和宏明等的研究认为，公共项目的经营性是可以根据具体环境条件改变的。

此外，股权流转机制对于促进 PPP 发展的作用，以及构建 PPP 股权流转体系的必要性此前就已经被关注，国家发改委于 2016 年 8 月发布的文件中提出的："依托各类产权、股权交易市场，通过股权转让等方式，丰富 PPP 项目投资退出渠道"，[①] "在当前国内 PPP 市场规模有'十万亿级'之庞大，极有必要建立一个'流转市场'进行'PPP 项目流转'，即通过项目股权流转提高国内 PPP 市场的流动性"（王刚、王宇和李朋，2016）。目前国内的 PPP 股权流转市场已经存在，但尚未形成健全的体系，不足以让流转机制功能正常发挥，须构建起体系框架以及设计与完善其运行机制。

9.2.3　我国企业股权流转的市场基础

股权交易市场是企业股权交易的场所，在股权流转体系结构中的核心部位。国内外的股权交易市场以是否公开上市交易为界限被划分为了场内市场和场外市场，场内市场通常是指进行公开发行证券交易的场所，如：美国的纽约证券交易所、纳斯达克股票交易所，以及我国京沪深三个证券交易所。在证券交易所以外进行证券或股权交易的场所或系统则都被看作是场外交易市场，包括我国的新三板、区域性产权（股权）交易市场和柜台交易市场。

我国的产权交易市场发展开始于 20 世纪 80 年代，至自 90 年代初建立了上海和深圳两个证券交易所，最初仅为大中型企业服务的主板市场，后又于 2003 年提出建立多层次的资本市场体系，作为主板市场与二板市场的过渡，中小板于 2004 年设立，并在此基础上于 2009 年设立创业板，即我国的二板市场，已经形成了证券场内交易市场的固定场所和层次结构。2019 年 6 月 13 日，上海证券交易所正式设立科创板，并采用注册制。2021 年 11 月 15 日，北京证券交易所正式开市，使我国证券交易所增加至 3 家。

除证券交易所以外，为非上市企业股权流通交易提供服务的场外市场（系统）主要有 2012 年设立的全国中小企业股份转让系统，即新三板，其精选层超过 68 家公司已全部平移进入北京证券交易所成为上市企业，除新三板外就是区域性产权或股权交易市场，如 2008 年成立的天津股权交易市场等。这些区域性股权交易市场按要求仅限于所在区域内的企业股权交易服务，并且同一区域内股权市场的运营机构数量也受到限制。国办发

〔2017〕11 号文①指出，区域性股权市场"主要服务于所在省级行政区域内中小微企业的私募股权市场，是多层次资本市场体系的重要组成部分，是地方人民政府扶持中小微企业政策措施的综合运用平台"。例如，根据该文件，上海市政府发文（沪府发〔2017〕59 号）② 明确规定：上海股权托管交易中心为本市唯一合法的区域性股权市场运营机构。

我国的区域性股权交易市场就是 2008 年天津股权交易所成立为标志（韩志刚，2017）。截至 2017 年底我国已经成立了约 40 家区域股权交易市场，挂牌企业数量约为 25391 家，融资金额高达 9124.82 亿元，其中股权融资 1077.13 亿元，展示企业 79968 家。③ 根据 2016 年、2018 年两个年度出版的《中国证券业发展报告》④ 统计显示，2012 ~ 2015 年的挂牌企业数量平均涨幅为 128%，2017 年较 2016 年增长了 45.93%。根据吕劲松（2015）的观点，我国已经初步形成多层次资本市场体系，但目前整个体系发展不平衡，理论上而言，主板（含中小板）、创业板、新三板和区域性股权市场构成应该依次呈现"正三角"形状，而实际上却是"倒三角"分布，低层次的场外交易市场发展不足，"需要通过深化改革，逐步健全体系，以增强服务实体经济的能力"（吕劲松，2015）。

本书认为，从当前我国股权交易市场体系的框架看，各种形式的股权投资退出都能在其中寻到与之匹配的市场渠道，而业界所提出的"建立 PPP 流转市场"并非建立专门的 PPP 交易场所，其意应该是在国内现有多层次资本市场体系的基础上，构建适应 PPP 股权投资退出和项目投融资需要的流转体系。前文分析，与完全市场化运作、经营私人产品的一般企业不同，项目公司在合理利润、定价和合作期等方面有较特殊的限制，与当前上市企业的经营特点有较多方面的区别，由此决定了单个 PPP 项目的股权投资直接选择 IPO 退出难度大，因此，若要将 PPP 项目公司 IPO，则必须要对 PPP 项目运作的相关机制进行创新和调整，使之存续期限和价值来源不受单一项目的局限性影响；反之，脱离所承载的目的项目或是突破单个项目运

---

① 国务院办公厅下发的《国务院办公厅关于规范发展区域性股权市场的通知》（国办发〔2017〕11 号）以下简称"国办发〔2017〕11 号文"。

② 2017 年 9 月 1 日，上海市人民政府发布的《关于公布本市区域性股权市场运营机构的通告》（沪府发〔2017〕59 号）。

③ 中国证券业协会. 中国证券业发展报告 2018 ［M］. 北京：中国财政经济出版社，2018：262 - 264.

④ 中国证券业协会. 中国证券业发展报告 2016 ［M］. 北京：中国财政经济出版社，2016：208 - 212.

作目的局限，PPP 项目公司就不是 PPP 概念角度上理解的"特殊目的载体"，[①] 则不能再根据其所经营项目的风险收益进行股权方面的合理估值，即无法从单一项目的效益角度评价公司 IPO 以后的市场行为。但短期内较大程度地修改和调整各项上市规则显然不现实，因此仅能相应地在上市流程、信息披露、监管等机制上进行差别化设计提高 PPP 项目公司上市的可能性，在目前上市案例为数不多的情况下单独划分市场板块进行管理则更无必要性。

相比之下，PPP 项目公司相对于当地在场外交易的小微企业，无论是公司本身的投融资规模，还是当前各地区在实施和在库存量 PPP 项目的总体规模也较为庞大，都是在场外市场进行股权交易的中小微型企业所无法相比的，以及 PPP 项目的公共属性、更为多元化的项目合作关系和较为特殊的经营风险管理特点，都有理由在各区域性股权市场中单设板块进行流转业务运作，并依法依规对其进行相应的监管。

9.3　我国 PPP 股权流转体系框架搭建

9.3.1　基本功能逻辑：项目发起流转市场与股权交易流转市场

PPP 项目全生命周期内的股权融资分为两类：一类是项目公司设立前的股东出资，即初始股权融资，股东与政府间缔结 PPP 合同；另一类是项目公司设立后，项目的股权再融资是投资者与项目公司签订股权投资协议。项目公司是在项目联合体获得中标和项目经营权授许的基础上设立的，初始股权融资价格是在公共资源交易中确定的，虽然也属于"交易"范畴，但项目发起实则是经营权的授许，而非交易意义上的股权流转，可看成是股权发起流转或初级流转。此后，项目公司股权进入次级市场开始股权交易流转。股权再融资就是在项目公司设立后通过股权交易流转获得融资，是以前者形成的股权结构、资本规模等条件基础上进行股权转让交易，即"交易"意义上的股权流转。换而言之，初始股权融资是股权再融资的基础，而股权再融资则是前者所形成的股权在市场中的价值实现。因此，两级市场之间联动作用是 PPP 股权流转体系的基本功能逻辑。

---

　　① 　具体见本书第 2 章中引用、分析的 PPP 及 PPP 项目公司的概念。

值得注意的是，对 PPP 发起流转和交易流转两级市场与证券投资角度的市场划分方法不同，后者是根据企业是否在深圳、上海、北京三大交易上市交易分为非上市企业股权交易和上市公司股票交易，并据此将两种类型的市场分别称为场外市场（包括新三板、区域性股权交易市场及其他交易场所）、场内市场。尽管项目公司与一般经营企业有多方面的区别，作为规定了经营期限的特殊载体有产权归属等方面的限制，但也有可能在符合条件的情况下通过产权转让、股权并购等方式成为上市公司或其子公司。由此，PPP 股权流转体系的基本功能逻辑可依阶段被划分为项目发起、非上市企业股权交易（场外交易）、上市公司股票交易（场内交易）三部分。其中，基于项目公司股权所发行的公募 REITs 应视同场内交易的股权类投资基金产品。PPP 股权流转体系框架如图 9 - 3 所示。

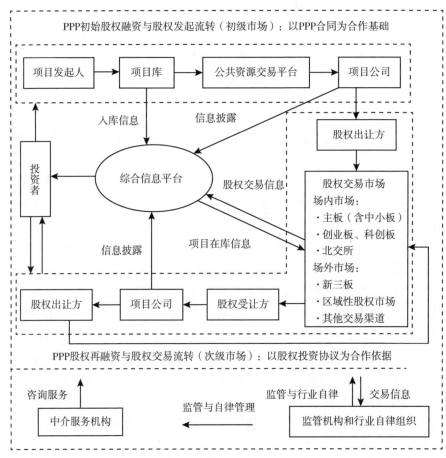

图 9 - 3　PPP 股权流转体系框架

9.3.2　交易主体关系：投资者、股权受让方和股权出让方

从投资目的上看，PPP 市场上的投资者可以被分为产业投资者和财务投资者，其中，适合做产业投资的往往是与项目所在行业相关的实业企业，以及具有支持产业发展的政策性目的或实现企业并购战略目的的产业基金。政策性引导基金在 2015 年 5 月发布的《关于在公共服务领域推广政府和社会资本合作模式的指导意见》（国办发〔2015〕42 号）首次提出，名为"中国 PPP 融资支持基金"，PPP 引导基金可以作为社会资本参与 PPP 项目股权投资，以此支持 PPP 项目融资，实现"发挥财政资金的引导示范作用，扩大对 PPP 项目的投资规模""推动 PPP 模式的推广及运用""为社会资本增信，带动社会资本参与 PPP 项目的热情"等政策目的（温来成和李慧杰，2016）。2016 年 3 月，中国政企合作投资基金股份有限公司（简称"中国 PPP 基金公司"或"中国 PPP 基金"）成立，这是中央政府层面设立的公司制母基金，注册资本金为 1800 亿元人民币，并由中国政企合作投资基金管理有限责任公司对进行投资管理。山东、浙江、河南等省级政府也成立不同规模的 PPP 产业基金，以同样的方式在政策上支持当地 PPP 项目融资。

而财务投资者则主要是集合各种机构（企业）和个人资金，并直接投资项目公司股权的商业性股权投资基金。暂不考虑公募形式的股权投资金，截至 2021 年 6 月末，我国已在中国证券投资基金业协会备案的私募股权投资基金数量为 108848 只，已登记私募基金管理人 24476 家，管理基金规模 17.89 万亿元。[①] 相比之下，当前国内的私募股权投资基金在规模上远超出专门投资 PPP 的产业基金，说明 PPP 融资渠道开发方面潜力巨大，需恰当地设计项目及投资政策，引导其中部分资金参与 PPP 产业基金或者直接投资项目。

从职能上看，项目发起时的社会资本方，即投资者包括了施工、运营和投资等具有不同行业功能的单位，而在运营期则主要以运营商为主。再从投资目的区分，PPP 市场上的投资者可以被分为产业投资者和财务投资者。其中，产业投资者通常是项目所在行业的经营企业，以及具有产业支持政策性目的或为实现并购战略目的的产业基金。

---

① 数据来自中国基金业协会于 2021 年 7 月 8 日发布的《私募基金管理人登记及产品备案月报（2021 年 6 月）》。

投资时机上，投资者可以参与发起进行对项目公司的初始投资，或在交易市场上受让原股东的退出股权而成为新股东，并在此后持股过程中选择时机退出、实现投资增值。可见，投资者是通过股权流转成为股权受让方，也可以在市场上出让所持股权成为出让方，而交易主体关系的形成和变化实现了 PPP 股权流转目的和功能。

9.3.3　信息交互机制：项目在库信息与股权交易信息

PPP 项目涉及的信息可以归纳为两类：一类是与项目发起、申报入库和运作进展有关的信息；另一类是项目股权分配和交易流转有关的信息。目前，国内 PPP 项目的进展信息主要是通过立项和申报渠道在全国综合信息平台进行汇总管理和发布，以及项目实施进展和项目公司基本情况发生变化时需要披露和再申报的信息。可见，综合信息平台对项目信息的管理主要是基于"PPP 综合信息平台项目库将在 PPP 项目规划、示范项目遴选、财政支出责任预算安排、PPP 项目规范运行等方面发挥重要功能"的目的①，服务于公共决策的信息管理平台，而非商业性。

与此不同，第二类项目信息——项目交易信息则是市场上交易项目有关的基本情况、价格信息等对项目投融资双方决策产生影响的关键信息，以及有关交易过程和成交结果等对指导后续市场交易活动方面有参考价值的信息内容。这类信息通过各种渠道集中到市场上，转而服务于市场交易和监管，并对项目供求关系——价格的确定产生影响。由于进入交易市场的 PPP 项目基本信息主要来自官方平台——综合信息平台及其项目库，因此项目交易信息对商业决策的影响力或者参考价值的大小在一定程度上是依赖于公共平台上发布的有关 PPP 项目进展基本情况的权威信息，即综合信息平台的信息更具基础性，但项目交易反之又会使项目及项目公司的基本情况发生变化，从而影响项目实施，应及时在市场信息平台上进行发布，并反馈到综合信息平台，实现两个信息平台间的信息共享和互补功能，并且从综合信息平台、项目公司、股权交易市场等主体关系角度建立信息交互机制。

在证券交易所上市交易和新三板系统内挂牌的企业，信息披露较为规

---

① 参见财政部 PPP 中心. 全国 PPP 综合信息平台及项目库热点问题解答［J］. 中国经济周刊，2016（13）：52 – 53.

范，建立两个 PPP 信息平台间的信息共享和互补机制的可操作性较高，而区域性股权交易市场以及无固定场所的交易活动目前则无较成熟的条件。在区域性股权交易市场行为的监管层面上，《国务院办公厅关于规范发展区域性股权市场的通知》（国办发〔2017〕11 号）规定，"区域性股权市场运营机构及开立投资者账户、办理登记结算业务的有关机构应按照规定向所在地省级人民政府和证监会报送信息，并将有关信息系统与证监会指定的监管信息系统进行对接"。因此，PPP 股权交易信息可以按照该规定的方式，通过区域性股权市场的信息系统被报送至项目所在地省级人民政府和证监会，同时与全国综合信息平台进行信息交换，并将其所传递的交易信息纳入监管。

财金〔2016〕92 号文[①]第三十二条明确指出，"对于归属项目公司的资产及权益的所有权和收益权，经行业主管部门和财政部门同意，可以依法设置抵押、质押等担保权益，或进行结构化融资，但应及时在财政部 PPP 综合信息平台上公示"。因此，针对固定场所（系统）之外进行非上市公司股权交易的情形，应由该项目公司将交易涉及的股权变更、承担运营职能的主体更换等信息完整、及时地通过 PPP 项目申报渠道报送至全国综合信息平台公布，与区域性股权交易市场运营机构等外部利益相关者进行信息共享。

9.3.4　咨询中介功能：PPP 咨询服务与股权投融资咨询服务

在股权流转过程中，政府、社会资本方是直接参与项目股权交易的投融资主体，而服务于项目发起、交易活动和交易主体的中介机构或组织也是不可或缺的市场参与主体。付玉秀和杨华初（1999）将资本市场中介机构包括会计师（审计）事务所、律师事务所、资产评估机构、资信评估机构、信息咨询机构以及投资银行等，其职能分别为依照相关的法律制度进行独立审计、法律见证、资产评估、资信评级、信息咨询和证券承销、融资服务，形成对风险投资的有效辅助和社会监督，使投资者能够依据各中介机构的独立意见和评价，作出正确的投资决策。刘志云和史欣媛（2017）则指出了中介机构服务的核心价值：在资本市场领域，中介机构以保护投资者利益为价值目标，以维护市场秩序为使命，发挥"看门人"作用，为

---

① 　财政部印发的《政府社会资本合作项目财政管理暂行办法》，简称"财金〔2016〕92 号文"。

投资者提供信息收集、加工、传输和验证服务，并确保信息披露的真实性、准确性与完整性，以缓解信息不对称、降低交易成本。

从 PPP 项目全生命周期和股权流转过程中，中介机构提供了 PPP 咨询为主的非金融服务和投融资咨询等金融服务：首先，PPP 咨询机构提供了项目策划和咨询服务，项目发起信息核验、实施方案及论证报告的编制等方面的服务质量很大程度上决定了项目申报和落地实施的成功可能性；其次，在项目投融资活动中，投资银行、投资咨询机构等金融服务中介机构提供了投融资融资信息、投资建议、证券承销等服务，帮助解决投融资主体的"专业功能不足"和信息不对称问题；再次，在 PPP 项目实施过程和融资活动中，律师事务所在 PPP 合同、投资协议缔结时，或是在项目运营中涉及的法律实务处理方面提供相应的法律咨询服务，和会计师（审计）事务所提供的工程和公司财务审计服务；最后，项目并购中或运营到期时清算时需要资产评估机构提供的资产评估服务等。可见，中介机构对于 PPP 股权流转和项目实施服务功能的广泛程度和重要性，并且由于中介机构的市场准入门槛相对较低，极有可能在中介服务活动中出现委托代理问题，导致 PPP 项目投资和实施风险。因此，应该在对中介服务机构进行适度监管的同时，建立恰当的自律和激励机制以促进其自觉发挥"看门人"作用，确保其向项目方、投资者等主体提供高质量的专业咨询和信息服务。

9.3.5 监管与自律机制：项目监督、市场监管与行业自律

PPP 项目具有公共属性，管理库中的项目数量与金额规模巨大，其运作的规范性对社会与经济发展有极其重要的影响，因此无论是 PPP 项目运作，还是 PPP 项目公司的股权交易都应进行必要的监督和管理。其中，PPP 项目运作涉及公共产品供给的效率问题，与政府的财政、宏观经济运行管理职能有关。而 PPP 股权交易则属于投融资活动，体现为金融市场行为。因此，对于 PPP 项目运作和股权交易进行监督管理的实施主体应该不同，前者应由政府部门或公众代表组成的第三方独立委员会，后者则应属于金融市场监管部门的职责。由于项目监督与市场监管的主要目标都是为了保护公共产品的投资者和消费者利益，并且项目运作与股权交易相互之间有直接的效率影响，因此，两者分工并非完全割绝且相互促进和制约的。从当前实践看，两类监管主体的分工已基本成型：从中央层面到地方，由财政和发改两个部门对 PPP 项目运作进行全流程监督和管理；在股权交易方面，证

监会统一对上市公司股票交易市场进行监管，并由其派出机构——各地证监局和属地政府的金融监管部门负责新三板、区域性市场等非上市企业的股权交易监管。

此外，行业自律也是确保流转体系规范运行另一不可或缺的机制，与监管职能相辅相成。目前国内的证券交易所和行业协会是上市企业股票市场的主要自律性组织，同时证券业协会还是区域性股权交易市场自律性组织。[①] 并且，基于 PPP 全过程运作效率的视角，PPP 项目规范运作方面的行业自律机制也应该建立。

9.4　本章小结

股权投资退出的关键是股权转让企业股权或控制权的转移变化上发挥了作用，因此股权投资退出本质上是企业股权流转，而 PPP 股权流转机制即是 PPP 项目公司的股权流通和转让交易的方式、过程与关系。目前，建立与完善 PPP 股权流转机制的重要性在国内政策理论与实践中已有较广泛的共识。

在研究如何基于我国当前 PPP 综合信息平台和多层次市场体系建设现状搭建一个 PPP 股权流转体系框架的过程中，本章不仅厘清了 PPP 股权流转的初级市场（分配市场）与二级市场（交易市场）、投资者与受让方的概念，同时也对体系框架中的项目基础信息与交易信息、股权流转的中介服务、监管与自律等方面的运作机制进行了相应的梳理和完善，并为后续关于当前的 PPP 投融资体系中涉及的 PPP "两评一案" 与 PPP 合同的调整、限制股权转让、"明股实债" 的投资方式、信息披露和交易监管主体的权责等问题的进一步分析提供理论基础。

---

① 详见中国证券业协会于 2018 年 7 月 23 日颁布的《区域性股权市场自律管理与服务规范（试行）》，https：//www. sac. net. cn/flgz/zlgz/201808/t20180817_136260. html。

第 10 章　我国 PPP 股权投融资的若干问题与对策

　　PPP 内涵极其广泛，合理界定与正确理解 PPP 很大程度上能够决定 PPP 股权投融资的活动范围和关系界限，最终影响其机制作用的有效发挥。考虑到广义视角的政企合作关系内容多而形式复杂，且本书研究是基于狭义 PPP 分析股权投融资问题，因此，本章即从狭义或相对标准化 PPP 的视角着重梳理股权投融资方面亟须解决的问题，并进行对策分析，同时希望为更广义的 PPP 股权投融资发展中所存在问题提供可借鉴的解决思路。

10.1　流转体系中信息交互机制的完善性

　　综合信息平台的信息集中发布功能已较好地发挥作用，但仍然存在上报项目信息不全和未及时更新等情况。并且，综合信息平台与股权交易市场之间信息共享和交换渠道尚未建立，使得在库项目实施信息无法得到及时更新，使之不能正常地为市场交易活动提供参考。信息交互机制不健全，导致流转体系的信息不充分和不对称，从而对 PPP 运行产生的不利影响，容易出现对 PPP 及其价值目标的认识不足或误解，以及在基于委托代理关系的项目运作和股权交易活动中可能会因此发生逆向选择、道德风险，甚至滋生腐败，最终导致项目运作低效率。

　　信息交互机制的正常运作提高流转体系的信息充分程度和对称性前提。首先，加强对项目基础信息申报的审查、监督，确保项目信息能真实、完整并申报到地方和国家项目库、综合信息平台，同时促使在库项目的进展信息能及时得到更新，并清理或转移已确认清退或"半途而废"的项目信息。其次，开设信息综合平台与项目公司之间的信息传送通道，使项目公司在项目发起后将自身基本情况和实施过程中发生重大变更等相关信息应该通过专门信息系统或渠道传送给综合信息平台、股权交易市场（有挂牌交易的情况）对社会公众披露。此外，还要建立综合信息平台与股权交易场所（系统）的信息交互通道，为交易市场有效地核查、补充挂牌项目公司信息提供可靠来源，并将挂牌交易信息反馈到综合信息平台，以及时补充、更新项目基础信息。

10.2　对股权价值评估基础的理性共识问题

PPP 股权流转主要涉及的项目准备阶段的实施方案、招投标环节签订的 PPP 合同、项目公司股权投资估值和签订协议等合作关系建立与实施的依据，三者之间关系界定明确程度和内容可否调整对于投资合作及项目实施都有极大的影响。

从目前国内 PPP 发起情况看，政府发起的情况占多数。因而，多数情况下是政府通过招投标、委托等方式确定 PPP 咨询机构，并由其制作 PPP 项目实施方案、物有所值论证、财政承受能力论证，简称为"两评一案"。由于"缺乏公共部门比较值（PSC 值）数据，无法进行比较，所以现在大多数的物有所值论证就只是做定性评价，而定性评价主观性较强，且大部分项目只要当地政府愿意推出，社会资本愿意合作，则物有所值的定性评价基本也都会通过，导致这项评价也基本流于形式"。① 并且这种方式下，往往也会由于缺乏社会资本方在项目前期的必要参与，而可能导致双方在后续实施条件评估方面存有偏差，若要促进项目成功落地实施，则需要在招投标或投资谈判中重新确定项目条件后进行相应的调整，因此涉及"两评一案"能否调整以及再申报流程简化问题。

PPP 股权定价方式包括发起阶段的社会资本方招投标和股权交易市场。招投标定价主要为 PPP 实施方案为依据，并签订 PPP 合同。股权交易市场定价则是供求双方对原实施方案、PPP 合同、实施情况，以及资金成本进行多方面综合评估和谈判的结果，同样也会缔结合同。因此，实施方案是 PPP 项目定价和股权估值的基础依据。而多种可能因素导致的实施条件评估偏差，需要在招投标或投资谈判中进行估值调整。目前关于项目或项目公司股权估值的研究和实例中，多数是依据实施方案或 PPP 合同中测定的收入净现金流和折现率来确定投资价值，并不能真实地反映其供求关系。反之，

---

① 王朝才. 当前推进 PPP 工作面临的几个难点 ［J］. 经济研究参考，2016（15）：10－16.

项目公司在现金流分布可预测性、经营期限等方面都与一般经营企业有区别，完全忽视现金流预期的估值方式（市盈率、市净率等估值法）无法评估其真实价值，因此不能苛求仅以市场供求关系确定股权价格，使之偏离真实价值甚至产生价格泡沫，人为地增加项目风险。缺乏对 PPP 股权价值评估基础的统一认识，使得投资者无法在 PPP 项目、同行企业股权、债权等各种投资之间进行合理的风险收益预期比较，从而不能在投资进入和退出决策上作出较为理性选择，并因此影响 PPP 投资市场的供求关系。

为促进形成对 PPP 股权估值基础的理性共识，一方面应进一步强调项目前期论证的严谨程度和实施方案的权威性。在前期可研文件和实施方案中加强对运营和投融资计划等方面的论证，且尽量让有行业或项目经验的咨询机构、潜在社会资本方参与项目前期发起，以发挥其行业优势，从项目风险收益分析、现金流分布和回报预期等多方面结合对项目公司股权价值进行更准确的评估，确保实施方案、PPP 合同在项目全生命周期内的投融资估值更有效地发挥基础性参考作用。另一方面则是在此基础上，应从相关法规、PPP 合同规定等方面放宽限制，以确保股权投融资交易双方充分自主地针对项目的实施情况进行投资谈判、缔约，即以供求关系确定价格，并在履约过程中对契约完全性相关的投资估值偏差问题采取再谈判或对赌进行估值调整和报备，而无须调整 PPP 实施方案和 PPP 合同。并且，针对 PPP 股权交易市场价格的动态变化，应指定或由交易场所、研究机构、金融媒体、行业协会等行业内权威组织自发编制和发布价格指数，为股权投融资活动提供实时的价格对比和参照，使投资者对 PPP 投资的风险回报水平有更理性的认识，从而对 PPP 项目发起、股权投融资决策和市场供求关系变化产生积极影响。

10.3　PPP 项目公司股权转让限制

根据前文分析，从公司股权角度看，PPP 项目公司区别于一般经营企业有两个方面的明显特点：一个是 PPP 项目公司是为了某一具体的公共项目而专门设立的载体，其企业生命周期是有明确的时间规定；另一个则是政府通常作为公共项目的业主方在公司中有不同程度的参股，但并不主导项目运作。其中，后者也是 PPP 项目公司区别于非 PPP 项目公司的一个显著特点。显然，为了非 PPP 项目运作而设立的载体公司通常体现的是非政府与社会资本合作关系，而 PPP 项目公司与其之间有着不同产权属性的公司股权结构和变更要求的区别。

根据《公司法》规定，有限责任公司形式的企业股东转让持有股份须经过其他股东同意，而股权有限公司形式的企业股东则可以自由转让股份。但 PPP 股权转让必定引起股东职能分工的变化，可能导致建设、运营等公司业务职能的弱化或缺失。尤其，股权转让也有可能是项目发起股东在项目公司设立后立即套现退出的"短期行为"，此时双方的关注点是交易价格，而非关于项目后续运作中所承担的职能及效率影响。财金〔2016〕92 号文第三十二条也明确规定，在不影响公共安全及公共服务持续稳定提供，项目建设完成进入稳定运营期后，社会资本方可以通过结构性融资实现部分或全部退出。因此，PPP 合作中政府往往为了防止社会资本方退出合作而通过在实施方案、PPP 合同中设置条款，限制项目公司股权转让，甚至禁止转让。并且，政府方基于整个项目具体有效实施的考虑，往往会设定锁定期，即使在锁定期后，仍然需要政府方的事前批准才能实施股权转让（王朝才和樊轶侠，2017）。

各种出于"项目稳定持续性"目的的限制在一定程度上确保了项目运作的稳定性，但由于"稳定运营期"难以界定往往导致"锁定期"不明确，以及"锁定期"后的"政府批准股权转让"等行为，可能使得项目由于缺乏公司股权流动性而丧失股权融资功能。再若 PPP 合同中并无提及相关问题及解决办法，那么以 PPP 合同条款为基础条件的股权投资协议该如何作出相关规定？这显然是发展 PPP 股权投融资亟待解决的问题。

可供参考的解决办法是：首先要依据《公司法》、PPP 合同及项目公司章程等法律和公司制定对股权转让时间、数量等方面事先作出明确安排，而不是采取履约过程中的临时谈判或单方决定等事后解决方式，这可能会导致更高的交易成本，降低投资合作的效率；其次就是要根据各合作方在项目公司的职能分工及其退出可能导致对项目运作的不利影响程度，而分别规定其投资合作的"锁定期"，即要求其履约合作的最短期限；同时，设置社会资本方长期投资项目公司股权的激励机制，以减少财务投资者过早退出项目的"短期行为"。

此外，PPP 股权转让还涉及 PPP 项目公司中的政府代表持有的国有股份是否允许流通的问题。财金〔2016〕92 号文第三十条对此作出的规定是，"存量 PPP 项目中涉及存量国有资产、股权转让的，应由项目实施机构会同行业主管部门和财政部门按照国有资产管理相关办法，依法进行资产评估，防止国有资产流失"。本书认为,由于 PPP 项目的资产通常属于政府,而项目公司仅有特许经营权,因此项目公司的股权流转不涉及项目资产权属的让渡问题。再者,政府代表持有项目公司少数比例的股份,其作用主要在于引导社会资本参与公共项目的投资、建设和运营管理,从而发挥社会资本在资金、技术和管理方面的优势作用,与政府项目资源优势形成互补。理论上,在不影响项目效率目标实现的前提下,政府参与 PPP 项目合作持有的项目公司国有股应该同样可以根据《公司法》等相关法律规定的要求进行市场化流转。

10.4 PPP 投融资的"明股实债"

目前,由于银行理财计划、保险公司资管计划的资金属性,要求投资项目不能超过一定期限,因此普遍采取"明股实债"的投资方式,即单纯提供资金,要求固定回报(俞卓菁,2017)。所谓"明股实债",就是名义上采取股权投资方式投资 PPP 项目,但在与其他股东签订的投资合同中约定,投资期内投资人的投资款要定期获得固定收益率的回报,且投资期限届满时其他股东或第三方无条件回购投资人持有的股权的投资方式,本质上属于债权投资(张继峰,2017)。作为一种融资手段,"明股实债"的确可以在较大程度上解决 PPP 项目大规模的融资需求,同时也有金融分业经营、社会分工专业化、财务投资特征等多方面的存在合理性,但极有可能会增加政府直接负债,或是以回购、担保等"兜底"形式增加政府的隐性债务,因此导致政府债务风险攀升。在此情形下,张继峰提到一些关系到落后地区民生的问题,或者政府的重大项目是否可以变通地采取"明股实债"方式解决项目融资问题。

根据以上概念界定,"明股实债"形式表现上是优先股,但本质上应该是项目债务融资方式,或可以近似地看成是一种股债混合的结构化融资工具,因此在融资主体、债务的实际承担主体和担保责任人等主体的债务风险承担责任明晰,不增加各种政府债务风险的前提下,可以作为项目公司的一种股权融资方式,即通过"明股实债"的结构化私募股权基金进行融资。与以通常意义上不规范的"明股实债"PPP 融资方式区别之处在于,融资责任主体是项目公司或其主要股东,而不是政府,政府不承担任何方式的担保和承诺为其"兜底"。对于一些落后地区民生或政府重大项目,首先要区分项目的公共属性和经营属性，并在此基础上明晰支付主体责任，若是纯公益性的项目则应由政府付费或者是采取非 PPP 模式进行融资和支付，经营性和准经营性的项目则可以是项目公司及其股东通过规范"明股实债"的结构化私募股权投资基金或产业基金等方式获得融资。

10.5　股权资本的供给能力问题

中国 PPP 基金①等政府主导设立的产业基金是目前 PPP 项目寻求较大规模股权基金融资的主要渠道，但基金整体规模远不能满足当前的融资需求，且投资风格、对象选择和投资额度上与多数项目条件也不相符合。全国一些省市政府成立的 PPP 产业基金多数是以母基金形式存在，募集设立子基金并投资项目的例子为数不多，且投资范围主要限于基础设施建设项目。因此增强股权资本供给能力的重点还是要引导商业性投资机构或基金等多元化的社会资本成为主要投资力量，以满足多样化的融资需求，促进设施建设和提升产业运营效率。

但商业性的股权投资基金往往规模较小，且存续期与 PPP 项目的运作周期时间也不匹配，因此需要多个机构或基金进行联合投资，甚至可能涉及同一机构或其管理的多个基金在对同一项目在不同时间进行多次投资补充和置换，但此举极有可能涉嫌规避对于"通过拆分、代持等方式变相突破合格投资者标准或单只私募证券持有人数量上限""自融"等行为的监管②。此外，政府不能以任何方式的担保和承诺为项目进行融资"兜底"，③并禁止变相增加政府债务、保本保收益的"明股实债"类产业基金投资政府项目。④ 类似这些方面的规定在规范 PPP 股权投融资运作的同时，也在一定程度上限制了股权资本供给增加。从而，通过合规的方式吸引各种股权资金、增加资本供给以满足较大规模的 PPP 融资需求，是实现流转体系理性运行须解决的动力问题。

---

① 具体信息参见其网站：www.cpppf.org。

② 详见 2017 年 1 月 20 日《国务院办公厅关于规范发展区域性股权市场的通知》（国办发〔2017〕11 号）。

③ 详见财政部《关于印发〈政府投资基金暂行管理办法〉的通知》（财预〔2015〕210 号），以及《关于规范金融企业对地方政府和国有企业投融资行为有关问题的通知》（财金〔2018〕23 号）。

④ 详见 2017 年 11 月 17 日一行三会一局发布的《中国人民银行、银监会、证监会、保监会、外汇局关于规范金融机构资产管理业务的指导意见（征求意见稿）》。

为促进股权资本供给规模增长，首先，要在总结中国 PPP 基金运作经验的基础上，通过合理调整政府基金的投资范围、规模、比例等方面的规定或限制，进一步完善其直接投资功能，并以投资效益增长带动基金规模扩大。其次，强化政府产业基金在 PPP 股权投资领域的引导作用，吸引更多的社会资本参与设立子基金，并对加强对子基金运作的监督和指导、帮助其提高运作效率，以促进基金投资规模和效益增长。最后，在坚持合规性原则的前提下，应允许社会资本通过联合投资、私募股权基金份额转让，以及基于私募股权基金或联合体内部风险收益分配合理化目的的"兜底"和"对赌"等创新方式增强自身的募资能力，促进股权资本供给规模增长。此外，目前国内正在进行试点推广的基础设施投资信托基金（REITs）让符合上市条件的项目获得可以通过公开募集资金的渠道，但多数项目公司达不到相关标准而仅可采取私募方式进行融资，因此，应该允许创新并使用具有类 REITs 特点的 PPP 股权投融资方式，同时对其加强规范性管理，并为其搭建从"私募投资"提升到"公募退出"的通道，使其为促进 PPP 股权资金供给增长发挥更大作用。

10.6 PPP 股权市场挂牌交易条件限制

当前我国资本市场体系中，企业在各层次市场上市或挂牌的条件不同，证券交易所需要 IPO 准入，新三板也需要挂牌，而全国区域性股权交易市场的准入条件几乎都是"无门槛、有台阶"，但仅为本区域企业提供股权融资服务，而不得跨区域为外地企业提供相关服务，且本地企业也不能到其他区域性股权市场挂牌交易。[①] 此外，三个层次的市场中交易方式也不同，在交易上市公司在沪深两市进行股票交易的方式主要是连续竞价，在新三板挂牌的非上市公司转让股权则主要是通过集合竞价和协议转让，其余企业仅能在区域性股权交易市场或是交易场所之外以协议转让的方式进行股权交易。PPP 项目公司作为项目载体，基本上是为了单一具体项目运作而设立的新公司，并且投资规模通常都较大，非一般中小企业能比，而限于某个区域性市场进行一对一的协议转让很难满足项目股权融资需求。

---

① 根据《国务院办公厅关于规范发展区域性股权市场的通知》（国办发〔2017〕11 号）规定："区域性股权市场不得为所在省级行政区域外的企业私募证券或股权的融资、转让提供服务"。

再者，目前国内对于区域性股权市场的交易制度方面还有规定：不允许区域性股权市场通过拆分、代持等方式发行金融产品，不得出现"涉嫌规避私募发行投资者数量和合规投资者门槛监管要求"的违规行为。此处需要辨析的问题是：同一投资机构或同一投资机构发行的各私募股权投资基金是否可以对同一个 PPP 项目进行不同时间的多次股权投资？这种投资方式是否同样涉嫌规避"拆分股份、突破私募单一证券的持有人上限"的监管要求？这些类似的做法被确定合规与否，对 PPP 股权流转机制的作用发挥无疑有较大的影响。

上述情形中，各个区域性股权交易市场之间的信息联通机制应该可以充分利用全国综合信息平台资源的基础上，通过联结各区域性股权交易市场为主的网点得以建立，并且由各地交易市场协商制定互相间的信息合作规则以保障该机制可持续运作。此举，既不违反企业挂牌服务本地化方面的限制，同时又能实现各地项目融资信息交互和共享，有助于各地推广项目和引入资金，以及提高全国 PPP 项目落地率和市场流动性。

此外，PPP 产业基金等私募股权性质的投资基金是 PPP 项目进行较大规模股权融资的主要方式，现实问题通常在于投资基金的投资规模、运作时间或存续期与 PPP 项目的融资需求之间存在规模或期限上的不一致、不匹配，则需要通过引入其他投资机构或基金予以补充和置换。对此，本书观点是，多个投资机构（基金）同一项目进行股权投资的方式属于联合投资的行为，若直接投资于 PPP 项目公司的持股人数不超过《公司法》《证券法》等法律和 PPP 项目运作相关规定的要求，应当允许同一机构或基金，包括同一母公司或母基金下属的子机构或基金在不同时间投资同一 PPP 项目公司。因此，在基金运作和项目投资过程合法合规的前提下，可以采取以产业投资类型的机构（基金）为主导、财务投资目的的商业性私募股权投资基金跟投的方式对同一项目进行各个阶段联合投资。

10.7　PPP 股权流转的监管主体辨析

前文在关于 PPP 股权流转体系的框架构建中已经分析了市场监管和自律的必要性，但没有对监管主体问题做进一步的分析。关于我国 PPP 项目监督和管理，温来成、刘洪芳等（2015）的观点是，目前中央层面的监管部门是财政部和国家发改委，但至今尚未有相对独立的专门机构来负责 PPP

项目监管[1]，而双头监管存在的"管理主体竞争"又不利于财政风险控制方面的制度实施，部门职责分工不清导致地方实施无所适从[2]。因此可以借鉴国际现有的做法，通过设立专门机构（如英国、澳大利亚、中国香港等），或者是由现有部门履行相关职责（如葡萄牙、菲律宾等）实施跨领域、全过程监管和指导。

与一般经营企业或者项目较为不同的是，PPP 关系中的政府既是项目合作方或交易方，同时又是项目交易的监管方[3]，存在政府定位不清而出现"角色冲突"问题（詹玉欣，2018）。同样，在 PPP 项目公司的股权流转中，这种"角色冲突"问题很有可能会发生，即政府既是项目公司的股东，同时又代表公众利益对项目运作、项目公司的股权流转进行监管，而社会资本或投资者则是处于被监管的弱势地位，因此极有可能会导致交易的不公平而使投资者的利益遭受侵害。相应的问题就是，为了保障 PPP 合作关系的平等性和股权流转的公平性，该如何确定合理的监管主体及职责以避免"角色冲突"？

本书研究所构建的 PPP 股权流转体系框架包括初级市场和次级市场两个层次的股权流转环节。初次市场流转是通过指 PPP 社会资本方招投标实现的，而次级市场上的流转主要就是项目再融资中的股权转让。

詹玉欣（2018）指出并分析的"角色冲突"问题，主要是指 PPP 项目社会资本方招投标及项目运作监管方面，本书提及的初级流转监管问题属于此类，也赞同其提出应该在 PPP 项目交易乃至整个运作过程中引入由政府和社会资本方以外的第三方——以社会公众为主体的社会评价机制来完成项目识别、项目合同等环节监管。在项目识别阶段，社会评价机制完成对政府或社会资本方发起项目的价值、可行性和市场竞争力的识别；在项目合同环节，社会评价机制进行项目的筛选，由其主持政府与社会资本方共同参与项目合同制定，并对拟定的项目合同进行公告后作为 PPP 项目各方执行依据；社会评价机制实施项目监管包括：准入监管、绩效监管和退出监管。其中，社会评价机制的准入监管是为了有效平衡政府监管"角色冲突"所产生"政府不守信""信息不透明"等弊端。绩效监管是根据市场

---

① 从中央到地方层面设立的 PPP 中心也仅是以政策研究为主的机构，并非真正意义上的监管部门。

② 王朝才．当前推进 PPP 工作面临的几个难点［J］．经济研究参考，2016（15）：10 – 16.

③《国家发展改革委关于开展政府和社会资本合作的指导意见》（发改投资〔2014〕2724 号）指出：政府要牢固树立平等意识及合作观念，集中力量做好政策制定、发展规划、市场监管和指导服务，从公共产品的直接"提供者"转变为社会资本的"合作者"以及 PPP 项目的"监管者"。

变化和项目业绩情况，合同任何一方提出变更合同条款的合理请求，则应当由社会评价机制来审核是否变更以及变更补偿支付问题；退出监管，则是指项目移交等工作应当在社会评价机制的监督下进行。这种社会评价机制的主体可以被清晰的界定：由政府以外的非官方利益相关者参与的专职或非常设的机构或组织执行该工作，参与成员包括公共产品的使用者、各级人大代表、政协委员、审计人员、公共项目或产业经营领域的专业人员等。同时，为了补充和促进 PPP 项目运作监管功能，可以将全国综合信息平台作为一个全国性的 PPP 行业自律管理组织，以督促行业内 PPP 项目申报、信息披露等方面进行规范化运作，以利于"公众和独立第三方咨询机构等其他各方参与，提供合理化建议，完善决策过程，也利于避免暗箱操作，预防腐败"[1]。

PPP 股权交易方面，根据《证券法》规定，当前国内的证券市场统一由证监会进行监管，但实践中对于非上市企业股权交易的监管较为复杂，存在多个部门分享监管权的情况：证监会或其指导下的监管和地方政府主导的监管。[2] 从现实情况看，PPP 股权交易则绝大多数仅可能选择在区域性市场，而非证券交易所或新三板等全国性市场（系统），因此次级流转市场的监管主体目前应该就是证券会在地方的派出机构——各地证监局、属地政府的金融监管职能部门。由于，证券监督管理机构属于 PPP 项目的非直接利益相关者，因而在履行监管职能时应该能更好地体现第三方的立场公正性。再从对于当地区域情况（包括对项目运作和企业融资的政策支持方面）的了解熟悉程度，以及与当地政府的沟通方面看，属地政府主导的监管模式有其效率优势。因此，采取由证监会主导下、地方政府部门配合实施的监管模式对当前 PPP 股权交易市场的监管情况较为现实。并在该监管模式下，进一步完善和发挥证券行业协会主导各区域性股权交易市场参与的行业自律机制作用。

---

① 王守清，刘婷. PPP 项目监管：国内外经验和政策建议 [J]. 地方财政研究，2014 (9)：7 – 12，25.

② 刘沛佩. 非上市公司股份转让市场的制度完善 [D]. 上海：华东政法大学，2013：132 – 135.

10.8 移交环节的 PPP 项目公司余值处理

关于项目移交环节的项目公司余值处置，本书在分析股权估值模型时提到了该问题，并引用了财金〔2014〕113 号文的相关规定。一般情况下，PPP 项目有确定的生命周期，并且在运营期限结束时，运营主体按照合同规定将项目运营权移交给政府或其代表机构。较为正式的定义是，项目移交通常是指在项目合作期限结束或者项目合同提前终止后，项目公司将全部项目实施及相关权益以合同约定的条件和程序移交给政府或者政府指定的其他机构。[①] 吕汉阳和徐静冉（2016）指出，项目移交可分为有偿和无偿两种补偿方式，移交内容包括：

（1）项目设施。

（2）项目土地使用权及项目用地相关的其他权利。

（3）与项目设施相关的设备、机器、装备、零部件、备品备件及其他动产。

（4）项目实施相关人员。

（5）运营维护项目设施所要求的技术和技术信息。

（6）与项目设施有关的手册、图纸、文件和资料（书面文件和电子文档）。

（7）移交项目所需的其他文件。

可见，此时移交内容仅涉及项目与相关资产或资料，而项目公司的角色是向政府或其代表机构移交项目的主体，对其本身并无股权所有属性上的流转或消亡的强制性规定。尽管，移交后项目公司已经没有任何与该项目相关的各种资产与权利，但长期经营所积累的经营管理经验、声誉等无形资产或资源属于项目公司及其股东，而与项目无关，项目公司作为壳公司还有可以利用这些资源再进行其他项目经营的机会，那么项目公司的余值归属及股权变更问题必须有相关明确规定。

本书建议可以通过两种方式解决该问题：一种是在 PPP 合同中事先明确规定在项目移交同时将项目公司股权归属于政府，或由后续获得项目合作权的社会资本方依据某种股权估值准则购买原社会资本方股东持有的项

---

① 中国 PPP 产业大讲堂. PPP 模式核心要素及操作指南［M］. 北京：经济日报出版社，2016：250.

目公司股份；另一种则是在项目移交时，由项目公司股东根据《公司法》规定进行协商，共同决定股权流转与此后的公司经营方向问题。两种方式下，一方面避免了项目公司股权移交涉及的政府回购问题，另一方面也使得社会资本方在项目移交后还可以因为项目公司的余值而获得后续收益。

10.9　PPP 股权投资涉税问题

我国在 PPP 项目建设运营方面目前没有形成统一的税收政策，而是散布于多个税种的政策文件中（温来成等，2016）。郭建华（2016）认为，项目移交、转让、出售阶段包括所有权属不变和发生变化两种情形下的资产移交，包括特许经营权转让、存量项目的股权和资产转让，其中存量项目的股权和资产转让涉及增值税、企业所得税、契税、印花税、土地增值税等税收。本书将 PPP 项目公司涉税问题总体上分为两个层面：一是与项目运作和公司经营有关的税收问题，包括增值税和所得税等涉及主要税种，以及"三免三减半"[①] 等税收政策问题；二是与项目公司股东投资收益有关的税收问题，主要包括对股利和股权转让有关税收方面的规制。前者属于为项目公司经营范畴，而后者则体现为股权投融资方面，此处主要探讨后者。PPP 股权投资可分为直接股权投资和基金投资两种方式，前种方式下的税收主体为股权投资者，后者的税收主体则包括基金、基金投资者、基金管理人，各主体相应的各种收入即为税收对象，如表 10–1 所示。

表 10–1　　　　　　　　　　　　PPP 股权投资主要税收

投资方式	纳税主体	税收对象			
		股利收入	股权转让及收入	基金份额转让及收入	管理费及超额收益分成
直接股权投资	股权投资者	企业所得税或个人所得税	企业所得税或个人所得税、印花税	—	—
	基金	企业所得税或先分后税	企业所得税或先分后税、印花税	—	—

①　指符合条件的项目公司从取得经营收入的第一年至第三年可免交企业所得税，第四年至第六年减半征收。

续表

投资方式	纳税主体	税收对象			
		股利收入	股权转让及收入	基金份额转让及收入	管理费及超额收益分成
基金投资	基金投资者	企业所得税或个人所得税	企业所得税或个人所得税	企业所得税或个人所得税、印花税	—
	基金管理人	—	—	—	增值税

　　项目股东在项目上的投资收益主要有两个来源：股利（股息与红利）、股权增值。关于个人股东在股利方面的税收规定是："利息、股息、红利所得和偶然所得，以每次收入额为应纳税所得额。"[①] 对于企业，其"股息、红利等权益性投资收益"都应按规定缴纳企业所得税。[②] 可见，关于税收的缴纳规定是明确、清晰的，但"对于在项目公司中政府股东主动将股利出让给社会资本的问题，目前还未有统一的相关征税规定"（孙梦迪和邢利，2017；吕敏和廖振中，2017）。从"同股同权"关系角度分析纳税原理，政府或其代表方、社会资本股东都应该按税法规定对各自获得股利缴纳所得税，其中政府所得股利部分的应缴纳税款是基于政府作为所得者、应税主体而采取相应的计税方式和税率计算的，因此将股利出让给社会资本方时，该税款应当在股利所得中扣减。但从税收的合理性以及税收优惠政策的有效性角度看，这种股利转让的方式具有财政补贴的性质和作用，因此不应再对受让该税后股利的社会资股东另行计收所得税。

　　再分析项目公司股权转让的涉税问题。目前，国际上股权转让获得投资增值收益所涉及的税收主要有两种方式：一种方式是美国等对于投资增值部分征收的资本利得税，属于流转环节缴纳的增值税，我国在该方面则属于另一种方式，目前不征收资本利得税，但征收所得税。并且，在 PPP 基金投资业务中，基金投资管理机构还应缴纳增值税，即：基金投资管理机构因经营投资管理业务获得管理费收入而缴纳增值税、所得税，以及对投资收益回报或奖励缴纳所得税，而基金本身作为一个非经营功能的载体主要需为其投资收益缴纳所得税：公司型基金需缴纳企业所得税；合伙型基金则是"先分后税"，即基金合伙人各自承担投资收益所得税；契约型基

---

① 详见《中华人民共和国个人所得税法》。
② 详见《中华人民共和国企业所得税法》第六条。

金属于非实体组织，基金份额持有人根据税收规定缴纳企业所得税或个人所得税。此外，基金管理人还因获得管理费和基金投资管理的超额收益分成缴纳增值税。

目前，国内已有不少关于基础设施投资、股权投资方面的所得税优惠政策实践，但力度各有大小。鉴于 PPP 投资规模大、期限长导致缺乏投资吸引力、融资难，本书建议，可以结合项目经营和投资两个方面，对涉及经济社会发展较重要的领域、经营风险较大的使用者付费类项目实施统一的税收优惠政策，同时，根据不同投资持有期长度的项目公司股权转让和基金份额转让采取有差异的所得税率，以此补偿项目投资风险、增加项目税后收入。

第11章 结　　论

11.1　主　要　结　论

　　PPP 是政府部门和社会资本在基础设施及公共服务领域，为增强公共产品供给能力、提高供给效率，通过授权经营、购买服务、股权合作等方式，与社会资本建立的利益共享、风险分担的长期合作关系，并且可以泛指政府部门和私人部门在产品或服务生产、提供合作方面的任何协议安排。

　　本书的核心观点是，作为公共服务供给机制的重大创新，PPP 模式在发挥市场机制作用、引入社会资本投资、提升公共产品供给效率和实现公共利益最大化等方面的作用已被充分认识，而 PPP 股权投融资机制及股转流转体系的建立和完善，有助于解决各种不规范运作导致的"低效率"问题，促进形成强调产业化经营为项目运作核心内容的 PPP 市场环境，以此提高PPP 项目融资效率，从而推进我国 PPP 事业可持续发展。

　　本书的主要结论包括：

　　（1）PPP 合作关系是基于项目运作的长期过程。该过程是一个包括了项目识别、项目准备、项目采购、项目执行、项目移交五个部分的项目运作流程，同时也是一个被按照项目运作环节划分为前期、建设期、运营期和移交期的"四阶段"项目全生命周期。从股权投融资研究角度，PPP 项目生命周期还应与项目公司自身的发展过程相结合。

　　（2）PPP 项目的经济效益和社会效益评价涉及政府、社会资本方、社会公众三方各自的效益目标，而项目公司的运营绩效是效益的关键，适当调整项目的经营属性、运营业务规模、超额收益分享方面的激励等条件能提升运营绩效水平。换言之，投资者、投资规模与投资价值增长最终取决于项目的运营绩效，以及市场均衡水平下投资增长率：良好的项目经营业绩能够增强投资者信心，使其对项目后续有更好的预期。

（3）PPP 项目融资在形式上表现为项目融资，即项目公司融资。PPP 项目融资的基本功能是为了满足项目运作的资金需求，而提高项目公司的绩效和项目效益体现了项目投融资的价值目标。PPP 项目融资不仅是因为项目有潜在的资金需求，也可能是因为缺乏项目运作所需其他资源，因此融资动因也并不是单一的。根据项目公司设立、项目开始正式运作时间，把融资活动分为初始融资和再融资，相应地，就应该有初始融资动因和再融资动因。与其他融资方式相比，PPP 股权融资的优势在于能够满足 PPP 项目几个方面的需求：可让项目获得可长期使用的权益资本、弥补公共项目的其他资源不足，以及完善 PPP 运作模式的各种机制。

（4）股权投资是 PPP 项目不可或缺的融资工具，PPP 项目融资目标达成度及效率的高低，最终取决于不同模式和阶段下，项目股权投融资与银行贷款等多种融资方式的结构组合优劣程度，因此构建以股权投资为主的多种方式融资组合对于 PPP 融资及项目效益目标实现极为重要。

（5）PPP 股权投资活动构建为一个以项目为导向、资金同步流动的基本流程，仍然包括筹资、投资、投后管理、投资退出四个环节，在"投资确定"与"投资"两个环节间设置的"筹资确认机制"，可以实现以"优质项目筹资"的谨慎确保投资运作的安全性目的。

（6）联合投资则是包括投资公司和基金在内的各种投资机构出于"资源弥补""项目增值""增加交易流"等动机而共同对特定项目进行的合作股权投资。无论根据"辛迪加"的英文原意，还是从"联合体""联盟""投资机构网络"等具有组织概念的角度界定，联合投资都应被看成是一种由私募股权投资机构或基金构成的一种合作型组织形式。同时，联合投资关系也是依靠契约约束来保持其运作的稳定性。尽管联合投资关系比传统的三种组织形式在组织结构及治理上更松散，但却能在 PPP 项目融资和运营能力的提升方面有更大的集合优势。发挥联合投资的潜在优势关键在于信息交流和关系治理机制的设计和运作。

（7）PPP 股权投资价值确定实则是一个动态过程：

首先，PPP 股权投资的尽职调查通常是根据项目融资需求，从 PPP 合同、实施方案、物有所值论证和财政承受能力论证等基础材料的分析开始梳理和分析项目风险结构和收益来源，以及相应大小程度，为投资价值的评定提供充分、可靠的基础信息。

其次，投资估值则是确定模型并使用模型对基础信息进行技术性处理和计算的操作环节，重点在于根据经收集与分析处理后的项目风险与收益信息确定股东现金流和折现率，并基于资本资产定价原理，构建资产组合代表项目全生命周期中的具体投资，从而确定投资风险收益率，并使用现金流贴现模型初步评定项目公司的股权价值。

此外，达成最终价值条件的是契约谈判与签订环节，此过程中投融资双方作为当事人对信息掌握程度、激励约束相容机制的设计等因素决定了契约的完全性，从而也决定了契约事前效率和事后效率。非完全契约下，当事人须根据项目的实施进展情况通过事前设定机制或再谈判调整风险分担和收益分配问题，实则是对投资价值的调整或再确定。完全契约下，客观上存在当事人之间的信息不对称可能发生逆向行为和道德风险等委托代理问题，导致项目投资和运营的经济非效率，因此有必要采取相应措施降低信息不对称程度，以及通过对赌协议的方式对投资估值进行调整，进而提高项目经济效率。

（8）退出是 PPP 股权投资逻辑过程的最后一个环节，也是投资者获得投资收益的实现环节，"转让"是核心功能，实现了企业股权转让或控制权转移，使得股权投资增值或再融资得以实现，而退出时机决策实正是项目公司其他股东与退出者之间博弈，退出者选择有利于实现自身投资收益最大化的时点退出，而其他股东则出于避免过早退出导致项目运作业绩受到负面影响，因此每次投资退出的最佳时机都应该有相应的决策区间。

（9）企业股权流转是股权投资退出的本质，即通过合法渠道或方式进行企业股权的流通和转让交易，而 PPP 股权流转机制则是 PPP 项目公司股权流通和转让交易的方式、过程与关系。

建立与完善 PPP 股权流转机制，实现促进 PPP 发展的功能目的，应在我国当前 PPP 综合信息平台和多层次市场体系建设现状搭建一个 PPP 股权流转体系框架，首先要厘清 PPP 股权流转的初级市场（发起市场）与二级市场（交易市场）、发起主体和交易主体等方面的关系，同时应建立全国综合信息平台和交易市场之间的项目信息交换、共享机制，还应完善股权流转的中介服务、监管与自律等方面的运作机制，以及须进一步着手解决的 PPP 股权流转中面临的交易制度"缺失"或"模糊"问题。

11.2　研　究　展　望

本书研究不足之处：

（1）由于 PPP 在我国发展时间并不长，尤其是经历几次曲折的探索发展阶段之后，新一轮兴起恰是最近几年，而且，各地报送到新建立起来的全国综合信息平台的项目信息并不完整，项目报送和信息披露机制本身也需要完善，即便是 REITs 也正处于试点推广阶段，因此无法获得如同资本市场上的上市公司股票交易那么多而全面的数据，使得研究中不得不放弃使用计量经济学的方法进行实证分析。

（2）另一件较为遗憾的事情是，我国 PPP 私募股权投资领域发展时间较短，同时作者自身的信息渠道有限，因此未能获得较全面的有关在证券交易所 IPO、新三板挂牌，或者是在某个区域性股权交易市场上进行股权或股票转让的 PPP 项目公司信息，使得本书在研究过程中缺乏较有说服力的案例，而大多数 PPP 项目公司的股权投融资就是在项目公司设立时股权分配，即初级的流转，并非二级市场意义上流转。

（3）在缺乏足够数据支撑的条件下，本书关于 PPP 股权投融资机制与股权流转体系的建立与发展到底能在多大程度上提高项目融资效率、解决 PPP "落地难" 和实施效率低等问题，更多是在理论分析层面，尚待进一步研究中求证该过程与结果。

总之，作者如同其他多数人一样，大概已经找到了研究对象和方向，但还没能够很好地从规律的本质上给予解释。未来，作者将紧密跟踪国内外 PPP 理论发展前沿动态，实时了解国内 PPP 股权投融资市场实践情况，在后续研究中对本书结论做实证和案例分析，使本书研究结果得以求证与完善，并期望对本领域的理论研究有进一步拓展。

主要参考文献

［1］白祖纲. 公私伙伴关系视野下的地方公共物品供给［D］. 苏州：苏州大学，2014.

［2］保罗·冈珀斯（Paul Gompers），乔希·勒纳（Josh Lerner）. 风险投资周期［M］. 北京：经济科学出版社，2002.

［3］蔡神元，杨开发. 产业投资基金退出时机选择研究［J］. 求索，2011（1）.

［4］财政部政府和社会资本合作中心. PPP模式融资问题研究［M］. 北京：经济科学出版社，2017.

［5］财政部PPP中心. 全国PPP综合信息平台及项目库热点问题解答［J］. 中国经济周刊，2016（13）.

［6］财政部PPP中心. "中国PPP大数据"之全国PPP综合信息平台项目管理库2018年一季度季报［J］. 中国经济周刊，2018（18）.

［7］财政部PPP中心. "中国PPP大数据"之全国PPP综合信息平台项目管理库2018年二季度季报［J］. 中国经济周刊，2018（31）.

［8］财政部PPP中心. 财政部：PPP市场规模稳中有增［EB/OL］. 财政部PPP中心网站，2021 – 8 – 18.

［9］曹国华，章丹锋，林川. 联合投资下创业机构间道德风险的博弈分析［J］. 工业工程，2012，15（4）.

［10］曹玲，周莉. 风险投资退出渠道的比较研究［J］. 北京工商大学学报（社会科学版），2003，18（6）.

［11］曹龙，胡利利，王雷. 联合创业投资战略联盟契约设计研究［J］. 科技进步与对策，2010，27（14）.

［12］曹启立. PPP股权投资估值：理论分析与应用举例［J］. 价格理论与实践，2019（3）：113 – 117.

［13］陈关金. 风险投资中联合投资的第三重委托代理关系研究——基于道德风险视角［J］. 中国商贸，2014（6）.

［14］陈共. 财政学：第九版［M］. 北京：中国人民大学出版社，2017.

［15］陈佳贵．关于企业生命周期与企业蜕变的探讨［J］．中国工业经济，1995（11）．

［16］陈建平，严素勤，周成武．公私合作伙伴关系及其应用［J］．中国卫生经济，2006，25（2）．

［17］陈洁，廖菲．私募股权投资运作流程研究［J］．财会通讯·综合，2012（9）．

［18］陈敬武．项目融资能力的综合集成评价方法和风险管理研究［D］．天津：河北工业大学，2007．

［19］陈龙．PPP项目绩效评价研究综述［J］．财政科学，2017（4）．

［20］陈一博．风险投资中的企业估值问题研究［J］．金融理论与实践，2010（1）．

［21］陈志敏，张明，司丹．中国的PPP实践：发展、模式、困境与出路［J］．国际经济评论，2015（4）．

［22］程哲，韦小泉，林静，蔡建明．1984—2013年中国PPP发展的时空格局与影响因素［J］．经济地理，2018，8（1）．

［23］崔莹．浅析特殊目的实体［J］．合作经济与科技，2006（9）．

［24］邓小鹏，袁竞峰，李启明．保障性住房PPP项目的价值流分析［J］．建筑经济，2012（12）．

［25］［美］蒂莫西．耶格尔（Timothy J. Yeager）．制度、转型与经济发展［M］．北京：华夏出版社，2010．

［26］范雅婷．长期限含权中期票据研究［J］．时代金融，2015（27）．

［27］冯珂，王守清，张子龙．新型城镇化背景下的PPP产业基金设立及运作模式探析［J］．建筑经济，2015，36（5）．

［28］冯宗宪，谈毅，冯涛，郭杰．风险投资理论与制度设计研究［M］．北京：科学出版社，2010．

［29］符丽丽．国内PPP发展的现状及国际经验比较［J］．金融纵横，2016（10）．

［30］高杨．私募股权基金组织形式法律问题探析［J］．产业与科技论坛，2011，10（8）．

［31］高子健．风险投资下的财务尽职调查研究——以HD公司为例［D］．合肥：安徽大学，2017．

［32］郜敬浩．论不完全的契约——当代西方契约理论评述［J］．浙江金融，2005（12）．

[33] 龚佳音. 西方企业价值评估模型比较研究 [J]. 时代金融, 2012 (3).

[34] 顾娟娟. 我国上市公司融资效率研究 [J]. 现代经济信息, 2012 (6).

[35] 郭朝乐. 企业价值评估文献综述 [J]. 当代经济, 2015 (2).

[36] 郭建华. 我国政府与社会资本合作模式 (PPP) 有关税收问题研究 [J]. 财政研究, 2016 (3).

[37] 韩志刚. 区域股权交易市场监管 [J]. 金融经济, 2017 (14).

[38] 和宏明. 我国城市基础设施投资运营体制改革的理论 [J]. 城市发展研究, 2004 (1).

[39] 贺炎林, 张瀛文, 莫建明. 不同区域治理环境下股权集中度对公司业绩的影响 [J]. 金融研究, 2014 (12).

[40] 侯丽. 风险条件下收费公路 PPP 项目特许定价研究 [D]. 昆明: 昆明理工大学, 2012.

[41] 侯荣华. 索洛模型中参数确定方法的改进 [J]. 上海大学学报 (自然科学版), 2000, 6 (2).

[42] 胡慧娟, 李刚. 中小企业融资效率影响因素分析 [J]. 会计之友 (中旬刊), 2008 (9).

[43] 胡志成, 赵翔翔. 中期票据对我国企业融资方式的影响研究 [J]. 金融实务, 2011 (10).

[44] 黄宏斌, 翟淑萍, 陈静楠. 企业生命周期、融资方式与融资约束——基于投资者情绪调节效应的研究 [J]. 金融研究, 2016 (7).

[45] 吉富星. 不完全契约框架下 PPP 项目效率困境与规范创新研究 [J]. 当代财经, 2018 (4).

[46] 贾康, 孙洁. 公私伙伴关系 (PPP) 的概念、起源、特征与功能 [J]. 财政研究, 2009 (10).

[47] 贾康, 孙洁. 公私合作伙伴关系理论与实践 [M]. 北京: 经济科学出版社, 2014.

[48] 蒋士成, 费方域. 从事前效率问题到事后效率问题——不完全合同理论的几类经典模型比较 [J]. 经济研究, 2008 (8).

[49] 金永红, 李媛媛, 罗丹. 风险投资公司特征与联合投资动机 [J]. 中国科技论坛, 2015 (10).

[50] 金永红, 吴玉芹. 企业并购中的文化融合与人力资源整合——温

州人本集团并购杭州轴承厂案例分析 [J]. 科技管理研究, 2007, 27 (4).

[51] 寇样河, 潘岚, 林良镜. 从税收视角看中国风险投资基金组织形式选择 [J]. 财务与会计 (理财版), 2008 (5).

[52] 赖丹馨, 费方域. 不完全合同框架下公私合作制的创新激励——基于公共服务供给的社会福利创新条件分析 [J]. 财经研究, 2009, 35 (8).

[53] 李春琳. 浅析企业价值评估中的折现率 [J]. 科技致富向导, 2009 (3).

[54] 李虹, 黄丹林. PPP 项目风险管理研究综述 [J]. 建筑经济, 2014 (6).

[55] 李健. "所有权" 与 "企业所有权" 等相关问题之明晰 [M]// 黄少安, 制度经济学研究 (第七辑). 北京: 经济科学出版社, 2005.

[56] 李建良. 风险投资的风险收益机制 [M]. 北京: 社会科学文献出版社, 2008.

[57] 李金龙, 费方域, 谈毅. 不完全合同、创新与联合投资 [J]. 财经科学, 2006 (6).

[58] 李靖. 我国私募股权资本募集渠道多元化研究 [J]. 金融监管, 2016 (3).

[59] 李强, 韩俊涛, 王永成, 乐逸祥. 基于层次分析法的铁路 PPP 项目风险评价 [J]. 经济研究, 2017, 39 (10).

[60] 李姚矿, 陈德棉, 张玉臣. 创业资本的退出: 综述 [J]. 科学学研究, 2002, 20 (2).

[61] 李业. 企业生命周期的修正模型及思考 [J]. 南方经济, 2000 (2).

[62] 李仲炎. 私募股权投资运作流程管理研究 [J]. 管理观察, 2017 (6).

[63] 刘蕾, 张邓斓. PPP 政府投资基金退出时机选择研究 [J]. 统计与决策, 2018 (5).

[64] 刘力. 公司财务 [M]. 北京: 北京大学出版社, 2007.

[65] 刘曼红. 风险投资探析 [J]. 金融研究, 1998 (10).

[66] 刘曼红. 风险投资的特征 [J]. 中国创业投资与高科技, 2002 (1).

[67] 刘曼红, 胡波. 风险投资理论: 投资过程研究的理论发展和前沿

[J]. 国际金融研究，2004（3）.

[68] 刘曼红，Pascal Levensohn. 风险投资学 [M]. 北京：对外经济贸易大学出版社，2011.

[69] 刘沛佩. 非上市公司股份转让市场的制度完善 [D]. 上海：华东政法大学，2013.

[70] 刘志云，史欣媛. 论证券市场中介机构"看门人"角色的理性归位 [J]. 现代法学，2017，39（4）.

[71] 龙小燕. PPP 下一步：规范发展 [J]. 新理财（政府理财），2018（Z1）.

[72] 卢福财. 企业融资效率分析 [D]. 北京：中国社会科学院，2000.

[73] 卢银飞. 公司估值常用方法探讨 [J]. 山东纺织经济，2016（6）.

[74] 陆瑶，张叶青，贾睿，李健航. "辛迪加"风险投资与企业创新 [J]. 金融研究，2017（6）.

[75] 罗必良. 新制度经济学 [M]. 太原：山西经济出版社，2005.

[76] 罗红雨. 基于企业生命周期的成本战略研究 [J]. 财会月刊，2009（17）.

[77] 罗剑. 委托代理视角下的 PPP 项目治理结构研究 [J]. 项目管理技术，2016（9）.

[78] 罗险峰，胡逢树. 不同生命周期阶段的企业创新行为及风险分析 [J]. 科技进步与对策，2000（12）.

[79] 吕汉阳，徐静冉. PPP 项目操作流程与运作要点之项目移交篇 [J]. 中国政府采购杂志，2016（3）.

[80] 吕劲松. 多层次资本市场体系建设 [J]. 中国金融，2015（8）.

[81] 吕敏，廖振中. 税收中性视野下 PPP 的税收制度嵌入路径 [J]. 税务研究，2017（5）.

[82] 茅于轼. 经济学和它的数理基础——择优分配原理 [M]. 广州：暨南大学出版社，2008.

[83] 倪佰力. 高速公路建设项目融资效率研究 [J]. 中国证券期货，2012（8）.

[84] 欧阳雄赞，陈赟，李一心. 农村公路融资效率评价 [J]. 中国高新技术企业，2009，5（2）.

[85] 潘向东，刘娟秀，郑嘉伟. 基础设施 REITs 的海外经验与启示

[J]. 金融纵横，2020（8）.

[86] 庞跃华，曾令华. 私募股权基金组织形式的比较及中国选择 [J]. 财经理论与实践（双月刊），2011，32（170）.

[87] 彭海城. 中国私募股权基金退出机制研究 [D]. 武汉：华中科技大学，2012.

[88] 彭文滋. 项目经营性区分理论的完善与城市基础设施投资营运模式的选择 [J]. 长沙铁道学院学报（社会科学版），2004（4）.

[89] 亓霞，王守清，李湛湛. 对外 PPP 项目融资渠道比较研究 [J]. 项目管理技术，2009，7（6）.

[90] 亓霞，柯永建，王守清. 基于案例的中国 PPP 项目的主要风险因素分析 [J]. 中国软科学，2009（5）.

[91] 秦敏，秦中伏. 基于政府最低交通量担保的高速公路 PPP 项目价值研究 [J]. 世界科技研究与发展，2016，38（6）.

[92] 曲涛. 我国资产证券化现有模式浅析 [J]. 经济论坛，2013（5）.

[93] ［美］E. S. 萨瓦斯. 民营化与公私部门的伙伴关系 [M]. 北京：中国人民大学出版社，2002.

[94] 江绵康. 上海城市发展研究论文集（第二辑）[R]. 上海：上海城市发展研究中心，2000.

[95] 盛立军，李宝春，缪家文. Investment in China [M]. 北京：清华大学出版社，2003.

[96] 宋文兵. 对当前融资形势的理性思考 [J]. 改革与战略，1997（6）.

[97] 孙本刚. 准经营性基础设施项目 PPP 模式研究 [D]. 上海：同济大学，2006.

[98] 孙洁. 当前我国 PPP 管理的规范与创新 [J]. 党政研究，2018（2）.

[99] 孙梦迪，邢丽. PPP 项目税收政策与管理 [J]. 财政科学，2016，14（2）.

[100] 孙燕芳. PPP 项目控制权与现金流权配置问题研究 [D]. 天津：天津大学，2014.

[101] 孙艳军. 对赌协议的价值判断与我国多层次资本市场的发展 [J]. 上海金融，2011（9）.

[102] 谈毅，杜雪川. 中国风险投资机构联合投资动机的影响因素研究 [J]. 财经论丛，2015（10）.

[103] [英] 特里沙·J. 沃特沙姆，基思．帕拉莫尔．金融数量方法 [M]. 上海：上海人民出版社，2004.

[104] 王玻，朱喜旺．面向多元利益主体的公共项目价值模型研究 [J]. 华东经济管理，2011，25（2）.

[105] 王炳成．企业生命周期研究述评 [J]. 技术经济与管理研究，2011（4）.

[106] 王朝才．关于财政投融资的几个问题 [J]. 财政研究，1995（2）.

[107] 王朝才．当前推进 PPP 工作面临的几个难点 [J]. 经济研究参考，2016（15）.

[108] 王朝才．中国地方财政改革回顾与展望 [J]. 中南财经政法大学学报，2018（5）.

[109] 王朝才，樊轶侠．关于 PPP 项下资产与支出责任管控的若干问题 [J]. 财政科学，2017，16（4）.

[110] 王朝才，张学诞，程瑜．PPP 推进中面临的难点及相关建议 [J]. 中国财政，2016（15）.

[111] 王刚，王宇．李朋：PPP 项目十万亿级一定要建立流转市场 [J]. 交通建设与管理，2016（19）.

[112] 王磊．我国私募股权投资的融资研究 [D]. 西安：西北大学，2009.

[113] 王雷，邓行智．不完全契约下的联合创业投资治理机制研究 [J]. 中国科技论坛，2011（6）.

[114] 王健琴．项目融资的效率研究 [J]. 现代商业银行，2005（11）.

[115] 王丽娅．政府在吸引民间资本进入基础设施领域中的作用 [J]. 金融与经济，2004（3）.

[116] 王灏．PPP 的定义和分类研究 [J]. 都市快轨交通，2004，17（5）.

[117] 王守清．PPP，赢在共同经营 [J]. 新理财（政府理财），2015（11）.

[118] 王守清，刘婷．PPP 项目监管：国内外经验和政策建议 [J]. 地方财政研究，2014（9）.

[119] 王颖，李刚．工程项目融资绩效评价优化研究 [J]. 财会月刊，2012（4）.

[120] 王媛．美国私募股权基金退出机制对我国的启示 [J]. 新金融，

2015（10）.

［121］王玉海.诺斯"适应性效率"概念的内涵及其启示——兼议我国过渡性制度安排依此替代过程中的动态适应性问题［J］.东方论坛，2005（1）.

［122］温来成，刘洪芳，彭羽.政府与社会资本合作（PPP）财政风险监管问题研究［J］.中央财经大学学报，2015（12）.

［123］温来成，李慧杰.我国PPP引导基金的发展［J］.理论视野，2016（9）.

［124］温来成，王涛，彭羽.政府与社会资本合作（PPP）项目税收政策研究［J］.兰州财经大学学报，2016（3）.

［125］吴晓求.证券投资学［M］.北京：中国人民大学出版社，2014.

［126］乌云娜，胡新亮，张思维.基于ISM-HHM方法的PPP项目风险识别［J］.土木工程与管理学报，2013（1）.

［127］肖劲，马亚军.企业融资效率及理论分析框架［J］.财经科学，2004（S1）.

［128］徐光宇，陈德棉，徐光伟.风险投资企业战略联盟管理研究［J］.科学管理研究，2004，22（6）.

［129］许昊，万迪昉，徐晋.VC与PE谁是促进企业创新的有效投资者？［J］.科学学研究，2015，33（7）.

［130］杨惠贤，王丽娜.上市公司融资效率问题研究综述［J］.特区经济，2008（9）.

［131］杨敏利，魏晓，党兴华，王凤.风险投资中联合投资对阶段投资的替代效应——基于Cox比例风险模型的实证研究［J］.西安理工大学学报，2015，31（4）.

［132］杨青.精益价值管理［M］.北京：科学出版社，2009.

［133］杨瑞龙，聂辉华.不完全契约理论：一个综述［J］.经济研究，2006（2）.

［134］杨勇，王齐晗.PE/VC联合投资网络演化研究［J］.科技与经济，2016，29（170）.

［135］叶柏阳，杨园园.对赌协议在PE中的应用研究［J］.中国新技术新产品，2010（15）.

［136］叶晓甄，石世英，刘李红.PPP项目价值创造驱动要素及其作用机理［J］.地方财政研究，2017（9）.

［137］叶晓甦，杨俊萍．基于多目标规划模型的 PPP 项目定价方式研究［J］．统计与决策，2012（6）．

［138］［英］耶斯考比（E. R. Yescombe）．公共部门与私营企业合作模式：政策与融资原则［M］．北京：中国社会科学出版社，2012.

［139］［美］伊查克·爱迪斯（Ichak Adizes）．企业生命周期［M］．北京：华夏出版社，2004.

［140］应益华，黄慧琼．基于全寿命周期的 PPP 项目风险治理研究［J］．财务与金融，2017（3）．

［141］游达明，彭雨薇．城际轨道交通 PPP 项目定价模型构建［J］．财会月刊，2016（32）．

［142］詹玉欣．PPP 模式中政府交易角色与监管角色冲突的法律平衡［J］．红河学院学报，2018，16（2）．

［143］臧展．私募股权投资理论与投资实践［J］．经济理论与经济管理，2009（11）．

［144］曾康霖．怎样看待直接融资与间接融资［J］．西南金融，1993（11）．

［145］张波，费一文，黄培清．"对赌协议"的经济学研究［J］．上海管理科学，2009，31（1）．

［146］张继峰．PPP 项目融金术：融资结构、模式与工具［M］．北京：法律出版社，2017.

［147］张峻清，王丹，朱洁，王炜明．公募基础设施 REITs 与 PPP 结合的探讨［J］．中国工程咨询，2021（2）．

［148］张硕宇，任志涛，胡欣．不完全契约视角下 PPP 项目政府补偿机制研究［J］．项目管理技术，2017，15（8）．

［149］张先治，顾水彬．企业价值评估理论发展与应用领域［J］．财务与会计（理财版），2010（12）．

［150］张晓蓉，黄蓓．私募股权：中小企业融资新渠道［J］．浙江金融，2006（6）．

［151］张新立，孙康．风险投资家联合投资的主要功能分析［J］．资本市场，2006（7）．

［152］张新立，魏东岚．风险资本联合投资的数理模型研究［J］．科学技术与工程，2005，5（20）．

［153］张新立，杨德礼．风险资本联合投资的激励契约设计［J］．中国

管理科学，2007，15（1）.

［154］张学勇，廖理. 风险投资背景与公司 IPO：市场表现与内在机理［J］. 经济研究，2011（6）.

［155］张喆，万迪昉，贾明. PPP 三层次定义及契约特征［J］. 软科学，2008（1）.

［156］赵伯生. 财务尽职调查及内容［D］. 北京：北京邮电大学，2011.

［157］赵恒福. 关于 PPP 项目尽职调查浅谈——以品运输专用线 PPP 项目为例［J］. 中国工程咨询，2017（1）.

［158］赵静梅，傅立立，申宇. 风险投资与企业生产效率：助力还是阻力？［J］. 金融研究，2015（11）.

［159］赵璐. PPP 项目融资方式探析［J］. 中国市场，2017（11）.

［160］中国 PPP 产业大讲堂. PPP 模式核心要素及操作指南［M］. 北京：经济日报出版社，2016.

［161］中国证券业协会. 中国证券业发展报告 2016［M］. 北京：中国财政经济出版社，2016.

［162］中国证券业协会. 中国证券业发展报告 2018［M］. 北京：中国财政经济出版社，2018.

［163］周海宝. 不完全契约视角下 PPP 合同最优设计研究［J］. 法制与经济，2017（7）.

［164］朱洁，马佳迪. 试析中期票据特点与融资优势［J］. 财会月刊，2012（2）.

［165］朱亚明，肖富升. 基础设施公募 REITs 的实操性分析［J］. 项目管理评论，2021.

［166］朱友干. PPP 项目融资模式中对赌协议的运用［J］. 财会月刊，2016（28）.

［167］朱永贵，曹启立. 联合风险投资动机与决策分析［J］. 中国物价，2012（12）.

［168］朱振鑫，钱淑琴. PPP 项目公司股权结构全梳理［J］. 新理财（政府理财），2017（4）.

［169］［美］兹维·博迪（Zvi Bodie），亚历克斯·凯恩（Alex Kane），艾伦·J. 马科斯（Alan J. Marcus）. 投资学精要（第九版）［M］. 北京：中国人民大学出版社，2016.

［170］Black B. S. , Gilson R. J. Venture Capital and the Structure of Capital Markets: Banks versus Stock Markets ［J］. Journal of Financial Economics, 1998, 47.

［171］Cumming D. J. , Macintosh J. G. Venture Capital Investment Duration in Canada and the United States ［J］. Journal of Multinational Financial Management, 2001, 11 (4).

［172］Cumming D. J. , Macintosh J. G. Venture Capital Exits in Canada and the United States ［J］. University of Toronto Law Journal, 2003, 53.

［173］David B Balkin, Edilberto F Montemayor. Explaining Team – Based Pay: A Contingency Perspective Based on the Organizational Life Cycle, Team Design, and Organizational Learning Literatures ［J］. Human Resource Management Review, 2000, 10 (3).

［174］Josh Lerner. The Syndicating of Venture Capitalists Investments ［J］. Journal of Financial Economics, 1994, 23 (3).

［175］Josh Lerner, Paul Gompers. Venture Capital Cycle, Opportunities, and Challenges in China ［J］. Chinese Economy, 2004, 37 (4).

［176］Jugdev K. , Moller R. A retrospective look at our evolving understanding of project success ［J］. IEEE Engineering Management Review, 2007, 34 (3).

［177］Li B. , Akintoye A. , Edwards P. J. , et al. Perceptions of Positive and Negative Factors Influencing the Attractiveness of PPP/PFI Procurement for Construction Projects in the UK: Findings From a Questionnaire Survey ［J］. Engineering, Construction and Architectural Management, 2005, 12 (2).

［178］Matti Siemiatycki, Naeem Farooqi. Value for Money and Risk in Public – Private Partnerships ［J］. Journal of the American Planning Association, 2012, 78 (3).

［179］Mike Wright, Andy Lockett. The Structure and Management of Aliances: Syndication in the Venture Capital Industry ［J］. Journal of Management Studies, 2010, 40 (8).

［180］P. Gompers, J. Lerner. An Analysis of Compensation in U. S. Venture capital Partnership ［J］. Journal of Financial Economics, 1999, 51 (1).

［181］O. Sorenson. TE Stuart. Bringing the Context Back In: Settings and the Search for Syndicate Partners in Venture Capital Investment Networks ［J］. Administrative Science Quarterly，2008，53（2）.

［182］R. Akbiyikli，D Eaton. Risk management in PFI procurement：A holistic approach ［J］. Proceedings of the 20th annual association of Researchers in Construction Management（ARCOM）Conference，Heriot – Watt University，Edinburgh，UK，1 – 3 September 2004.

［183］Salih Zeki Ozdemir. Can I trust you for a relation? Social assets and social liabilities on selecting recipients of first co-investment in the US VC industry ［J］. Academy of Management Conference，Atlanta；GA，2006.

［184］S. Manigart，A. Lockett，M. Meuleman，M. Wright，H. Landström，H. Bruining，P. Desbrieres，U. Hommel. Venture Capitalists' Decision to Syndicate ［J］. Entrepreneurship Theory & Practice，2010，30（2）.

［185］Stephen Syrett，Project Finance Yearbook 1991/1992 ［M］. London：Euromoney Publication PLS，1991.

［186］United Nations Institute for Training and Research. PPP for Sustainable Development ［R］. New York，2000.